U0821562

江苏高校哲学社会科学重点建设基地
吴文化传承与创新研究中心项目成果
苏州石湖智库项目成果

朱剑刚　著

苏州山林图鉴

SUZHOU SHANLIN TUJIAN

苏州大学出版社
Soochow University Press

全景空间

自阳山箭阙峰西侧向南看苏州西郊诸山，2020

自西碛山向南看光福诸山和太湖岛山，2021

全景空间

自西洞庭山缥缈峰西侧环视西洞庭山和周边岛山，2020

自穹窿山笠帽峰向西南看太湖岛山和滨湖山地，2021

四季山林

天池山春日山泉，2014

光福木荷花在夏季盛开，2009

虎丘山秋景，2021

上方山国家森林公园冬景，2018

灵岩山醉僧石，1988

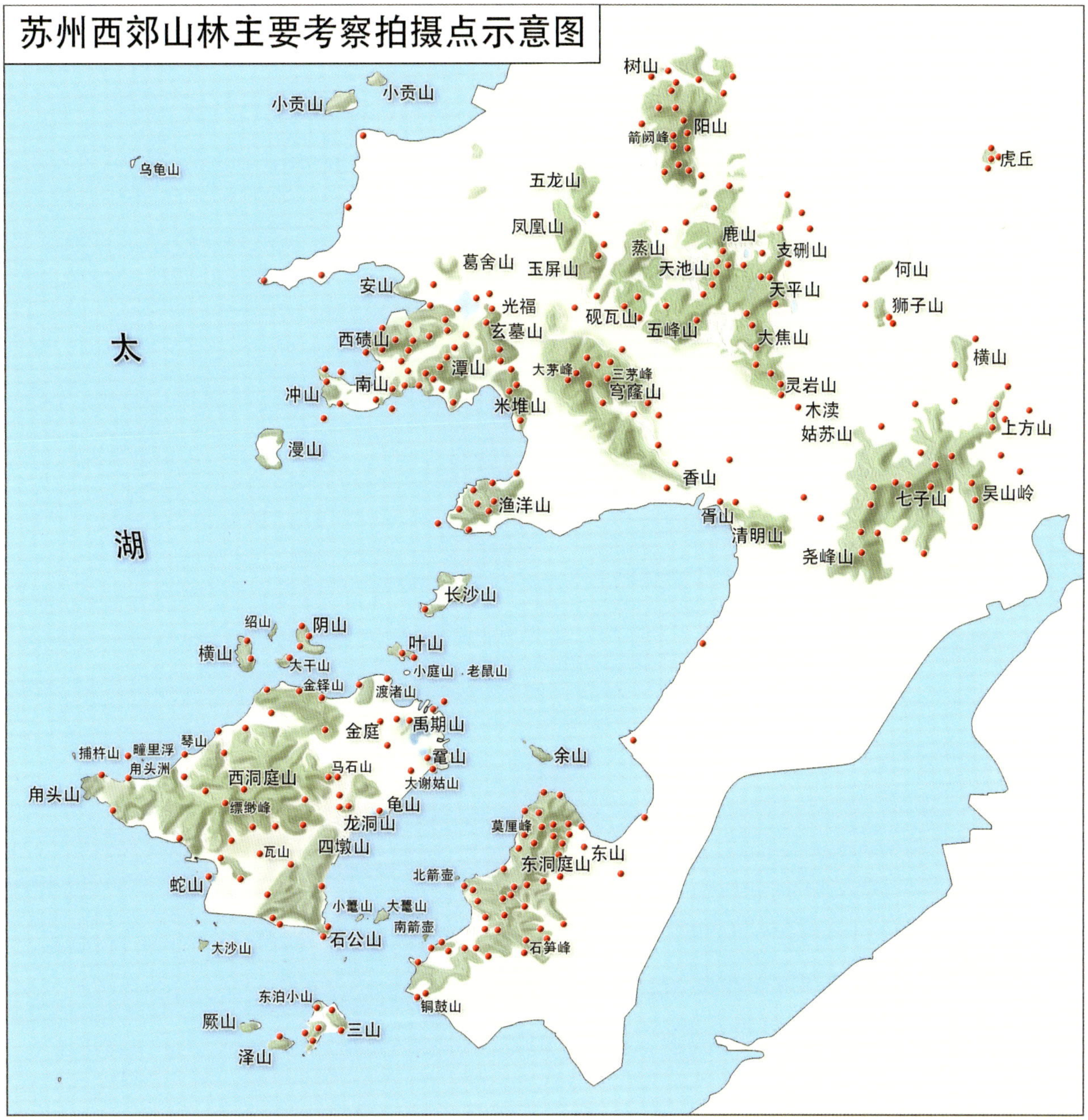

图 1　苏州西郊山林主要考察拍摄点示意图

序

收到《苏州山林图鉴》的书稿，读来非常欣慰，终于这本以苏州的山林环境为研究对象的著作要面世了。两年前，作者寄来所著的《苏州水乡图鉴》时，说到正在着手写作一本山林专题的图鉴，作为《苏州水乡图鉴》的姊妹篇，我就一直很期待。

对于苏州，大家都熟悉这里江南水乡的环境，但对这里的山林或许就只留有一些特别的印象：也许是苏式园林中的假山，也许是“到苏州不游虎丘乃憾事也”的说法，也许是历史上著名的“太湖七十二峰”，等等。这些确是苏州的自然环境和人文历史发展中的经典，但也还只是山林所蕴含的深厚文化的鳞爪之现。苏州的山地面积虽少，作用却非常特别。比如，在地质方面，除记录着地质历史的各期地层外，同时还有长江三角洲中心地区特有的花岗岩出露区、历史上著名的太湖石和青石出产地，以及因 1.5 亿年前地壳运动形成的断层推覆体景观……山林还跟太湖一起形成了旖旎的湖光山色。

山林和苏州的水乡环境、经济社会发展等，都有着非常密切的关系，也形成了特殊的文化积淀。以地处长江三角洲核心地带，起着“包孕吴越”作用的太湖为例，其形成就与这里的地质构造基础及地貌形态发展直接相关，同时历史上人们对太湖与苏州山林、苏州古城之间关系的认识过程，也打上了深深的文化烙印。诸如大禹治水时从太湖牵山以填水的传说，表面上看只是一种“街谈巷议”，但我们可从中看到人们认识和探索自然环境的愿望，以及人们对水乡环境核心特征的关注，当然，这也深刻体现了人们对山林与水乡环境之间的关系的思考。

《苏州山林图鉴》正是基于这样大量的实例，在文献梳理、实地调研与拍摄记录的基础上，对苏州山林的整体格局，以及山林的自然属性、人文积淀、和谐发展等专题进行了深入的记录、研究和论述，为相关区域和专题的研究提供了一种全新的、综合的视角，同时又带领读者观察和思考自然、人文及文化之间的关系，这是一件非常有意义的事。

《苏州山林图鉴》与《苏州水乡图鉴》一样，让我不仅看到了作者对苏州山水的热爱，看到了作者在日常工作之余进行的实地调查、拍摄记录中投入的大量的时间和精力，还看到了作者所在工作单位苏州市职业大学、苏州石湖智库对其研究的大力支持及其所在专业团体苏州市地学会的学术氛围。这些也都是我在苏州开展相关工作时所能感受到的。《苏州山林图鉴》较作者之前的著作多出了梳理古代典籍、归纳古人观点的工作量，体现出作者的细致严谨；对书中涉及的历史和文化方面有争议的内容的探讨与研究，也体现出作者积极的科学精神。

最后想说的是，作为专业研究中的“图鉴”形式，既让读者有身临其境的美的享受，又能启发读者对正确对待自然与人文、历史与文化的深思。书中这些原创的照片体现了作者对山水风貌的独到审美，以及作者在用镜头记录地学景观和文化现象时对主体特征的把握、对主体与环境关系的表达，足以体现其扎实的专业基础。这些基于研究体系而编辑组织的照片，不是简单的摄影图片集，而是对苏州山林与水乡的自然与人文环境的真实记录和深入研究，是国内相关研究中难得一见的成果。

李廷栋

李廷栋，地质学家，中国科学院院士。曾任中国科学院地学部副主任，中国地质科学院院长。以李廷栋院士的名字命名的“中科院李廷栋院士苏州地质科普工作站”为苏州市首批科学家精神教育基地试点单位。

凡　例

1. 本书以苏州山林的空间属性为基准，组织有关历史进程、时空关系及自然、人文和发展等专题的内容，不同部分的内容之间可以相互参照，以书内链接加以说明并建立关联，如文中的“（见本书第一部分）”等字样。

2. 本书文字叙述与图照表述并重，其中，照片与图表按3个系列统一排序，并在书末附有“照片索引”和“图表索引”，以供读者检索。

3. 本书所用照片均为原创。每幅（组）照片由照片影像（单幅或组照）、照片标题、照片说明三个部分构成相对独立的基本单元。照片标题后附有照片拍摄年份（组照中的照片拍摄年份不同时，在次级标题中分别标注）。照片拍摄地点在照片标题或照片说明中加以阐述，不再单独标出。照片拍摄参数不再标出。

4. 本书所用示意图等图件均经过清绘或标注处理，引用的图件均注明出处，其他为原创。图上竖式注记一般以底部中央为定位点，横式注记一般以左端中央为定位点，个别图注按图面情形略做调整。

5. 本书所用地名兼顾历史和现今的使用情况，以地名所蕴含的自然属性或人文属性方面的文化内涵作为使用的主要依据，使用括号标注等形式以求打通地名的不同写法之间的隔膜，纠正存在的错误，同时又尊重地名使用习惯。如在一般文字论述和图件标注中用“鼋山”，在表述村名等空间概念时用“元山”；在文字论述中一般用“花山”，而在与文物有关的内容中则依文物保护单位名录用“华山”。再如“横山”“潭山”等古今所用山体地名存在“迁移”情况的，则在文字叙述中加以必要的说明。

6. 本书传统纪年和公元纪年并用。清代及之前在传统年号后括注公元年号，如“明洪武八年（1375）”；除引文外，干支纪年一般均转换成年号纪年；民国以后直接用公元纪年。

7. 本书参考文献的引用均以当页脚注加以说明，列出原作者、书刊种类及页码等信息。正文中的引文用楷体，并标明脚注编号；影印版古籍采用影印出版物所标页码（包括古籍影印件电子出版物所编页码）。

8. 本书附录列姊妹篇《苏州水乡图鉴》所用照片的索引，为读者阅读和检索提供对照。

9. 本书“参考文献”所列书籍以原作面世时间为序。对于个别缺少具体刊刻年份的古籍，主要以作者生平为参照确定其时序位置。

目 录

绪 言

山林，在自然概念上是指以山为基础的有山有林之地，相对于苏州的江南水乡大背景而言，它似乎是一个小众所在。在苏州 8 488.42 平方千米的范围内，水域占 42.5%，平原占 54.8%，而山丘只占 2.7%。然而，这点可以说是“零星”的山丘，奠定了苏州乃至长江三角洲核心区的自然环境基础，很大程度上影响了可以“包孕吴越”的太湖的状态，决定了太湖与苏州古城的关系，甚至奠定了整个苏州自然环境的基础。山林的存在，极大地丰富了苏州自然环境的多样性，让苏州成为“有山有水”的地方。山林地带从荒野之地到被人们认识、开发，不仅诞生了闻名遐迩的特产和令人向往的风景，还让古城具有了“真山真水”园中城的环境。

山林，在文化概念上常指“隐逸”之地，这是受传统文化影响的一种观念，反映了丰富的历史文化中的一种潮流。从苏州的历史发展和文化积淀来看，山林起到了积极且重要的作用。山林的环境决定了其在历史文化传承发展中的特殊性和稳定性，山林成为自然与人文深度交融、历史与文化积淀深厚的地带。仅从各级文物保护单位的分布来看，直接分布于山林地带的，或间接地受到山林影响的，如以“城市山林”为追求的苏式园林等，在全国重点文物保护单位和省、市文物保护单位三个层次上，均可占到三分之一的份额。苏州的山林以不到 3% 的面积，关联着十倍比例的文物保护单位，这不能不说是山林对苏州历史和文化有着重大影响的结果。

一、“何以山林”

山林是多样的自然环境中的基础要素和重要类型，与山林相关的地质条件关系到一个地区的自然环境和人文发展的起点。形成于不同地质历史时期的岩石是地壳的组成部分，是一切自然要素的承载者；由构造运动等内力作用和风化侵蚀等外力作用所决定的山林的地质、地貌特征，让苏州西郊山地一带成为一类基本的自然单元；山林的特殊性又使其成为长江三角洲地区古老文化的起源地。如在太湖三山岛发现的旧石器时代古文化遗址，最先即在山林地带的天然石灰岩溶洞附近，加上石灰岩地区的天然裂隙中所存的哺乳动物化石，都说明了在当初并无现今的太湖环境下，人们生活于环境状态虽相对复杂，但有利于居住、活动的条件下。

人们在对自然环境进行探索、认知和利用的过程中，对山林的认识可能相对落后，但对山林自然属性的探索、研究和记录有着浓墨重彩的篇章。比如，王鏊在重修的《震泽编》、编撰的正德《姑苏志》等方志名作中，表现出其对太湖一带岛山分布的空间认识，“太湖之山，其发原自天目而来，奔腾至宜兴入太湖，融为诸山”[1]，并以东、西洞庭和马迹三大主山为基础，分析岛山、岛浮的分布格局，进而形成对“太湖七十二峰”的认识；同时，他也深入地对其居住地附近的东、西洞庭山之间的岩石性质及其在利用上的差异做了探索和区分。

正德《姑苏志》中记述了东、西洞庭山两地岩石的不同，以及与此相关的物产的差异。“西石清而润，

[1] 王鏊等：《震泽编》，吴中珍籍，江苏凤凰电子音像出版社，2014，第 22 页。

照片 1　青石之“润”，2010

照片拍摄于苏州狮子林，在狮子林假山磴道处，有用青石做成的一些台阶。因为年深日久，登山的人们已经把这些青石台阶磨得光滑可鉴、细腻润泽。

照片 2　黄石之“燥”，2021

网师园彩霞池南侧的黄石假山是园中的主山，由黄石堆叠而成，高 13.5 米。山上岩体峻峭，堆叠手法模拟自然崖冈，表现出巨岩耸立的意境。[1] 照片中可见堆叠在岗顶的黄石岩块，总体为棱角分明，有“黄而燥”的属性，但细观每一块黄石，它们又各具特点。

[1] 苏州市园林和绿化管理局编《网师园志》，文汇出版社，2014，第 41 页。

东石黄而燥；西宜梨，东宜枇杷；西有兔无雉，东有雉无兔。”[1] 东、西洞庭山之间，隔着太湖进行对比，青石与黄石的差异更显强烈。按当时的农业习惯，两地的农业生产和自然环境也因此对比明显。（见本书第三部分）不同的岩石有着不同的属性，在自然地理环境的形成和人们的运用中，如在构筑园林假山时，甚至在文化习惯的形成过程中，都会体现出这种差异。而以苏式园林中青石与黄石的两则细节来看，这种差异也是非常明显且有趣的。

在苏州山林中，我们还可以看到更多与地质历史、地质构造相关的属性，它们对山地所在地区的自然环境有着基础性的重要影响。苏州现今最高的一批山体，如穹窿山、阳山、西洞庭山等都是由以石英砂岩为主的断层推覆体所构成的；苏州花岗岩分布区是整个长江三角洲地区最典型的花岗岩侵入体出露区；太湖西洞庭山东部及湖上岛山的石灰岩地带，也在人们开发利用太湖石（旧时又称“花石”）、青石等自然资源的过程中，具有了深厚的人与自然互动的历史及文化积淀；在地质历史上，1亿多年前的地壳变动、岩浆活动，形成了苏州现今的山水地貌框架，同时也为苏州奠定了一个稳定的地质环境基础。

从长江三角洲核心地区太湖的形成及其与人们的关系来看，苏州西郊山地起到了极为特殊的作用。在长江三角洲地区海陆自然环境发生较大变化，尤其是六七千年前海平面相对处于高位，长江三角洲中部地带积水成湖的时候，这些山地实际成了太湖东部的湖岸控制线，框定了太湖东岸北段的位置。经过传说中的大禹在太湖治水，“三江既入，震泽底定”，由此确立了太湖水系的格局，后人也在太湖中的四嶼建禹王庙纪念大禹的功绩，还留下了大禹自太湖牵山填水的传说。苏州古城的位置更体现了山地的作用。2 500多年前伍子胥“相土尝水”，选今日苏州古城之址建造吴国阖闾大城为都城，西郊山地对上源方向太湖洪水对城区的直接冲击具有重要的阻挡作用，同时确保了古城具有水乡地区特有的便利水运与水运节点的地位。

在不同的历史时期，苏州西郊山林地带的作用也不同，它往往扮演着重要的角色。春秋时期的吴越争霸，太湖和吴淞江一带既是两国之间的军事缓冲带，也是军事争端的前沿阵地，因此，东洞庭山、西洞庭山、穹窿山至横山一线都是引人注目的区域，这里的一些山体名称在汉代的《越绝书》等著作中就已出现，同时从国内其他地区的古籍中也能找到蛛丝马迹。但随着区域性争端热点的淡化，苏州西郊山林的核心部分如以穹窿山为代表的山地，在相当长的一段时间里淡出了人们的视线，只有太湖中的西洞庭山还长期存在于人们的视野中，这显然与其水运虽艰难但仍可以到达，尤与太湖岛山特有的山水风光及石灰岩溶洞的洞天福地环境有关。

唐宋以后至明清时期，大运河成为长江三角洲地区与北方的水运热线。随着北方资金和人力资源的南迁，苏州所在的江南地区的经济文化水平日益提高，苏州西郊山林地带，包括太湖岛山地区的人口密度逐渐增大，开发程度不断深化，聚落明显增多，建筑类型不断丰富。随着人们对山地的了解越发深入，利用和改造的形式也越来越多样，自山林深处到太湖沿岸、太湖岛山，与山水风光、山林经济和文化活动相关的文化积累和积淀越来越深厚。基于文化环境的特殊性及在水乡背景下表现出来的自然环境的稳定性，山林地带文物保护单位高密度分布的特殊现象形成了。

如今，苏州的山林在自然环境方面依旧对苏州具有基础而稳定的作用，在人文环境方面，则基于历史积淀有了新的内涵。现代水利工程使苏州所在的长江三角洲中东部水系状况更趋稳固，历史上以太湖为上源，以河网、湖荡地区为腹地，以诸多入江河道为尾闾的格局得以强化，[2] 虽然山林地带为

［1］林世远、王鏊等：正德《姑苏志》，北京图书馆古籍珍本丛刊：26，书目文献出版社，2000，第178页。
［2］朱剑刚：《苏州水乡图鉴》，苏州大学出版社，2020，第35页。

照片 3　狮子山和何山，2021

狮子山（右）和何山（左）位于苏州城西，是苏州西郊山林地带离古城最近的山体之一。这里现在是现代化新城的建成区，原先则是苏州西郊山林与苏州古城之间的一个缓冲空间。苏州古城就是位于西部山地与东部泽国之间的一个上选之地。狮子山、何山等西部山地处于古城与太湖之间，可以很好地保护古城不受太湖洪水的直接侵袭。大禹治水时从太湖牵山至此的传说不能只被看成是“闾巷之谈”。

照片 4　从太湖看苏州西郊诸山，2019

从太湖看苏州西郊诸山，可见远端的一些现代化高楼，那里就是古今苏州城所在之处。山林地带与太湖及苏州城的位置关系由此可见。而画面右侧的平原则是原先太湖东泄的主要通道，后因泥沙沉积而变成陆地。

苏州城阻挡太湖洪水的功效不再直接体现，但其“上控太湖、襟带水乡”的作用依然是这里水系格局的基础，保证了水乡平原地区与太湖之间的稳定关系。苏州的山林作为多样生态的一个类型，在江南水乡低洼多水的环境下，更体现出不可多得的稀缺性。相比于湖荡地区的水稻种植、水产养殖，沿江的棉花种植，沿太湖平原的种桑养蚕，等等，这些传统产业随着时代发展在产业结构方面有了极大的变化，但以西郊太湖一带山地为代表的水果、茶叶生产等林果和文旅产业，依旧是这里重要的产业形式，且呈现出传承与创新并重的状态。同时，西郊山地也是苏州地区受到人为影响相对最少的地方，这里有不少自然植被的分布，一些生长态势良好且有较高生态和经济价值的自然植被分布地被列为省级自然保护区。此外，苏州具有地带性特点的自然土壤也主要分布于西郊山地。

苏州山林地带有着丰富而深厚的人文积淀。人文活动的方方面面，无论是综合全局还是局部区域或要素，在漫长的历史或某种时候抑或现今，都体现着人们对与山林相关的自然和人文属性的态度与习惯。甚至可以说，一座山就是历史与文化的一个宝库。如以苏州西郊诸山中东南端点的七子山为例，有关古籍记载、地名变化、历史史实、环境变迁等，个中关系可见一斑。七子山，因诸面观之皆如横亘，故在千百年间一直被叫作“横山”，但“横山”之名现已归他山所有；七子山南原是太湖东延的区域，其因南临太湖的位置而被称为“踞湖山”，春秋时为“临湖控越”的吴越缓冲区和前沿地带，但与之相关的姑苏台的当时位置等，隐显于历史的迷雾之中；七子山南，东为吴淞江（笠泽），原是太湖东泄的重要通道，西南当洪流之冲的尧峰山在唐代还建有免水院，也曾是吴县和吴江之间的分界，现在这一带大部分已涨沙成陆，其中不乏受人为活动的重要影响；七子山因有五大山坞而俗称“五坞山”，宋代时五坞山有五个富有诗意的美名，只是这些名称早已成为古籍中的文字而非实际的地名；七子山历史上也多寺庙道观和士人隐居之处，亦是历史上的名人归宿之地，现在文物和遗迹较为集中在东

照片 5　云雾中的七子山，2022

云雾中的七子山只露出其最高的山脊部分。远处自右向左，可见阳山、穹窿山及西洞庭山、东洞庭山。有时漫长的历史也会像这迷雾一样，覆盖在西郊山地之上，不少自然和人文的信息就掩藏在这迷雾之下。

部的上方山、石湖一带，全山不少区域的山体变化巨大。

从发展的角度来看，历史上人们对自然山林的认识，以及对山林地带的开发和利用情况，可以被很好地借鉴，并在当今得以提升和创新。如在西郊的诸山中，哪一座是人们心目中最重要的山？春秋时吴国建阖闾大城时，哪些自然因素与人文因素影响了古城选址，而从考古成果的角度来看是否能说明这些影响？在对山林资源进行利用时产生了哪些问题，对应的修复过程怎样？如何通过建立自然保护区、森林公园、地质公园等对山林自然资源进行保护和利用？人们与山林之间有着天然的亲近关系，如苏州很早就有种梅、赏梅的习惯，先后形成了查山、香雪海和西山梅园等观梅地；现在的人们注重亲近自然，喜欢参加各种户外活动，苏州本地户外活动最主要的载体还是西部的山地。

二、苏州西郊山地分布大势

苏州西郊山地的分布呈西南—东北方向延伸，主要可以分成三列。其中，主轴在西洞庭山—穹窿山—阳山一线，这是苏州西郊山地最高的一列，诸如穹窿山笠帽峰、阳山箭阙峰和西洞庭山缥缈峰等海拔超过300米的山峰都在这一区域；东线为东洞庭山—七子山—横山一线；西线是漫山（岛）—冲山（岛）—西碛山、潭山—安山一线，山体延伸范围较为有限。从更大范围来看，苏州的这三列山地与太湖西南

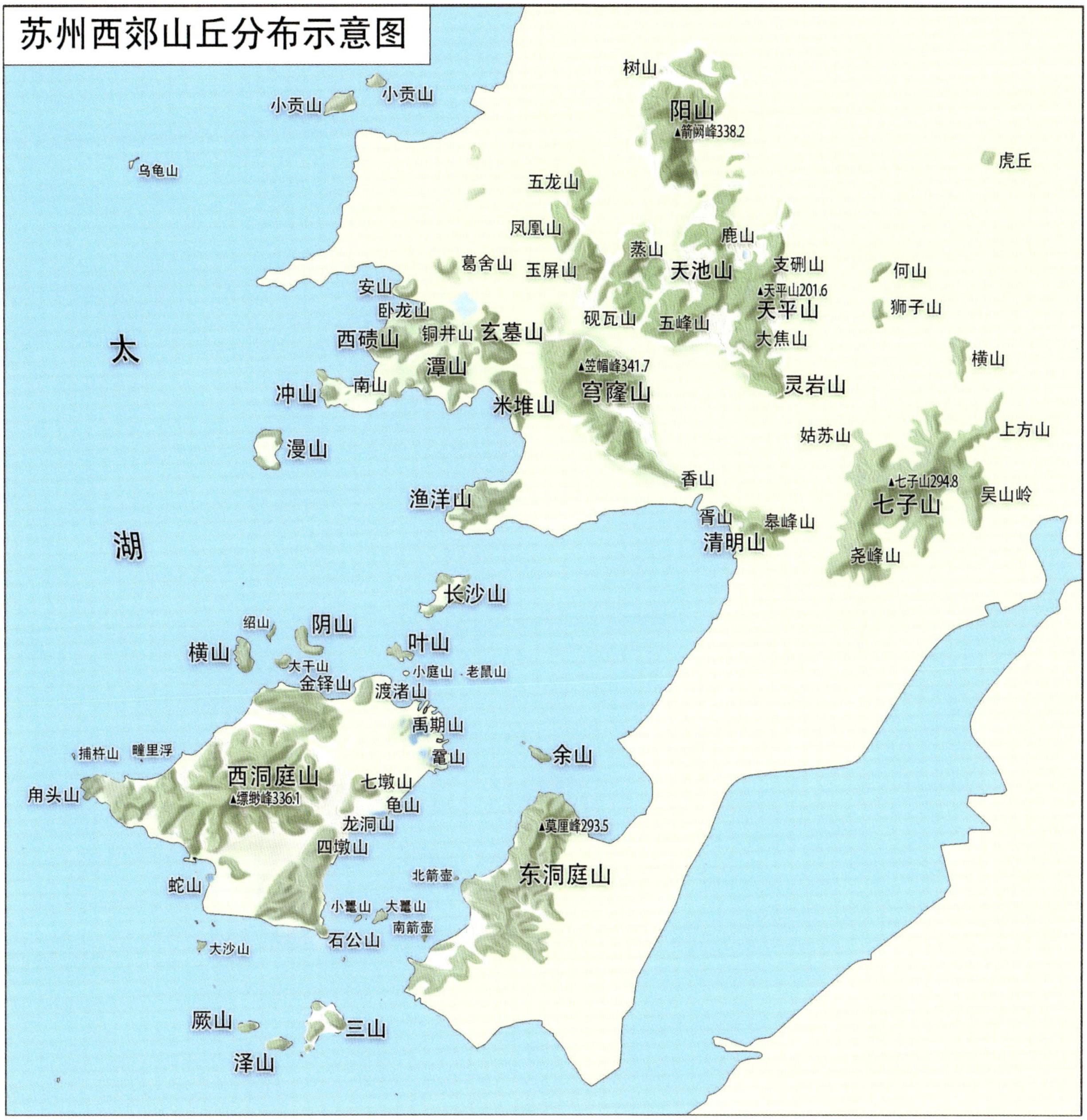

图 2　苏州西郊山丘分布示意图

对岸湖州方向延伸而来的天目山余脉隐约相连。这些山地的岩石主要为坚硬的石英砂岩。

在苏州西郊山地的分布中，还可见一个由地质构造决定的圆弧形的山体分布带，在圆弧的合围之中有一个平面形态略呈蝴蝶形的山丘区域。前者相对较高，构成岩石主要是石英砂岩，分布区域涉及横山—七子山—清明山—穹窿山—米堆山—玄墓山一线；后者相对低缓，除西南一角外，构成岩石主要是花岗岩。也就是形成的由环带状山地围出来的区域，为苏州花岗岩的主要分布地，这也是长江三角洲中心区域难得的范围较大的花岗岩出露区。

在西洞庭山东部及其与东洞庭山之间，还有一批相对低缓的山丘，它们的海拔一般只有几十米，比较有名的如石公山、元山（鼋山），以及太湖中的一些岛屿，如三山岛、泽山、厥山（有时称“嶡山”）、大山（大鼋山）等。这些山体主要由石灰岩构成。由于石灰岩抗风化能力比较弱，因此，往往形成了侵蚀得比较明显的海拔较低的山丘，或者湖中的岛屿。这些山体的太湖沿岸的石灰岩经过湖水波浪的长期侵蚀，形成具有“皱、瘦、透、漏”特质的太湖石。这一地带原是太湖石和青石的重要产地。由于石灰岩可作为建材原料，在最近几十年，此区域的石灰岩山丘遭受了比历史上任何一个时期都要快速的开采，整个的山丘的外形等地貌都有了相当大的变化。

苏州西郊山地近半以岛山的形式分布于太湖之中，以西洞庭山和东洞庭山为主体，形成了两个主要分布区域，它们也是著名的“太湖七十二峰”的重要构成。其中，西洞庭山居太湖深处，在诸岛中体量最大、海拔最高、周边岛屿最多，其主峰缥缈峰因此得以领“太湖七十二峰”之首。东洞庭山原也为湖中岛山，清代因太湖东部泥沙淤积而与湖外陆地相连成半岛，所在区域也成为太湖东部因泥沙沉积、湖岸变化而带来的环境变化最大的区域。西郊诸山、太湖岛山与太湖的山水互动也成为苏州山林自然与人文属性的重要特色。

三、苏州西郊山地的几个观察视角

与苏州城的关系

苏州的山地主要分布在苏州西郊，这些山地和苏州城空间的关联各有不同，从而形成诸多的差异。

离苏州城最近的山包括虎丘、狮子山、横山和上方山，这些山地基本在苏州古城之西大约数千米之处。这与建造苏州古城时的选址有关，体现了水乡地区古城对外城河、内城河及城内河道、城外水系构建的考虑。古城与山地留有一定的距离，有利于城河体系的建设；如果离山体过近，河道的挖掘、维护定会受到山体的影响，从而不能形成完善的城河系统。古城西北的虎丘以山塘河、山塘街与古城相连，是早先苏州人在近郊游玩的一个主要去处；古城西南有上方山、石湖等山水胜处，也有胥江、横塘等重要的水运航线和节点，这里既是苏州人在城西南郊游的主要出行方向，又是东接古城、北通运河、西通太湖的枢纽之地，还是往西进入西郊丛山的水路门户；虎丘与上方山之间的狮子山、何山，西倚灵岩山、天平山、支硎山等山，历史上曾被看成是太湖与古城之间山体的代表，并有自太湖牵山至此的传说。

稍远之地，有天平山、灵岩山、支硎山，以及与之相并于西侧的天池山等。这些山多为花岗岩山体。古时这里交通明显不便，往往成为文人隐居的地方，或者是望族的家山，如天平山、寒山等。灵岩山在春秋时为吴王离宫之所在，区域的花岗岩地貌使这里的山体多有灵峰奇景，因而灵岩山、天平山、寒山、支硎山及花山 / 天池山诸山向来也为历代文人墨客乐往的访古探幽之处，与灵岩山相连的木渎古镇也成为重要的集散地。

更远至太湖边，旧时就有以光福市集为中心的山林地带。这里与苏州古城有胥江和光福南塘相通，距离较远，使其受城市的影响较小，常被视为“远郊的乡野”。山地与太湖相伴，这里既是苏州自然山水最集中的地方之一，也是山乡野趣比较浓郁之处。这里很早就有人类活动，有传说中汉代大司徒邓禹的遗迹，相关的有邓尉山、司徒庙及“清、奇、古、怪”四棵古柏。而切实的记载主要始自宋代。从查山的梅花开始，光福成为花卉园艺业的主要分布地，梅花潭、香雪海等地都与种梅有关，查山、潭山、潭东、潭西等也成为这里文化传承、地名演变的实例。

在光福与木渎之间，有苏州最高的山——穹窿山，向北有玉屏山、蒸山等丛山深处的山地，更北处为苏州次高的山——阳山。以穹窿山和阳山为代表，总体山体高耸、空间深远，这里最早见于春秋时的记载中，而为大众所瞩目要到明清时期。其中，阳山因近苏州城西北的大运河上的浒墅关，山上有一些包括榷关官员题刻在内的明代文人的遗迹；穹窿山则与光福的玄墓山一起，因上真观、圣恩寺等宗教场所，以及清代康熙和乾隆南下江南时在此的活动，成为令人瞩目的地方。

离苏州城最远的地方，是太湖中以西洞庭山为代表的兼具太湖山水风光、湖中洞天福地的所在。（见本书第一部分）

与太湖的关系

由于太湖这个位于长江三角洲中心地区巨大湖泊的存在，苏州西郊山地可以分为与太湖直接相关的湖上岛山和沿湖山地，以及与太湖无直接关联的其他陆上山地。这两类山地的地质构造并没有本质上的差异，但由于山体所处位置的不同，加上在陆地的不同高程下，平地上积水而形成了太湖，因此，不同的山地与太湖之间就有不同的位置关系，从而形成了以西洞庭山、东洞庭山为代表的太湖的岛山。

《太湖备考》中将与太湖相连的山体分为两类：一是滨湖山，包括苏州西郊沿太湖的横山（七子山）、胥山（清明山）、香山、法华山（渔洋山），以及米堆山、玄墓山、弹山（潭山）、盘螭（蟠螭，即南山）、西碛山等光福沿湖诸山，再北有安山、杵山等山。[1]从全局来看，这些山地既与太湖湖岸位置及太湖东泄有特别的关系，也与湖防、水运等格局直接相关。二是湖中山，自唐宋以后逐渐著名，至明清形成较成熟名录里的“太湖七十二峰”的主体，至《太湖备考》时已对其名录有了更近实用的看法。[2]

太湖的岛山，历代多受到人们的关注。从历史上的人文传说到“太湖七十二峰”，在唐代诗词中始有提及，在宋代地方志中开始有一些记载。《吴郡图经续记》“包山”条目称，“旧传震泽有七十二山，唯洞庭最巨耳”[3]，而在“水”篇目下有关太湖的条目内，又专门提到“湖中有山大小七十二，洞庭其一也”[4]。唐宋时有关太湖中“七十二山”的文字记载也就有此一说，具体的“七十二山”列表是在明代经蔡昇《太湖志》和王鏊《震泽编》以后才正式形成的。而且从明代以后一直到清代，“太湖七十二山”之说逐渐演变为“太湖七十二峰”，对其内涵有了更为全面的认识。“太湖七十二峰”名录的形成有一个逐渐完善的过程，总体上它能够反映出人们对太湖岛山认识水平的提高。（见本书第三部分）

山地的地质属性

苏州山地的地质属性与其岩石类型及构造运动的影响相关，表现在山体分布大势的规律方面。总的来说，石英砂岩、石灰岩和花岗岩是苏州西郊一带山体中最主要的岩石类型，它们在构成苏州西郊的山岭时表现出各自的特点，同时从相关自然环境及人们对这三种山体岩石的利用来看，也有差异；地质历史时期的构造运动曾给苏州带来巨大的地壳变动和岩浆活动，对苏州山林地带的地质基础产生了重大影响。（见本书第二部分）

由石英砂岩构成的山地是苏州西郊山地的主体，在苏州西郊及常熟、张家港等地的山体中占比最多，其山体相对最高，也比较完整，山体自然植被的覆盖状况较好；由石灰岩构成的山地主要分布在西洞庭山东侧，以及在西洞庭山和东洞庭山之间的太湖岛屿上，在地表、地下往往有喀斯特地貌（岩溶地貌）的发育，形成了以西洞庭山的林屋洞、石公山等为代表的石灰岩景观，同时因其风化物往往呈碱性，

[1] 金友理：《太湖备考》卷五，薛正兴校点，江苏古籍出版社，1998，第198–203页。

[2] 金友理：《太湖备考》卷五，薛正兴校点，江苏古籍出版社，1998，第335–356页。

[3] 朱长文：《吴郡图经续记》卷中，宋元方志丛刊：第1册，中华书局，1990，第663页。此处“包山”“洞庭”均指现西洞庭山。

[4] 朱长文：《吴郡图经续记》卷中，宋元方志丛刊：第1册，中华书局，1990，第664页。

一般植物生长较为困难；花岗岩主要分布在天平山、天池山、灵岩山等地，该区域算是长江三角洲腹地唯一面积较大且特征典型的花岗岩出露地，形成于地下深处的花岗岩在地表抗自然风化的能力并不算太强，山体上多见垂直节理和球状风化现象。总的来说，在苏州西郊的山地中，石英砂岩、石灰岩和花岗岩是最主要的三种岩石类型，它们的分布具有一定的规律，它们形成的山地及在后来人们对岩石的利用、对石料的开采应用等方面都表现出不同的特征。

第一部分

山林概览

我们可以从不同的视角对苏州山林加以观察，如其与古城的关系、与太湖的关系、与地质基础的关系等。兼顾这些观察的视角，第一部分内容以山林的空间位置为主线，通过对古城近郊诸山、稍远在群山拱卫之中的花岗岩奇峰灵岩、更远又有苏州最高山体的高远深峻之山，以及与太湖关系密切的滨湖山地和太湖岛山，加上苏州郊县山林的介绍，对苏州山林的情况进行概要说明。

第一节　古城近郊诸山

古城近郊诸山，是苏州西郊山地中位置最东、距古城最近的山地，自北向南依次有虎丘、何山、狮子山、横山和上方山。这些山体的岩石类型各不相同，成因也有差异，能被归为一类皆因近苏州古城。古城近郊诸山是历代苏州人崇尚的山林郊野的首选地，也是西郊山地中受人为活动影响相对最大、较为成熟的山林。它们的风格各不相同，正如明代袁宏道所说，“虎丘如冶女艳妆，掩映帘箔；上方如披褐道士，丰神特秀”[1]。虽有同样的近郊位置，但处于不同的环境，有不一样的历史，自然会形成不一样的风格。

照片 6　虎丘全景，2021

秋天的虎丘色彩斑斓，沿山一圈绿水环绕，形成江南水乡地区常见的以外廓河道护卫重要区域的格局。自东北方向看虎丘，画面右侧是虎丘景区近年新辟的一榭园。

［1］ 袁宏道：《袁宏道集笺校》（上），钱伯城笺校，上海古籍出版社，2008，第 160 页。

一、虎丘

虎丘山位于苏州城西北，是苏州山林名胜中离古城最近的一处，兼具自然风景与人文古迹，自古就是人们乐往的胜地。自阊门的外城河北码头起，沿山塘河到虎丘正山门，水路约 3.1 千米，约合旧制 6.8 里[1]，民间习惯称之为“七里山塘”。虎丘不高，海拔仅 34.3 米，早先四周是苏州城外的农田，虎丘算得上是田野中的一处低丘，《吴郡志》称“遥望平田，中一小丘”[2]，但走进虎丘以后，我们就会发现这里有非同一般的自然风景、众多的历史古迹，明洪武《苏州府志》（习惯上称《洪武志》，以下简称《洪武志》）引《吴地记》称“虎丘山绝岩耸壑，茂林深篁，为江左丘壑之表”[3]，加上从虎丘望苏州西郊，可见由高低起伏的丛山构成的美丽画卷，是“以他山胜”[4]的借景和观景胜地。历史的底蕴让虎丘成为苏州人郊游最喜爱的地方之一，也是观光者们的必到之处。

虎丘历史悠久。在苏州的地方文献中很早就有关于“虎丘”的记载，其中，唐代《吴地记》、北宋《吴郡图经续记》、明代正德《姑苏志》等都将“虎丘”列为苏州诸山的首个条目，而南宋的《吴郡志》则专为“虎丘”列了完整的一卷，这于他山而言是没有的。虎丘之名，与春秋时吴王阖闾葬于此处有关。据《越绝书》记载：“阖庐冢：在阊门外，名虎丘。下池广六十步，水深丈五尺，铜椁三重，坟池六尺，玉凫之流、扁诸之剑三千，方圆之口三千，时耗、鱼肠之剑在焉，千万人筑治之，取土临湖口，筑三日，而白虎居上，故号为‘虎丘’。”[5]《吴地记》称“虎邱山，避唐太祖讳，改为武邱山，又名海涌山，在

照片 7　苏州城北虎丘塔，2022

虎丘原是苏州城北田野中不高的小丘，山上的虎丘塔已经有一千多年的历史。长期以来，虎丘和虎丘塔一直是苏州城的重要标志，接近苏州的人们总会被它们吸引。今天的虎丘，大半为城市的建成区所包围。虎丘塔以其阅过千年风云的古老身姿融入了苏州的现代化进程中。

[1] 如唐代 1 里，大约相当于现在的 0.9 里。据吴泽《王国维唐尺研究成就综论》，唐史研究会论文集，1980。

[2] 范成大：《吴郡志》，陆振岳点校，江苏古籍出版社，1999，第 224 页。

[3] 卢熊：洪武《苏州府志》，成文出版社有限公司，1983，第 151 页。

[4] 袁宏道：《袁宏道集笺校》（上），钱伯城笺校，上海古籍出版社，2008，第 160 页。

[5] 袁康、吴平：《越绝书》，徐儒宗点校，浙江古籍出版社，2013，第 10 页。

吴县西北九里二百步”，又引“《吴越春秋》云：‘阖闾葬虎邱，十万人治葬，经三日，金精化为白虎，蹲其上，因号虎邱。’”。[1]

从关于“虎丘”的最早记载来看，人们最初认为虎丘是因阖闾葬于此而筑成的山体，后来也逐渐认识到其自然成因的一面。《吴郡图经续记》称“《吴越春秋》《越绝书》之类，皆以为阖闾所葬有金精之异，故名虎丘。然观其岩壑之势出于天成，疑先有是丘，而阖闾因之以葬也”[2]。按实际的情况而言，虎丘的确是先有自然成因的山丘，而后才有人为的修凿与改造。

虎丘是在1亿多年前的侏罗纪时代，因岩浆的喷出活动而形成的火山熔岩、火山凝灰岩等，经过长期外力风化剥蚀而形成的。形成虎丘山体的岩浆在喷出时，既会有较多的火山气体和火山灰，形成明显的火山灰堆积层，也会产生熔岩流动翻卷、气泡集聚的“流纹”现象。从虎丘的千人石、剑池和第三泉等处出露的岩石的特性来看，主要可见不同火山喷出期次中形成的不同岩层，外观上主要是由不同颜色的岩层叠加在一起，这应该是其矿物成分差异造成的，而“流纹”现象则不明显。因此，可以认为，虎丘可见的岩石主要是层凝灰岩，它的最典型分布地就是千人石、剑池和第三泉等处，其中，千人石侧面的火山岩成层现象极为明显。同时，虎丘的岩石受地壳运动的挤压变形，形成了明显的断裂。千人石上的“X”形节理[3]的分布，剑池、第三泉等处的地下水出露，试剑石、点头石等景点的形成，等等，都与这些断裂直接相关，可以说火山岩及断裂构造为虎丘自然景观的形成创造了条件。

古籍和传说都提到，阖闾葬于虎丘的时候有大量兵器随葬，其中就包括各式宝剑。《吴地记》称“秦始皇东巡，至虎邱，求吴王宝剑，其虎当坟而踞。始皇以剑击之，不及，误中于石……剑无复获，乃陷成池，

照片8　虎丘千人石全景，2020

千人石也称“千人坐”，为虎丘的核心景观之一。《吴郡志》称，“千人坐，生公讲经处也。大石盘陀数亩，高下如刻削，亦它山所无”[4]。千人石为火山喷发时形成的层状凝灰岩。

[1] 陆广微：《吴地记》，曹林娣校注，江苏古籍出版社，1999，第62页。
[2] 朱长文：《吴郡图经续记》卷中，宋元方志丛刊：第1册，中华书局，1990，第661页。
[3] 岩层的断裂据其形态，存在错动的为断层，断裂而没有错动的为节理。
[4] 范成大：《吴郡志》，陆振岳点校，江苏古籍出版社，1999，第224页。

照片 9　虎丘千人石的凝灰岩层理，2010

自千人石北看其侧面，在总体呈微红色的岩石中，因少许色差、纹理和裂隙，形成较明显的分层。这些层理为火山喷出时，不同期次火山灰依次沉积而成。各期次火山灰的成分略有差异，含铁质多者颜色更红，尤其在受雨水浸润后红色更显鲜艳，以至有“千人石的红色为修建阖闾墓的工匠之血所染”的传说。

故号剑池”[1]，这是虎丘剑池由来的传说之一。唐代《元和郡县图志》也称，剑池为三国时孙权为求剑而凿成。在这些记载中，虎丘剑池的成因都与寻找阖闾墓中的宝剑有关。而从现在的观察和分析来看，剑池的形成应该兼具自然和人工两方面的原因。火山喷发形成的岩石是剑池形成的基础，没有这些有一定厚度的成层的岩石，也就不会有其深隙条件。在剑池两侧的岩层上，还可以依稀看到连续的层状岩石，其中，以较高处一层深色带紫的岩石最为醒目。岩层中的断裂构造是剑池形成的第二个重要的自然因素，相对密集的裂隙有利于人们对剑池进行挖掘和加工，而且垂直方向的断裂也保证了剑池两侧石崖的壁立，同时自然断裂也让地下水在此汇聚而形成现在的剑池。当然，现在的剑池景观也离不开人力的作用，平直的剑池两壁和底部是在断裂的基础上，经过人为清理、挖掘而成的。剑池北侧立面也可见明显的人工砌筑的石壁。剑池清淤时，在其北端基岩上可见狭窄的三角形孔洞，有巨型石条封堵，至于巨型石条砌筑的具体情况还未见相应的记载，也未知是否与阖闾墓建造或别的工程有关。

虎丘剑池有悠久的历史，历代文人墨客在此留下了众多的石刻。这里当是苏州各处摩崖石刻中密度最高、大型石刻最集中的地方。岩石中垂直节理的陡崖为剑池摩崖石刻提供了天然的场地，“剑池”二字当刻于天然的岩层断面之上。但也因为火山岩在抗自然风化方面性能并不是很强，这里的摩崖石刻也存在风化比较严重的情况，也有的石刻被做在后期人工补缀的石块上。如果游客仔细观察，是可以区分出石刻情况的不同的。剑池是人们对自然环境进行利用，并使人文与自然相交融的很好实例，形成了独特的历史文化的传承特色。2012 年，剑池及摩崖石刻被列为江苏省文物保护单位。[2]

虎丘山顶有塔，其名为“云岩寺塔”，俗称“虎丘塔”，塔高 47.7 米，居于虎丘最高处。在苏州城北部一片平畴之中，加上虎丘山后总高 80 多米的虎丘塔显得分外醒目，向来是苏州城的一个重要标志。过去船只经运河由西北向东南接近苏州城时，虎丘山顶的云岩寺塔就如航标一样标示着苏州城的位置。当铁路取代运河成为最主要的交通运输方式后，在与江南运河并行的沪宁铁路上，南来的列车向东南而行，在看见虎丘塔的位置略微左转，在虎丘和古城之间减速向东，即进入苏州火车站，因此，虎丘塔就成了人们接近苏州的第一印象。按照《虎丘山志》记载，虎丘山上的佛塔前后起码有四座。[3] 最早的建于南朝的陈文帝时期；其次是建于隋代的仁寿年间，据考证为一座方形的楼阁式三层木塔，高约 16 米；再是建于唐代宗大历四年（769），但约在会昌年间被毁。最后是现在所见的云岩寺塔，据考证始建

[1] 陆广微：《吴地记》，曹林娣校注，江苏古籍出版社，1999，第 62 页。

[2] 苏州市园林和绿化管理局编《虎丘山志》，文汇出版社，2014，第 29 页。

[3] 苏州市园林和绿化管理局编《虎丘山志》，文汇出版社，2014，第 72 页。

照片 10　虎丘剑池的岩层断裂和地下水出露，2011

从各种迹象判断，虎丘剑池的岩石构成形式主要受自然的影响，但也不排除局部的人工垒砌。剑池的空间形成受自然裂隙的作用，更大程度上则受人为开凿的影响。剑池的水源是虎丘山体上沿着裂隙汇聚而成的地下水。

照片 11　倾斜的虎丘塔，2020

虎丘塔建在虎丘山顶，由于南侧为较完整的基层岩，北侧为比较厚的填充层，二者对塔身的支撑能力明显不同，以至于1 000多年前在建塔时就出现了塔身的歪斜现象。从东侧看虎丘塔，能看到砖砌的塔身有明显的倾斜和矫正痕迹。

于五代的后周显德六年（959），全部完成是在北宋初年（约961）。

今天我们所见的虎丘塔明显向北倾斜，20世纪80年代测得其倾斜距离达2.34米，整体倾斜角度为2° 48′ 43.1″，是国内著名的斜塔。造成虎丘塔倾斜的主要原因是建造砖塔的地基存在明显的内部差异，其南侧是包括千人石、第三泉方向规模较大且坚实的基岩；而北侧，也就是虎丘的后山方向，是相对比较薄弱的南高北低的填充层，整体的支撑能力明显不足。据传，虎丘塔在开始建造的时候就发生了明显的向北侧倾斜的状况，工匠们从第二层开始采取北侧多砌砖的方法加以修正，从而尽可能完成整体的重心纠偏，这也使得虎丘塔在整体形状上略呈不太明显的香蕉状的弯曲。但是，如果从东、西两侧观察虎丘塔，可以看到塔顶第七层有着明显的挠曲现象，似为后期修整。据记载，第七层的塔体是明代完成的构件，从外观上看其纠偏的力度明显更大，这也造成了我们今天所见的虎丘塔的特殊外观。中华人民共和国成立后，苏州市政府在20世纪50年代和80年代都对虎丘塔的地基进行了专门加固抢修，21世纪初又做了全面整修，从而确保了作为古老苏州象征的虎丘塔的安全。虎丘塔在1961年被列为第一批全国重点文物保护单位。

唐代时，虎丘已基本具有了今天所见的格局。东晋时王珣、王珉兄弟舍宅为寺，成为虎丘山寺之肇始；东晋高僧竺道生在虎丘讲经弘法，留下了“生公说法，顽石点头”的传说；南朝梁武帝天监年间发现的“憨憨泉”至今还在上山主道之西；唐宝历年间白居易任苏州刺史后，即主持开凿古城与虎丘之间的山塘河，并以河泥堆筑堤岸，人称“白公堤”，也即今时为人所熟知的“七里山塘”。七里山塘岸上栽花木，水中植莲荷，成了苏州城至虎丘之间便捷的水陆通道，其沿途的风光及虎丘的胜景成为人们争相游赏之处。白居易有诗曰：“领郡时将久，游山数几何？一年十二度，非少亦非多。”[1]足见虎丘当时已经成为风景名胜了。

宋代的苏轼给虎丘留下过一句人们耳熟能详的“广告语”：“到苏州而不游虎丘，乃憾事也。”[2]现已成为宣传虎丘的金句。只是在古籍中并无此原句，在南宋的《中吴纪闻》中有“东坡尝云：苏州有二丘，不到虎丘，即到闾丘”[3]，又在明代《词品》中有“东坡尝言：过姑苏，不游虎丘，不谒闾丘，为二欠事”[4]，这里说的是苏轼到苏州后两件最为重要的事是赏美景和访故人。后来逐渐演变成了虎丘的宣传语。

明代的虎丘塔屡有兴废，洪武、宣德、崇祯年间曾发生三次较大火灾，又毁而复建。据考证，虎丘塔第七层塔身是在崇祯年间重建的。15世纪中叶以后，因皇室赐经，山寺建阁，建筑密度大增，知名度远播，文人墨客会聚，四方游人云集。虎丘与苏州城之间的山塘街也是商铺栉比，酒旗招展，一派繁荣景象。明代袁宏道在苏州任职时，两年间六游虎丘，并作《虎丘记》，称：“虎丘去城可七八里，其山无高岩邃壑，独以近城，故箫鼓楼船，无日无之。凡月之夜，花之晨，雪之夕，游人往来，纷错如织。而中秋为尤胜……”[5]全文生动描绘了虎丘的游人盛景和该盛景的形成原因，以及中秋之夜虎丘千人石至山门，远望“如雁落平沙，霞铺江上”的情形，又详细描绘了人们月下歌唱的过程，从布席之初“唱者千百”“竞以歌喉相斗，雅俗既陈”，到明月浮空、一箫一管，“一人缓板而歌”“清声亮彻，听者魂销”，至夜深月斜，“一夫登场，四座屏息，音若细发，响彻云际，每度一字，几尽一刻，飞鸟为之徘徊，壮

[1] 范成大：《吴郡志》，陆振岳点校，江苏古籍出版社，1999，第224页。

[2] 有关苏东坡“到苏州而不游虎丘，乃憾事也”的相关说法引自《虎丘山志》第4页。

[3] 龚明之：《中吴纪闻》卷五，清知不足斋丛书本，第42页。

[4] 苏州市园林和绿化管理局编《虎丘山志》，文汇出版社，2014，第4页。

[5] 袁宏道：《袁宏道集笺校》（上），钱伯城笺校，上海古籍出版社，2008，第157页。

照片 12　虎丘千人石北端，2010

千人石北端，有峭岩迭起，崖上嵌“生公讲台”“千人坐”等篆字石刻，圆洞门口有“虎丘剑池”四个大字石刻，门洞内即虎丘剑池。

照片 13　点头石，2007

在千人石北的白莲池中，有点头石。这里有“生公说法，顽石点头”的传说。

士听而下泪矣”，[1] 场景撼人。

清代至民国时期，虎丘见证了以苏州为代表的江南地区经济文化盛极而衰的过程。先是康熙、乾隆两代皇帝各六次南巡，每次都到苏州且巡幸虎丘，因之包括行宫在内的建筑规模更见扩大而达鼎盛，春、夏、秋三季的牡丹市、乘凉市、木樨市，以及清明、七月半和十月朝（“三市三节”）民间节庆活动也达全盛。只可惜，虎丘和山塘一起，在同治十年（1871）以后毁于兵火，之后光绪年间建拥翠山庄，余者仅略有恢复。至民国时期，虎丘的建筑和景观部分恢复开放，部分用作办学校，也有建抗战烈士“国魂冢”等用途。至 1949 年 4 月，虎丘实为寺庙、学校、农舍和民居等混杂的状态。[2]

除历史古迹外，虎丘的不少景点与其特有的火山岩及岩石断裂节理、地下水的活动等自然环境有关。在虎丘看到的构造运动形迹，都是较小规模的断裂现象，再有就是一些经过外力风化侵蚀形成的结果。

[1] 袁宏道：《袁宏道集笺校》（上），钱伯城笺校，上海古籍出版社，2008，第 157 页。

[2] 苏州市园林和绿化管理局编《虎丘山志》，文汇出版社，2014，第 13 页。

照片 14　虎丘陆羽井，2020

陆羽井，旧时称为“石井”，传为唐贞元年间“茶圣”陆羽所开挖。其水质在唐代张又新的品鉴之下列东南第三，故又称“第三泉”。岩壑石壁之上有“第三泉”“铁华岩”等摩崖石刻。

照片 15　虎丘试剑石，2009

试剑石位于虎丘正门上山道的东侧，古籍称其“中开如截”或“中裂似剑劈”，被传为“吴王铸剑成而试之”，或“秦始皇掘得吴殉剑而试之”。在古人的想象中，无论是试剑石还是剑池的形成，都只能是用宝剑才能“剑试一痕秋，崖倾水断流”[1]。其实，此裂缝为虎丘岩石中常见的节理现象，与“生公说法，顽石点头”的“主角”点头石一样，都是因岩石中未错动的断裂而形成的。

[1] 陆广微：《吴地记》，曹林娣校注，江苏古籍出版社，1999，第 64 页，“虎邱山”条目注释〔三〕。

与断裂相关，地下水出露为泉也是虎丘古迹中常见的现象。比如，《吴郡志》中有虎丘石井的记载，称“唐张又新品第东南烹茶之水为七等，以虎丘石井为第三”，而石井在南宋绍兴三年（1133）清淤再淘后，“四傍皆石壁，鳞皴天成。下连石底，渐窄。泉出石脉中，一宿水满井”，古迹再现。[1]此处石井即虎丘陆羽井，也即“第三泉”，位于虎丘塔与冷香阁之间的岩壑中。再如，虎丘二山门后山道西侧的憨憨泉也是有名的古迹。而据虎丘山又名“海涌山”之说，山自海中涌出，虎丘底下可通东海。这更多的应该是人们对平地上突然出现的山丘的一种朴素认知。

照片 16　虎丘养鹤涧，2016

虎丘也是各种鸟类栖息的乐园，在虎丘后山比较茂密的树林中有大量鸟类在此活动。虎丘的养鹤涧、放鹤亭等处与文人逸士追求的隐逸生活有着莫大的关系。

二、狮子山、何山

狮子山与何山位于苏州古城正西方向，距外城河约 6 千米。两山南北相邻，间距仅 500 余米，因此，过去在名称上出现过混淆，两山在古籍中都曾被指以“鹤阜山”为名。在苏州的主要志书中，以“鹤阜山”为条目的情况仅见《吴郡志》，称“鹤阜山，亦名峰崿山。世传禹治水时，令童男童女入太湖，引出此山，

[1] 范成大：《吴郡志》，陆振岳点校，江苏古籍出版社，1999，第 430–431 页。

照片 17　狮子山旧影，约 1988

与近郊的虎丘、上方山及横山相比，狮子山一带既非传统的风景名胜地，也不在交通要道上，因此，20 世纪 80 年代末，这里还是一片郊野，四周是苏州城西常见的农田。

照片 18　狮子山，2011

20 世纪 90 年代初，苏州新区开始建设，自大运河新线上的狮山桥到狮子山脚的狮山路成为新区的第一条主干道。狮子山成为苏州新区的象征。狮子山下的苏州乐园也成为一代人游玩的好去处。远处最高的山为阳山，稍近处为高景山遗址。

欲以填水。至鹤邑墟，不肯进，因此以名。或云，即师子山也”[1]。可见，此处所载的“鹤阜山”，主要与“岞崿山”“狮子山”的名称及大禹牵山填水的传说相关。实际上，牵山之说在多本古籍中有记载，而岞崿山的名称略异，如《越绝书》记作“莋碓山”[2]；《水经注》记作“岞岭山”[3]，此山的东及西南有两小山，皆有石如卷笮（用竹子卷的索），用于“牵山”。《吴郡志》之前的《吴郡图经续记》中明确了岞崿山即狮子山的关系，称“岞崿山在吴县西南一十五里，《图经》云‘形如师子’，今以此名山也”[4]，并关联了《水经注》“岞岭山”及大禹移山之说。

《吴郡志》之后，《洪武志》称“岞崿山在县西南十五里，俗因其形，名为师子山”[5]，“两小山今右曰铃山，左曰索山”[6]，从而更突出了以“铃”“索”引“狮”；有关牵山之说，《洪武志》还有“朱伯原谓‘牵山之事盖闾巷之谈’，因古书所载，姑存之”的记述——客观地说，认识到牵山之事只是传说显然是某种进步，但如果能在这种说法的基础上，看到其背后是人们对水患、治水和山林与古城安全之间的关系的认识，可能更为有用；《洪武志》在狮子山之外，还新列了“何山”条目，称“何山，在县西南一十五里，有庙”[7]。

正德《姑苏志》则将相关情况兼收并蓄，“鹤阜山”两山兼用，如称“岞崿山，在金山东，俗称狮子山，以形名，一名鹤阜山，又名莋雄山”［正德《姑苏志》依《吴郡志》和《洪武志》而来，“雄”字疑为《洪武志》引《越绝书》时“碓”字之误，《洪武志》有“按《越绝书》：莋雄山，故为鹤阜山……”[8]字样］，又称“何山，在狮子山北一里，其地旧名鹤邑墟，故山名鹤阜山，因梁隐士何求、何点葬此，改今名，其坡有资福寺”[9]。

因此，现在用的“狮子山”和“何山”两个山名，也是从古籍记载的不断纠缠之中走出来的。总体看来，有关大禹治水的牵山之法，所牵之山都围绕“岞崿”之名，而外形似狮子又与“铃”“索”对狮子具有“引”“牵”之效相对应，故而“岞崿山即狮子山”当得到较一致的认定；而何山旧名“鹤邑墟”，对应旧山名“鹤阜山”似也更妥当。现在苏州新区的道路中，何山东南侧有一条道路名为“鹤阜山路”，当也与此有关。

狮子山海拔高度 114.5 米，外形如一头回望的狮子，其外形的成因和它的花岗岩山体的构成有关。不同期次的岩浆侵入和冷却形成的岩石，性状间存在差异，狮子山中部和北部是细粒黑云母花岗岩，南部是较粗颗粒黑云母花岗岩，加上断裂构造的共同作用，花岗岩上升到地表以后，受外力风化侵蚀时，不同部位的花岗岩的风化侵蚀情况出现了较大的差异：狮子头部的花岗岩的抗风化能力比较强，身体部位的花岗岩的抗风化能力相对比较弱，最后形成了今天所见的狮子的外形。民间还有“狮子回头望虎丘”的说法，讲的是狮、虎相争，狮子败北，化为山丘，还不甘地向北回望着“虎”。这不禁让人

［1］范成大：《吴郡志》，陆振岳点校，江苏古籍出版社，1999，第 220 页。
［2］袁康、吴平：《越绝书》，徐儒宗点校，浙江古籍出版社，2013，第 12 页。
［3］郦道元：《水经注》，陈桥驿注释，浙江古籍出版社，2000，第 459 页。
［4］朱长文：《吴郡图经续记》卷中，宋元方志丛刊：第 1 册，中华书局，1990，第 662 页。
［5］卢熊：洪武《苏州府志》，成文出版社有限公司，1983，第 133 页。
［6］卢熊：洪武《苏州府志》，成文出版社有限公司，1983，第 134 页。
［7］卢熊：洪武《苏州府志》，成文出版社有限公司，1983，第 134 页。
［8］卢熊：洪武《苏州府志》，成文出版社有限公司，1983，第 133 页。
［9］林世远、王鏊等：正德《姑苏志》，北京图书馆古籍珍本丛刊：26，书目文献出版社，2000，第 177 页。

照片 19　何山和何山公园，2021

何山海拔 63.8 米，由上侏罗统火山岩构成，同虎丘、阳山（北段）、树山、南山等苏州西部地带山丘一样，为燕山运动期间火山活动的产物。现辟有何山公园。

联想起春秋吴国时“专诸刺王僚”的故事，被专诸刺杀的吴王僚就葬在狮子山，[1]而指派刺客的公子光，也就是后来的吴王阖闾则葬在虎丘，不知这二者之间是否有某种关联。

三、横山、七子山

“横山”是一个值得注意的地名，古籍上的横山和现在苏州的横山所指的不是同一处。在现在的地名系统中，包括地图上，位于原横塘镇西侧的山被标记为“横山”，在石湖之西由上方山绵延而去的整座山被称为“七子山”。但是，历史上的“横山”一直是指石湖之西的山（现在的七子山），而历史上横塘镇（今横塘街道）西南的山（现在的横山）则被称为“黄山”。这种旧称在 1926 年李根源所作的《吴郡西山访古记》中还是沿用的。

横山，旧称“黄山”，《洪武志》称“黄山，在县西南二十五里”，并称“隋志有之诸峰高下相联，俗称笔格山”。[2]（见本书第三部分）“横山”与“黄山”，在苏州话里发音相同，书写不同，除个

[1] 正德《姑苏志》“峙嵝山”条目引《吴地记》云：“王僚葬此山”。见林世远、王鏊等：正德《姑苏志》，北京图书馆古籍珍本丛刊：26，书目文献出版社，2000，第 177 页。

[2] 卢熊：洪武《苏州府志》，成文出版社有限公司，1983，第 134 页。

照片 20　横山远景，2021

画面中稍远处的横山，旧称“黄山”，其东原为横塘镇，是水陆交通要道。近处山体茶磨屿是上方山的延伸部分。两山遥相呼应，相距仅 1.8 千米，为苏州古城西南方向两处主要的郊游活动节点。上方山和石湖是宋代诗人范成大写作田园诗的基地，而横塘则是深入苏州西郊的门户，也是郊区迎来送往的代表性地点。

别可能是误写误注，如乾隆《苏州府志》卷首第五页“吴县疆域图”将此山注为“横山”以外，其余古籍中此山均被记为“黄山”。由旧名“黄山”改现名，当是在民国以后。在 1933 年的民国《吴县志》中，有关两山的图文标识都是按的旧时之说。在 20 世纪 50 年代初的《太湖全图》中，原黄山被标注为“横山”，而原横山上标出的“七子山”“尧峰山”“上方山”等，与现今情况基本一致。原黄山改注“横山”的做法很快被接受，当然，这除二者发音相同以外，与横塘镇不无关系。据明崇祯年间《横溪录》称，横塘镇又称“横溪”，“震泽在镇西南，其水合流北注，而东折以入海，镇踞北面，当其冲。水由地中，聿分东西，舆梁利涉，东达郡城之盘门，东南达松陵檇李，西而北达郡城之阊门，西南则距胥口，通衢也，水南北为纵，路东西为衡，故名横塘”[1]。显然，这里是一个水陆交通并举的路口，是一处成为交通枢纽的好位置。

但横塘之“横”又将安出？西南面的太湖，有两脉水系在横塘汇聚：一是自西面胥口来的胥江水，二是自七子山南面太湖白洋湾北来的越来溪水，两水汇流后向北进横塘镇的市河——如果在这里横塘是指一条河的话，那就是进了横塘河，只不过这横塘河就相当于横塘镇的市河这一段——旧时，

[1] 徐鸣时：《中国地方志集成·乡镇志专辑⑤·横溪录》，江苏古籍出版社，1992，第 264 页。

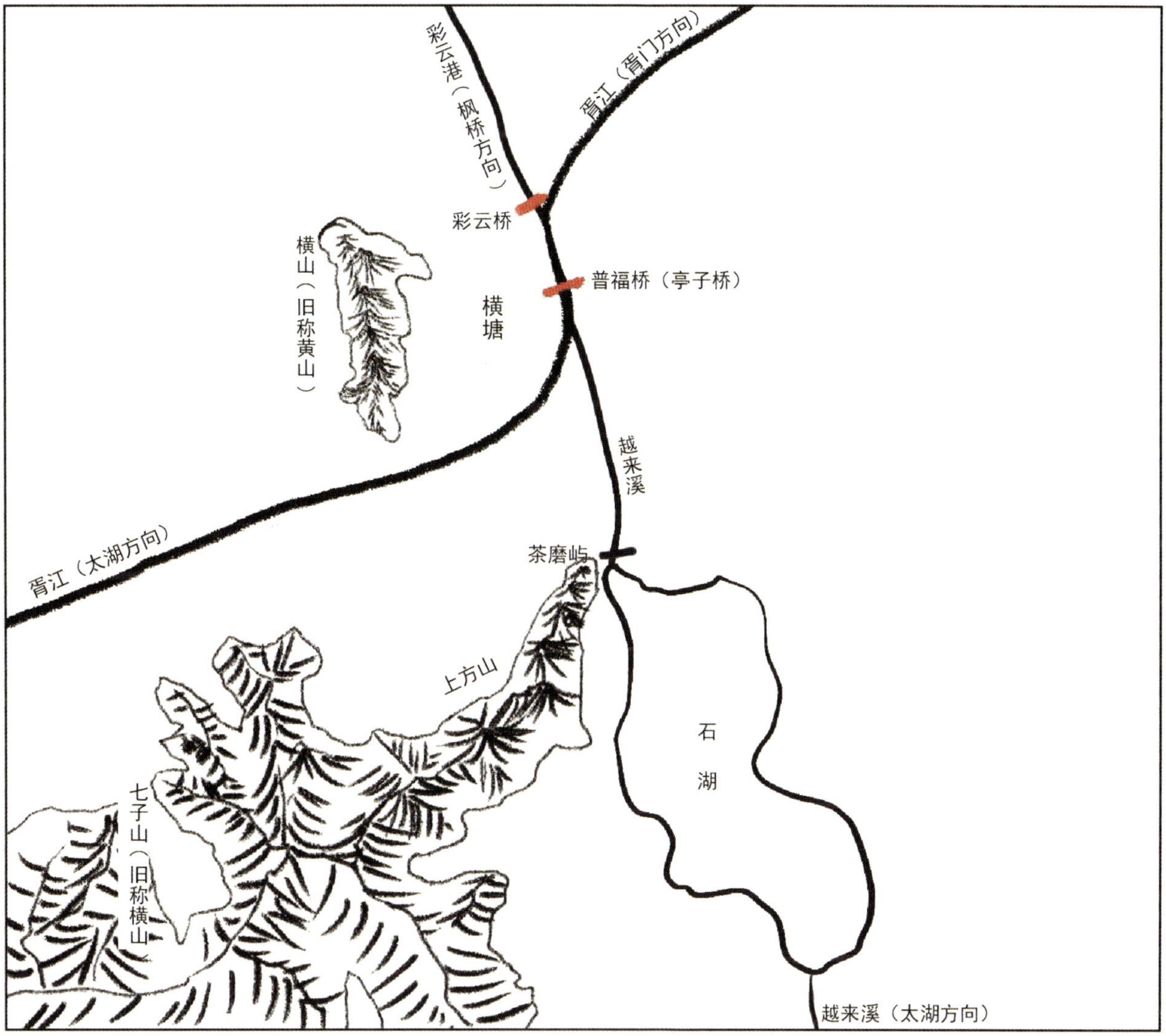

图 3　横塘横山位置示意图

过了横塘的太湖水一般再分为两支：一支在彩云桥前向东北经胥江东段经外城河过盘门等最终入海，还有一支过彩云桥径自向北至枫桥入运河。如此这里实际形成了一个特殊的十字交叉口，形成交汇的其一是胥江，其二则是越来溪—彩云港，特殊之处在于两段胥江在这里是错位的，中间连接的就是四段河道交汇的核心地带——横塘镇的市河。而横塘镇就分布在这段市河的两侧，重心尤在市河与横山之间。也许对胥江[1]而言，古城与太湖之间东西方向的水路运输，到了此地必须有此错断的转折，而作为要冲的市镇就如横亘在行进方向上一样，于是取“横塘”之名自然就不难理解了。其实，同样的道理，在横塘通了公路后，自苏州城开往光福的汽车在经晋源桥到横塘镇的时候，迎面而来的就是这旧称的“黄山”横在前方。因此，“黄山”被改成“横山”的时候，同音词对于百姓交流而言没有任何的不习惯，而“横塘”的名称和水陆交通的形势倒是很般配。 正是因为横塘介于苏州城与西郊丛山之间，其才能成为前往西郊访古探幽的门户；而通达运河和江、湖的便利交通，也让横塘成

［1］ 正德《姑苏志》将现在的胥江横塘以西一段，自太湖入胥口后称为“胥口之水”，待至东西醋坊桥后称为“木渎”，并未给出河道的正式名称；而将横塘到胥门一段称为“胥塘”。（见正德《姑苏志》第 187–188 页。）

照片 21　横塘横山一带，2021

照片中部偏上位置的山体是横山，近处高楼一带为原横塘镇之所在。画面偏左侧从远处蜿蜒而来的河为胥江的西段，通太湖胥口方向；近处横过画面的为新的大运河主航道，以胥江交汇点为界，左（向南）为原越来溪之北段，右（向北）为原横塘镇市河之所在。照片右侧（北）大桥为晋源桥，再向右画面之外有原普福桥（亭子桥）、胥江东段交汇口、彩云桥等，此段即河道之“横塘”。过彩云桥，再北即原彩云港。

为旧时郊外送别地的代名词之一。

横山海拔 97 米，在地质构造上正处于苏州花岗岩侵入区的东南边缘，山体东侧为茅山组石英砂岩，西侧为花岗岩，在横山西坡有花岗岩侵入体与茅山砂岩的接触带，可见岩浆活动时的析离体现象，以及略具球状风化的由岩浆冷却而成的花岗岩，与经过岩浆高温烘烤而变得非常坚硬、棱角分明的石英砂岩并列而存的现象。横山西麓在 20 世纪 50 年代建有烈士陵园。

七子山，旧称“横山”，也称“据湖山”“踞湖山”“五坞山”“荐福山”等，海拔 294.8 米，由石英砂岩构成。全山主要为茅山组砂岩，仅西北部分南黄山、凤凰山和尧峰山西侧为五通组砂岩，山体长轴呈东北—西南方向延伸约 8 千米，宽约 4.5 千米。因山上多古代的石室土墩，分布于各山

顶部位的主要有七处，故得其名。《木渎小志》称横山“又名七子山，以山有七墩故也”[1]。如果从高空看，七子山很像一条四脚伸展的蜥蜴：其头部在西且朝南，是现在的尧峰山；身体向东延展，是七子山的主体；尾巴向东又向北拐，是上方山、郊台和茶磨屿；伸展的四脚分别是吴山岭、陆墓山、福寿山和花园山。如此的山体格局，让人们在山前观看时，无论从哪个方向看都有横亘的山体呈现于眼前。这般看来，“横山”之名也是名实相符的。七子山伸展的山体之间，分布有大大小小的山坞，其中，第一层级的大型山坞有五处，按现在的名称，山之西北为九龙坞，东北为梅湾，东为澄湾，山南东侧张桥之所在为上金湾，西侧旺山之所在为薛家湾。七子山的山岭和山坞分布较为复杂，大的山坞往往由次一级的山岭、山坞构成，比如，山南薛家湾，内部还可分为将军坞、盛家坞、宝华坞、钱家坞、颜家坞等；[2] 再如山北九龙坞，则由荐慈坞、茶湾坞、分金坞、直头坞、白塔坞、潜龙坞、笄马坞、大坞和清水坞等九个山坞构成。[3] 如此的山体空间的层次结构，在苏州西郊诸山中是不多见的。

图 4　七子山山形示意图

[1] 张郁文：《木渎小志》，吴中珍籍，江苏凤凰电子音像出版社，2014，第 59 页。
[2] 张振雄：《苏州山水志》，广陵书社，2010，第 13 页。
[3] 李根源：《吴郡西山访古记》，吴中珍籍，江苏凤凰电子音像出版社，2014，第 53–54 页。

照片 22　七子山全景，2020

七子山的山峦自其核心伸向四方，从每个方向观之均如横亘在眼前，故旧时向来称为“横山”，近处右侧为上方山一脉，左侧为吴山岭。山岭之间环抱大小山坞，大坞有五，故而旧时也称为“五坞山”。照片左侧（南）历史上为太湖东部的湖面。

“横山”之名首次出现在《吴地记》中，是书中所记西郊太湖以东八处山体之第六，称“横山，又名据湖山，在吴县西南十六里”[1]。北宋《吴郡图经续记》将“横山”记为第二个条目，仅列虎丘之后，称“横山，在吴县西南。《十道志》云：‘山四面皆横，盖以此得其名也。’又名‘踞湖山’（踞或作‘据’）”。这里给出了此山之所以称为“横山”的原因，并提出“观是山镇此邦之西南，临湖控越，实吴时要地”的看法。[2]当时此山南面即太湖，横泾与东山之间也是太湖向东泄水的要道，因而此山可看成是与南面的太湖一起组成屏障的地方，无论前溯至春秋时吴越争霸的形势，还是后来隋代迁郡城于新郭的布局，都与此有关。《吴郡图经续记》还记述此山“有五坞，皇祐中节度推官马云与山人仇道名之，曰芳桂，曰修竹，曰飞泉，曰丹霞，曰白云，盖因其物象云”[3]。对此五坞之名，南宋《吴郡志》“踞湖山”（横山）条目中称“山有五大坞，《图经》又名五坞山。五坞，旧名不雅。皇祐五年，节度推官马云三游此山。求其林涧之美，峰壑之秀，云景之丽，泉石之怪。因其物象，各以美名名五坞”[4]，并具体记录了有关踞湖山及五坞的六首诗。只可惜，五坞之美名、诗文之美篇，在之后的方

[1] 陆广微：《吴地记》，曹林娣校注，江苏古籍出版社，1999，第 72 页。

[2] 朱长文：《吴郡图经续记》卷中，宋元方志丛刊：第 1 册，中华书局，1990，第 661 页。

[3] 朱长文：《吴郡图经续记》卷中，宋元方志丛刊：第 1 册，中华书局，1990，第 661 页。“皇祐”，北宋仁宗年号，1049—1053 年。

[4] 范成大：《吴郡志》，陆振岳点校，江苏古籍出版社，1999，第 218 页。

照片 23　七子山九龙坞山形，2022

近处深色山梁为汤家山，再近处之山坞为感慈坞，山梁那侧即九龙坞。九龙坞由东侧汤家山和西侧花园山环抱，或曰有九条次一级的山体自七子山自上而下伸展，即“九龙”。因原山势地形受后期人为活动的改造比较明显，九龙坞内原有的荐慈坞、茶湾坞、分金坞等九坞之名已难再一一对照。

志中基本只是美谈，大概因与实际地标缺少直接的关联，其地名的指向已不可考，《吴郡西山访古记》也记述有问及“五坞”之名而无人知晓的情形。[1]

七子山作为一座山岭和山坞相间分布、层次丰富的山体，它的各个分支在历史上都存在大量人为

[1] 李根源：《吴郡西山访古记》，吴中珍籍，江苏凤凰电子音像出版社，2014，第 54 页。

活动的遗迹，形成了众多文化遗址。《吴郡志》称此山“以其背临太湖，若箕踞之势然”[1]。这里既说明了“踞湖”的状态，同时也透露了当时人们对此山之北为正面，南面的太湖为“背”的一个认定，某种程度上也是对其与苏州城、胥江航道等关系的一种写照。又载曰“钱氏有国日，造寺于山下，曰荐福寺。至今里人不以踞湖名山，或以寺名名之”[2]，这也是后来正德《姑苏志》称“钱氏葬忠献王元璙于此，建寺其趾，曰荐福，因又称荐福山”[3]的由来。据《吴郡西山访古记》记载，李根源访寻到的钱元璙墓位于九龙坞之内的潜龙坞，北向直对狮子山，故而与之相关的“荐福山”之名也说明此山命名时多受北面人为活动的影响。现在的九龙坞是苏州市区生活垃圾无害化处理、焚烧发电和综合利用等产业的集中区。

离古城最近也是最为著名的是上方山—郊台—茶磨屿一支，有时也统称为“上方山”。上方山高 92.6 米，上有始建于隋代的楞伽塔，塔高约 28 米，是石湖风景区的重要构景要素，现为江苏省文物保

照片 24　三面临水的茶磨屿，2021

上方山是七子山的分支，从七子山山体的东部一直向东北方向延伸，到东北端点的茶磨屿止。上方山东侧近石湖（左），两侧是七子山五大山坞之中的两个——梅湾和澄湾，北侧的梅湾现主要为苏州国际教育园北区，南侧的澄湾主要辟为上方山森林动物世界，上方山则成为上方山国家森林公园的核心地带。

［1］范成大：《吴郡志》，陆振岳点校，江苏古籍出版社，1999，第 218 页。

［2］范成大：《吴郡志》，陆振岳点校，江苏古籍出版社，1999，第 218 页。

［3］林世远、王鏊等：正德《姑苏志》，北京图书馆古籍珍本丛刊：26，书目文献出版社，2000，第 175 页。

照片 25　上方山吴山岭，2021

照片近处为吴山岭最高处大炮墩，远处山顶有澄元寺。吴山岭西侧为五大坞之一的“上金湾”。

护单位；郊台上旧时有春秋吴国时的古迹；茶磨屿旧时三面临水，北有荷花荡，东连行春桥和越城桥，两桥之南即石湖。石湖西傍上方山，由越来溪分别连通南面的太湖和北面的彩云港、胥江（包括现在的京杭大运河主航道），附近有吴越争霸时留下的吴城和越城对垒遗址，有越国开越来溪攻入吴国的传说；东侧有隋代短时作为郡城的新郭等古迹。上方山和石湖的组合，形成了苏州古城西南角的山水风光，历来为人们所看重。南宋时范成大归隐石湖，号“石湖居士”，著有《四时田园杂兴》六十首，时宋孝宗赐“石湖”二字，现有苏州市文物保护单位范成大祠在茶磨屿东侧。上方山之南连接着的是吴山岭，其最高处俗称“大炮墩”，海拔 158.5 米，也是七子山东部石湖沿岸的最高处。吴山岭东麓有明代大学士申时行墓，为江苏省文物保护单位；再东，与石湖之间的平野间，原前下周（也有写成“前下舟”）村，有南朝学者顾野王墓，现为苏州市文物保护单位。

目前，上方山一带已辟为国家森林公园，四时之景早已是现代化城市中难得一见的城中山林景象。上方山北侧的梅湾原也是一片低湿之地，《吴门表隐》中记载，“梅湾出茭白颇佳，名吕公茭”[1]，现在这里是苏州国际教育园北区；吴山岭东侧为国际教育园南区。吴山岭东南近石湖南口处，明代时有村，名为“绮川”（现“莫舍”），已是吴江境，[2] 当时的上方山的东南为吴县和吴江的交界处，七子山南太湖的湖面及影响远大于今日之情形。民国《吴县志》蠡墅区图上显示，吴山东南、石湖南端还为吴江县所辖。[3]

七子山西侧，也有南北延伸的两个山岭分支，其最西北处为姑苏山，西南处为尧峰山。姑苏山，也称“姑胥山”，旧时也称“紫石山”，海拔 60.2 米，因春秋吴国时在此建姑苏台而著名。《吴地记》称，“姑苏台在吴县西南三十五里，阖闾造，经营九年始成。其台高三百丈，望见三百里外，作九曲路以登之”[4]。《吴郡志》有关“姑苏台”的条目中引用《图经》《史记正义》《续图经》（《吴郡图经续记》）等古籍所记，姑苏台离城三十里或三十五里，在横山（七子山）西北麓的姑苏山上。[5]《吴郡志》卷十五“山”的第一条即“姑苏山”，称“姑苏山，一名姑胥，一名姑余。连横山之北，古台在其上”[6]。

［1］顾振涛：《吴门表隐》，甘兰经等校点，江苏古籍出版社，1999，第 7 页。

［2］莫震、莫旦：《石湖志》，吴中小志丛刊，广陵书社，2004，第 334 页。

［3］曹允源、李根源：民国《吴县志》，吴中珍籍，江苏凤凰电子音像出版社，2014，第 41 页。

［4］陆广微：《吴地记》，曹林娣校注，江苏古籍出版社，1999，第 38 页。

［5］范成大：《吴郡志》，陆振岳点校，江苏古籍出版社，1999，第 100 页。

［6］范成大：《吴郡志》，陆振岳点校，江苏古籍出版社，1999，第 208 页。

照片 26　从七子山看太湖东洞庭山，2021

自七子山向西南看太湖，可见湖中东洞庭山（左）、余山等太湖岛山。画面中一带平陆，是清代时东洞庭山、武山一带与湖外相连的陆地，连陆之前是太湖向东泄水的主要通道。七子山西南的尧峰山当此要冲，因而旧时有免水院等相关的古迹。

公元前 482 年，吴王夫差北上征战，越王勾践趁隙破吴，姑苏台在战争中焚毁。到秦、汉时，姑苏台仅余遗迹，秦始皇东游会稽北返时路过姑苏上得姑苏台，史学家司马迁也曾登姑苏山访古迹、望五湖（太湖）。但唐、宋以后，姑苏台遗址逐渐湮灭，有关姑苏台的位置也有了在胥山皋峰山和七子山郊台山等不同的说法，姑苏台所在位置渐隐于历史的迷雾之中。（有关姑苏台的内容见本书第三部分）

七子山的西南分支为尧峰山。尧峰山还与历史上水乡地区的洪水有关。传说在四千多年前的帝尧时期，太湖一带洪水泛滥，淹没了周边所有地方，只有尧峰山还立于洪涛之中，吴地百姓避居于此，得以幸存。之后，人们就把此山称作"尧峰"。唐代在尧峰山上建免水院也与纪念此事有关。《吴郡志》对尧峰山的记载有："尧峰院，在吴县横山，即唐免水院也。院有十景，谓清辉轩、碧玉沼、多境岩、宝云井、白龙洞、观音岩、偃盖松、妙高峰、东斋、西隐。"[1] 此处所列景观，在唐、宋、明、清各时期，随着尧峰山诸多佛寺和别院等建设多有变迁，至今多已不存，而与山岩有关的名胜倒还能留传。唐代免水院所在的叆叇岭，也有称为吴语发音相近的"鸭踏岭""阿达岭"，位于尧峰山北与七子山主体西段的凤凰山之间，海拔 130 米左右，比南北山体低了近百米，是一处东西方向的垭口，沟通着七子山西面的木渎、胥口方向和山东南面的越溪方向，也是苏州众多的以"岭"为名的陆上便捷通道中比较有名的一处。

［1］ 范成大：《吴郡志》，陆振岳点校，江苏古籍出版社，1999，第 497 页。

照片 27　尧峰山白龙洞，2022

白龙洞是尧峰山的旧景之一，《尧峰山志》称“白龙洞，在露禅庵东，危崖云叠，呀然中豁如屋，可坐数十人。其内有穴，尝飞白龙，故名。今为土湮”[1]。洞壁有清道光年间的三人秉烛游访住山僧人不遇而书刻的文字，观之可见当时尧峰山的人文活动景况。

上方山南侧有上金湾和薛家湾，七子山的支岭在两大山坞间延伸而下，岭间又有众多的次一级山坞，如薛家湾内的宝华坞、钱家坞，上金湾内的松毛坞等，共 12 处。大小山坞间村舍众多，是七子山范围之内主要的农村居民点分布区，历史上的诸多遗迹，如宝华寺、九龙潭和回溪摩崖石刻等都在这些山坞之中。现在这些大小山坞也是乡村旅游开发的主要区域。回溪摩崖石刻的集中分布地在上金湾松毛坞，地名“洄溪”，现简写为“回溪”。松毛坞中的画眉泉，是一处古已有之的名泉。时间距我们最近的古迹则与清代名医徐大椿（字灵胎，号洄溪）晚年栖居于洄溪画眉泉有关。当时留下的不少石刻旧迹，现都被列为苏州市文物保护单位，在苏州山林摩崖中占有一席之地。虽然画眉泉为春秋吴国时期供山上王宫之用的取水地，或是因有画眉鸟在此洗浴而得名等说法多只属传说，但在半山之间有此跌水悬泉自然是非常难得的。按山林间的水文环境，当与山坞上源方向有较大的集水空间有关。可惜现在的画眉泉已再没有当初瀑布水潭的景象，即使在梅雨天数日雨水汇聚之后，也只有潮湿的林间气息、古朴的石刻摩崖，并不见山泉奔涌的景象，这或与后来山上道路修筑、山洪对岭谷改造等影响水脉的因素有关。

［1］陈仁锡：《尧峰山志》，中国佛寺史志丛刊：第二辑第 11 册，明文书局，1980，第 33–34 页。

照片 28　尧峰山巨石阵，2022

尧峰山观音崖附近，巨石如垒，为石英砂岩岩层受断裂影响差异风化后呈现的奇景。李根源称此“严整如行阵，森峭如列戟”。

照片 29　回溪摩崖石刻文物保护单位碑，2020

进松毛坞的道路现在有一段是伸入坞内的防火公路，去往回溪摩崖石刻的古径路口在公路进坞过半之处，公路左侧有新立的文物保护单位碑。

照片 30　画眉泉山径，2020

七子山的大部分地方为丛林，森林覆盖率极高。梅雨天多日阴雨后的傍晚，林间暗湿，本来正是径流汇聚、形成瀑布的有利时机。

照片 31　古画眉泉遗址，2020

洄溪草堂的旧址有古画眉泉，这里原有跌水瀑布，现在已不见当初的景象。即使在梅雨季节雨水充沛的时候，连着几天的雨水也没能让画眉泉再现旧时的模样。

第二节 中部奇峰灵岩

苏州古城往西10多千米处，在阳山、穹窿山和七子山等石英砂岩山体的拱卫之中，有两列连在一起的以花岗岩为主的侵入岩山丘分布地带。东列以天平山为中心，南连焦山、灵岩山，北连支硎山、高景山，东连金山；西列以花山 / 天池山为中心，南至竹坞和五峰山东北部（五峰山主体为二叠系泥页岩），北至鹿山、白鹤山等。这两列花岗岩山地以寒山岭、白马涧一带花岗岩小丘连接，构成了在地图上一如张开双翅的蝴蝶状的区域。苏州的花岗岩山丘，除了整体由花岗岩构成的狮子山，以及处于花岗岩侵入区东南边缘，由花岗岩和石英砂岩共同构成的横山等少量山体散落分布在周边数公里外，其他主要分布在这一核心区域。

受构造运动抬升，以及花岗岩原生节理和外力风化等因素的共同作用，这些花岗岩山丘具有其他岩石山体所不具备的奇岩怪石，形成各种奇峰灵岩。区域内的灵岩山、天平山、花山 / 天池山等，都是苏州花岗岩地貌的主要风景地，与苏州另一类有灵巧石景的石灰岩山丘相比，面积要大不少。苏州花岗岩出露区的主要山峰的海拔高度在160米至200米，次一级的山峰往往在100米以下，从山体的高度来看，在苏州属第二个层次；而从空间分布的范围来看，这些花岗岩山丘又在西北方向的阳山、西南方向的穹窿山和东南方向的七子山等由石英砂岩构成的海拔300米左右的较高山丘的环绕之下。总体来看，颇有群山环绕、林秀石奇的风格。

由于苏州的花岗岩核心分布区海拔不高，山岩奇丽，因此，很早就为人们所瞩目。这里有春秋吴国时期的行宫、晋代高僧的修行之地，以及唐宋时期作为家庭产业的深度利用之地，甚至到清代一度成为皇帝南巡的行宫。同时，这里又是花岗岩石料的著名产出区，尤以“金山石”闻名于世。当然，山石开采与环境保护之间的矛盾也早就为官民各方所重视。这里还是展现人类活动与环境关系的典型地区之一。（见本书第四部分）这里留有非常丰富的人文古迹，现在也是文化和旅游重点开发地区。

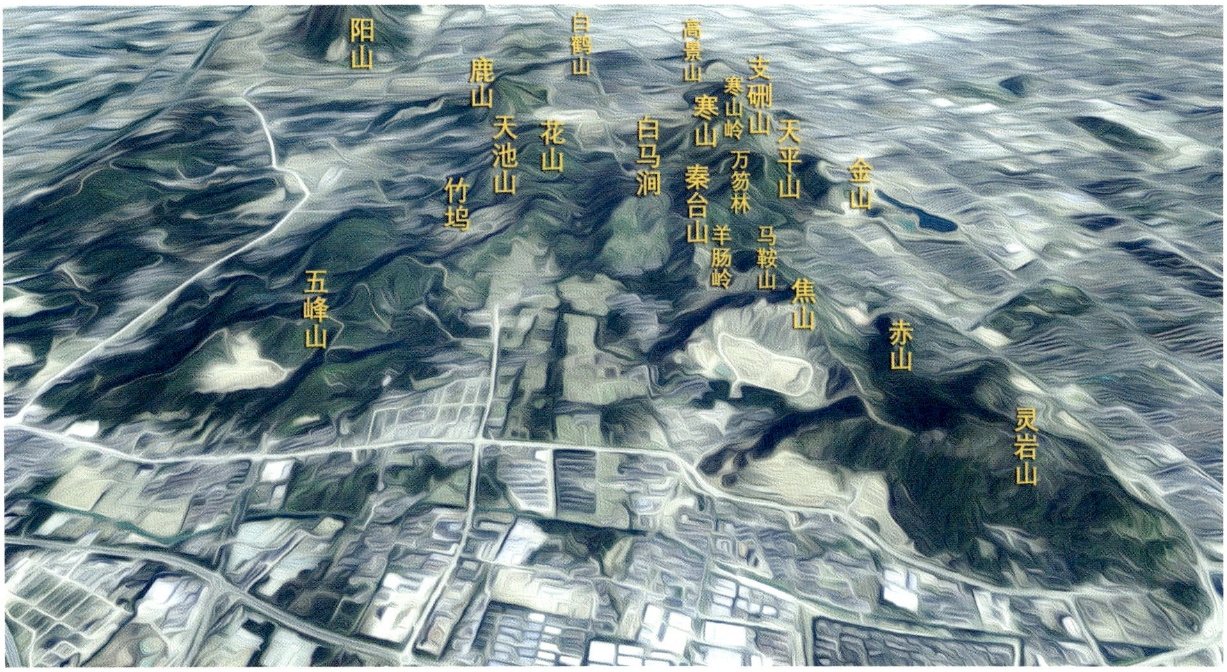

图 5　苏州花岗岩核心分布区山体示意图

一、灵岩山

灵岩山位于苏州西郊花岗岩核心分布区最东南部，突出于由穹窿山、七子山等外围山地所围出的平原地带，其后是大焦山、天平山、天池山等花岗岩群山，正如《灵岩山志》所描述的，“山势右旋，似象王回顾状，又名象山”[1]。《越绝书》[2]《吴地记》《吴郡图经续记》《吴郡志》等对灵岩山都有记述，只是山有多名，各有异同。《洪武志》中将灵岩山排在苏州山地的第一个条目，称“灵岩

[1] 张一留：《灵岩山志》，吴中珍籍，江苏凤凰电子音像出版社，2014，第 16 页。

[2] 《吴郡图经续记》称“《越绝书》云‘吴人于砚石置馆娃宫’”（见《吴郡图经续记》第 662 页）。

照片 32　从穹窿山二茅峰宁邦寺遥看花岗岩丘陵地区，2021

自穹窿山向北望，可以看到苏州花岗岩核心分布区。照片中稍远处，山顶与地平线相近的连续山地，为苏州花岗岩山丘，从右往左主要有灵岩山（182.0 米）、大焦山（200.0 米）、天平山（201.6 米）、天池山（169.0 米）、鹿山（172.0 米）等。画面中部稍近处为以泥页岩为主的五峰山，画面左侧远处最高者为阳山。

山在县西北二十一里，即砚石山，又名石城山，又名石鼓山”[1]。名为灵岩山，是因为山多奇石，颇有灵气，原以灵芝石为最，现在山上可见醉僧石、“望佛来”石及山麓的升罗石等；名为砚石山，是因为灵岩山山麓有二叠系堰桥组、龙潭组的泥质岩石，在岩浆侵入时受高温影响后质地有所变化而宜作砚材，西南麓嶦村所产之砚史上颇为有名，《吴郡图经续记》称“其山出石可以为砚，盖砚石之名不虚也”[2]；名为石城山，或因山南峭壁如城，或因山上有吴国的宫殿建筑；名为石鼓山，或因《吴地记》称“（馆娃宫）宫旁有石鼓，大三十围。《吴志》云：‘其鼓有兵则鸣。’晋隆安二年，贼孙恩作乱，鼓鸣”[3]，或因《木渎小志》称石鼓在醉僧石下，“下有石鼓，相传鸣则有兵。俗称升罗石”[4]。

照片 33　木渎古镇边的灵岩山，2019

灵岩山在苏州花岗岩核心分布区的东南端，大焦山、天池山、天平山等花岗岩山丘自其北面、西面伸展开去。

追溯灵岩山的历史，春秋吴国时期吴王夫差在此修建行宫是最初的记忆，山上馆娃宫、响屧廊、琴台、观音洞（又称“西施洞”）、玩花池、吴王井等古迹都与此有关。吴宫遗址处后为灵岩寺，也有说该寺为晋司空陆玩舍宅而建，至梁天监中名为“秀峰寺”，《吴郡志》记为“显亲崇报禅院”，《洪武志》记为“灵岩寺”，正德《姑苏志》称灵岩寺“近毁，惟一塔存耳”[5]，后又数度火毁重建。灵岩寺有七层佛塔，俗称“灵岩塔”，始建于梁天监二年（503）扩建秀峰寺时。灵岩寺现为苏州市文物保护单位；灵岩山西南有韩世忠墓，现为江苏省文物保护单位。

从山下看，灵岩山很是醒目，《灵岩山志》称“中间突起一巘，数十里外望之即辨，昔人所谓拔奇挺秀，若不肯与众峰列者是也”[6]。而从山上向下俯瞰，也是景色如画。看西南太湖方向，山下有一

［1］卢熊：洪武《苏州府志》，成文出版社有限公司，1983，第 123 页。

［2］朱长文：《吴郡图经续记》卷中，宋元方志丛刊：第 1 册，中华书局，1990，第 662 页。

［3］陆广微：《吴地记》，曹林娣校注，江苏古籍出版社，1999，第 67 页。有关石鼓响孙恩作乱的记述还见于花山的记录，如《吴郡志》“花山”条目等。

［4］张郁文：《木渎小志》，吴中珍籍，江苏凤凰电子音像出版社，2014，第 42 页。

［5］林世远、王鏊等：正德《姑苏志》，北京图书馆古籍珍本丛刊：26，书目文献出版社，2000，第 172 页。

［6］张一留：《灵岩山志》，吴中珍籍，江苏凤凰电子音像出版社，2014，第 16 页。

照片 34　灵岩寺，1988

1988 年拍摄灵岩寺时，灵岩塔还没有修复。

河如箭一般笔直伸向前方，即“一箭泾”，传说此河为由吴宫前往太湖边采香的捷径，故也称“采香泾”，河正对着的即香山，视野右侧的苏州最高山体为穹窿山；东南方向是七子山，其最近灵岩之山丘为姑苏山，吴王阖闾与夫差时建有姑苏台；正南方向一山现称“清明山”，其东段高处也称“皋峰山”，西段与香山相对的称为“胥山”；香山和胥山之间为胥口，胥口外太湖浩渺，自胥湖至菱湖再为莫湖，则已是东、西洞庭山之所在；太湖之水自胥口入胥江，向东北穿过灵岩山脚下的木渎古镇，再折而向东于七子山北往古城方向，过横山与上方山之间，后汇越来溪，北折为横塘；由灵岩山向东和东北古城方向望，则是一片平畴，间或散布有几处山丘，为横山、狮子山、何山，山丘的那一侧则是苏州城。原先灵岩山与苏州古城之间都是乡间田野，现在都已变成现代化城市建成区。如此景观，无论是当初吴国的君王，还是已经成为灵石的“痴心的醉汉”“望佛的神龟”，能看到的当不及今之万一。

灵岩山位居苏州花岗岩核心分布区的东南端，实也在岩浆侵入区的边缘地带，因此，从花岗岩产出的状态来看，有不少边缘态的典型，如在东南山脚可见花岗岩与围岩的接触交界线，在登山口石坊附近和半山处观音洞口的崖壁上有典型的“捕虏体”现象，在灵岩花园中有花岗岩侵入体对上覆围岩进行穿插而形成的岩脉，进而形成接触带中少有的“顶垂体”现象。灵岩山的石景往往带有整体的圆弧状轮廓，如从醉僧石的上半部可看出一个弯弯的颈项，这与灵岩山处于花岗岩侵入体的边缘有一定的关系。（有关花岗岩的更多内容见本书第二部分）

灵岩寺西侧花园地势略高且平，有池、井四处。南面边长 10 余米的方形水池，为玩花池。花园中

照片 35　灵岩山“望佛来”，1988

此石在《灵岩山志》中被称为“石鼊”，上刻“望佛来”三字，俗称“乌龟望太湖”，为花岗岩棱角风化后形成的奇石。远处的两处山体，右侧是穹窿山山地延伸的末支——香山，左侧为清明山西端——胥山，香山与胥山之间是胥口。

照片 36　灵岩山“望佛来”，2018

换一个角度看，山下笔直的河道为采香泾，也称“一箭泾”，原先的郊野地带现在已经成为有大量建筑的城镇区。

照片 37　灵岩山醉僧石，1988

醉僧石是灵岩山上著名的石景，从这个角度看，更像是一个在山坡上看山下木渎古镇的“痴汉”。当时从这里往木渎和东面的苏州城南上方山—越来溪方向看，还是看得到地面的景观的。

照片 38　灵岩山醉僧石，2018

灵岩山现在的植物覆盖相当好，醉僧石已被掩映在丛林之中，望向山下的“痴汉”的视线被挡住了。作为一块有着视线要求的景观灵岩，希望能为其提供一个适当的“观景”空间。

部有双井：东侧平面呈圆形的为吴王井，也称“日井”；西侧八角形的井为智积开山时所凿，称“智积井”，也称“月井”。井水甘芳清洌，不竭不溢，一直供寺中饮水之用。再北有池，绕以假山者，名为“玩月池”。在接近山巅之处有此平地，更有两池两井南北向排列，水面颇具规模，甚为奇特。这与灵岩寺至山顶琴台之间地势平旷，有较明显的集水范围，以及因花岗岩风化形成的黏土堆积，形成隔水层，使地下水能够积聚有直接关系。

照片 39 灵岩山玩月池，2016

在接近山巅处的灵岩寺花园内有玩花池、玩月池、吴王井、智积井等水体，也是相当奇特。

照片 40 灵岩山琴台，2007

自灵岩山最高处琴台向东望，灵岩寺被掩映在绿树丛中。

苏州花岗岩核心分布区因风景秀丽、景观奇特，山石圆整、或缓或陡、坡形多变，相对高差不大，颇受户外运动爱好者的青睐。而灵岩山又处在核心分布区东南端的起始位置，常作为户外线路的出发点，著名的“灵白线”“灵树线”等传统户外线路都以灵岩山作为集结之处。灵岩山和这些户外线路也正是地理科学科普资源最为集中的地带。

照片 41　灵岩山升罗石，2015

灵岩山的升罗石是一块从山上滚落的巨石，因状似过去用来量米的升罗而得名。巨石底部圆弧状部分是地表风化的结果，分明的棱角是花岗岩被节理切割后还未风化的模样。《木渎小志》认为，“升罗石”为灵岩山石鼓的俗称。[1]只是如此尖利的棱角很难让人想象它就是晋隆安二年（398）“鸣响”过的“石鼓”。

二、天平山

天平山是苏州花岗岩核心分布区的中心，也是苏州花岗岩山丘中最高的。山顶望湖台海拔 201.6 米，也是这些山体中唯一海拔超过 200 米的。天平山南以羊肠岭连焦山，北经寒山岭接支硎山，西过白马涧连花山 / 天池山，东南越童梓门、牛头山为金山。天平山虽与苏州城的直线距离略逾 10 千米，但中间隔狮子山、金山等，位于丛山之间，可能也正是出于这个原因，它相对较晚为人所识，现在古籍中有关天平山的文字记述时间比周边山地要晚一些。在《吴地记》所记苏州西郊山体中，虎丘列第一，花山列第二，“花山”的条目中还夹带有灵岩山的内容，但独缺二者之间的天平山的记载，书中只有“天平寺，在县西南二十五里。唐宝历二年（826）置”的记述。天平寺也名“白云庵”，宝历二年建于天平山南麓，[2]山半有白云泉，而正是此时在苏州出任刺史的白居易所作的《白云泉》诗使天平山和白云泉得以著名。

北宋庆历四年（1044），范仲淹奏请白云庵改功德香火院，宋仁宗赐寺额“白云禅寺”，并以山赐之，自此天平山为范氏家族所有。范氏家族称山为“赐山”，俗称“范坟山”，这也就出现了由范氏义庄负责管理的运行模式。《吴郡图经续记》将天平列“山地”第 10 条，称“天平山，在吴县西二十里。巍然特高，群峰拱揖，郡之镇也”[3]。南宋《吴郡志》中的天平山列“山地”第 3 条，居姑苏山、灵岩山之后，称“此山在吴中最为峭崒，高耸一峰，端正特立。《续图经》以为吴镇，不诬也”[4]。《洪武志》以之列“山地”第 2 条，居灵岩山之后，也称“郡之镇也”。正德《姑苏志》称“天平山，在支硎南五里，视诸山为最峭崒”[5]，此时受宋、元、明易代的影响，天平山两遭战火，整体状态低迷。

明万历四十三年（1615），范仲淹第十七世孙范允临弃官回苏，从泉州带回了 380 棵枫香树苗，

[1] 张郁文：《木渎小志》，吴中珍籍，江苏凤凰电子音像出版社，2014，第 42 页。

[2] 苏州市园林和绿化管理局编《天平山志》，文汇出版社，2015，第 1 页。

[3] 朱长文：《吴郡图经续记》卷中，宋元方志丛刊：第 1 册，中华书局，1990，第 663 页。

[4] 范成大：《吴郡志》，陆振岳点校，江苏古籍出版社，1999，第 209 页。

[5] 林世远、王鏊等：正德《姑苏志》，北京图书馆古籍珍本丛刊：26，书目文献出版社，2000，第 169 页。

照片 42　天平山全景，2019

从空中俯瞰秋天的天平山，山上“万笏朝天”的奇石、山麓地带的红叶及山泉汇聚而成的池塘，成为其具有代表性的景观。远处山地中最高的为阳山，稍近依次为鹿山、花山 / 天池山，右侧稍远处连着天平山的是支硎山的分支寒山岭。

照片 43　天平山御碑亭，2018

枫香林中的御碑亭始建于乾隆年间，正中御碑上刻有清乾隆帝四次游天平山时所作五言诗各一首。[1]

[1] 苏州市园林和绿化管理局编《天平山志》，文汇出版社，2015，第 24 页。

照片 44　天平山卓笔峰，2013

在垂直节理控制下，天平山怪石林立，古人称其“万笏朝天”。卓笔峰卓尔不凡、形似笔锋，向来被列为天平山奇石之首。

照片 45　天平山下白云泉，2009

天平山之名，始显于白居易的《白云泉》诗，“天平山上白云泉，云自无心水自闲。何必奔冲山下去，更添波浪向人间”。书法石刻为1981年之作。

植于天平山麓，天平山红叶秋景就此有了基础；同时，修葺庙祠，建造别业，形成园林式山景。明末清初，虽经战火毁损，但随即修复。清康熙四十二年（1703），康熙帝巡幸天平山，赐忠烈庙，相关建筑次第修建，至乾隆年间，天平山庄诸胜尽还旧观。清咸丰十年（1860）后再经兵燹，之后屡有修损。

1954年后，园林部门接管天平山，曾开放过。1980年，天平山成为国家太湖风景名胜区天灵景区的主要景点。

奇石、清泉和红枫为天平山的“三绝”。《吴郡图经续记》称天平山“林木秀润，瞻之可爱。游者陟危蹬攀巨石乃至山腹，其上有亭，亭侧清泉泠泠不竭，所谓白云泉也”[1]，天然的地貌与水文条件决定了天平山的与众不同。天平山的石景基于其典型的因花岗岩差异风化而形成的地貌。在花岗岩侵入体的中央地带，巨大的岩体为典型的花岗岩节理切割而成的块状，尤其是节理在垂直方向的延伸贯通，使裂隙不断扩大，棱角有不同程度的风化，这也造就了天平山“万笏朝天”的景象。卓笔峰、飞来石等独石奇峰，鳌鱼峰、鹦鹉石等象形奇石，龙门（“一线天”）等由垂直节理形成的险峻石隙，莲花洞、白云洞等由倒石形成的岩穴，共同组成了天平山独特花岗岩峰林地貌的各类景观。天平山左近山体的类似景象，西侧之山“万笏林”，南面近1千米的鸡笼山石桌，都为同类成因。总体上，这些奇石景观是在花岗岩体及节理、球状风化等因素的共同作用下形成的。（见本书第二部分）与此同时，天平山以节理为主的断裂系统成为地下水汇聚、运行的主要通道，山上葱郁的植被也为水源的涵养创造了很好的条件。白云泉成为天平山清泉的代表，随着白居易的诗篇而美名远播。天平山东麓桃花涧

照片46　天平山秋色，2013

［1］朱长文：《吴郡图经续记》卷中，宋元方志丛刊：第1册，中华书局，1990，第663页。

环境清幽，山脚汇水而成的十景塘、放生池、白云池等，也是人们看山观枫的主要区域。天平山的红叶，以明代的古枫香最为核心，树龄超过400年的枫香约有160棵。枫香不是枫，平时所说的枫树是槭树科植物，而枫香是金缕梅科植物。在秋天的天平山，除了枫香外，银杏、乌桕等也是相当上镜的彩叶树。

天平山虽人为活动印迹众多，但保存状态较好。其中，众多的石刻既有历史的记录，也有游赏的意蕴，较多集中在龙门、白云泉、回音谷、莲花洞等登山沿途一带，也有如“一线天”“二线天”“三线天”这类对自然风景的串联小结及景观的标识。石刻中有一部分是在1981年景区修复时新镌的作品。天平山有数处石洞，其实是由风化后的花岗石岩块在倒塌滚落时受到其他岩体支撑而构成的岩穴状空间，通常被加以简单围砌后成为石室。天平山的建筑主要集中在山麓地带，有忠烈庙（范仲淹纪念馆）、白云寺、天平山庄、御碑亭、更衣亭等，其中，忠烈庙为江苏省文物保护单位。

■ 天平山“一线天”

■ 天平山“二线天”

■ 天平山“三线天”

照片47 天平山“一线天”“二线天”“三线天”，2013

“一线天”是自登天平路登山的必经之处，也是天平山全山最典型的花岗岩垂直节理石隙，有“龙门”之说。而“二线天”“三线天”则是人们对同类景观的归纳。

照片 48　天平山花岗岩球状风化形成的白云洞，2013

被外营力破坏的花岗岩体在倒伏后常会隔出一定的空间，形成大小不同的洞穴。这里比较大的洞穴多成了香烛供奉之地。白云洞顶部倒伏的岩石既具有明显的节理面，也具有典型的球状风化现象。

三、花山 / 天池山

花山和天池山实为同一座山，山之东坡为花山，山之西坡为天池山，花山和天池山之顶峰为莲花峰，海拔 169 米，状如莲花花瓣。花山处于两列花岗岩山地之间的北开口处，与现山谷中的白马涧公园相邻，山坡上丛林浓密，有清代御迹，多历代石刻；天池山山坡有巨大的花岗岩坡面，多泉水，有天池。而形成天池的主要原因是天池山主山之西还有石鼓峰等次一级的花岗岩山丘，二者之间形成盆状下陷的地形，水汇集而形成半山之上的“天池”。山也以此为名。

图 6　天池山兜状地形示意图

照片 49　天池山上的天池，2015

天池山西坡有凹地，山上的地表水和地下水都汇流于此，积水成池，因在山半高处而名“天池”。现天池出口处有人工修筑的堤岸，以确保池水稳定。

历史上，此山多称“花山”，也称“天池山”，并无东西坡各有一名的情况。事实上，“花山”之名用得更早些，《吴地记》中有“花山，在吴县西三十里。其山蓊郁幽邃。晋太康二年，生千叶石莲花，因名”[1]，条目中还记述有当属灵岩山的馆娃宫及石鼓之事。《吴郡图经续记》则称：“华山，在吴县西六十里，于群山独秀，望之如屏，长林荒楚，蓊郁幽邃。或登其巅者，见有石如莲华状，盖亦以此得名。……老子《枕中记》谓可以度难，盖岩穴深远，宜就隐也。”[2]《吴郡志》的记述为“华山，在吴县西六十三里”[3]，同时记有老子《枕中记》之事、千叶莲花之事，又引《舆地志》所记石鼓鸣响之事。至此，山名都用“花山”[4]。正德《姑苏志》记述为：“花山，旧名华山，去阳山东南五里。山石峭拔，岩壑深秀，相传山顶有池，生千叶莲，服之羽化，故名……山半有池在绝巘，横浸山腹，

[1] 陆广微：《吴地记》，曹林娣校注，江苏古籍出版社，1999，第 66 页。

[2] 朱长文：《吴郡图经续记》卷中，宋元方志丛刊：第 1 册，中华书局，1990，第 663 页。“吴县西六十里”，此里程明显比所记天平山在吴县西二十里、阳山在吴县西北三十里等偏大，而与所载穹窿山都记为在吴县西六十里，或为自木渎、藏书方向而来的里程。

[3] 范成大：《吴郡志》，陆振岳点校，江苏古籍出版社，1999，第 210 页。

[4] “花山”，在《吴郡图经续记》《吴郡志》中都被写作“華山”（“華”为“华”“花”的繁体通假字），文中“见有石如莲华状，盖亦以此得名”“生千叶石莲花”等有关“莲花”的记述都用“華”字，故而或可认定二者所记实为“花山”。

逾数十丈，故又名天池山。”[1]这是所见称“天池山”的第一处。之后的方志基本按“花山又名‘天池山’”的表述方式，至民国《吴县志》仍如此。明确提出现在所说的花山/天池山“一山两名”不知始于何时，《木渎小志》在“花山”条目中有“故一山两名，自莲花峰南下鸟道为华山寺……北傍石鼓峰，而下别为天池寂鉴庵”[2]。对于两个名称同时使用的情况，这既与此山东、西两坡的抵达交通有很大差异有关，也与两坡各具的自然环境特点有莫大的关系。两名各能体现两坡的特征，“一山两名”倒已成为现在人的使用习惯。

花山一侧山坡相对较为平缓。经林间步道上山，林荫浓密，涧水潺湲，近莲花峰时方有较陡的坡道，有五十三参等景致。登山主道为清代康熙、乾隆两位皇帝巡幸花山的御道，沿途石刻题字不胜枚举，传明代赵宧光所书的反写篆书“花山鸟道”及“凌风栈”等石刻已呈堆叠之态，字迹倒也清晰，但难辨是否为明代旧物，边上还有漫漶的篇目。沿途原有翠岩寺，现只有遗址。花山摩崖石刻现为苏州市文物保护单位。

天池山一侧，从天池到莲花峰一段，布满了连片完整的巨大石坡，沿花岗岩节理断裂的风化相对不太明显。石坡上虽难有植物生长，但还是可见苔藓类顽强生存。天池山半山地带的小盆地集水作用明显，天池北侧多地下泉水出露于地面，钵盂泉、地雷泉等泉水汇流后入天池，再由山涧西流下山，沿途多林泉景致。

照片 50　莲花峰，2021

花山/天池山主峰莲花峰，是苏州西郊诸山中最奇险的石峰，因状如莲花而得名。照片中有石阶者为天池山一侧。

［1］林世远、王鏊等：正德《姑苏志》，北京图书馆古籍珍本丛刊：26，书目文献出版社，2000，第167页。
［2］张郁文：《木渎小志》，吴中珍籍，江苏凤凰电子音像出版社，2014，第53页。

照片 51　从北侧山脊看莲花峰，2021

从北侧山脊看莲花峰，右为天池山，左为花山。天池山山坡较为陡峭，花山山坡比较平缓，与此相关，植被的覆盖情况也有较大的差异。

照片 52　花山翠岩寺遗址，2016

民国《吴县志》称：“翠岩寺，初名华山寺，在莲华峰下，明僧鹿亭结茅于此。……长松夹径，寺门幽绝。清康熙……三十八年，帝南巡临幸御书‘翠岩寺’，额以赐。”[1] 照片中为 20 世纪 60 年代翠岩寺火毁后的遗址。

照片 53　花山洗心泉，2021

花山一坡坡缓林密，涧水四时不断，道旁小型跌水名“洗心泉”，倒也颇有深意。

[1] 曹允源、李根源：民国《吴县志》，吴中珍籍，江苏凤凰电子音像出版社，2014，第 2173 页。

照片 54　花山石刻（局部），2021

花山多石刻，有明、清等时期石刻数十处。照片中石刻在岩块及刻石之间都呈堆叠状，为他处所少见。照片右侧石面还有因风化而难辨的石刻字迹。

照片 55　天池山石坡，1988

石坡广布天池山，只有苔藓等少数耐贫瘠的灌木和草本植物才能在此找到立足之处。旧时游人可经石坡登莲花峰，沿途充满惊险。

照片 56　天池山大型石坡上的苔藓，2011

天池山有大面积的花岗岩石坡，大且完整。有些区域有苔藓生长，风中的沙土因苔藓阻滞而逐渐堆积，形成泥团状的小环境。这是植物在花岗岩石坡上较初级的生长方式。照片中高处为莲花峰。

照片 57　天池山石景，1988

1988 年，天池山山坡上绿化刚刚开始，各种石景还是山坡的主角，如照片中上处的“寿星石”、近处的“比丘石”等。

花山/天池山的花岗岩采石、刻石历史非常悠久，典型实例出现在元代。天池山天池北侧地势较开阔，六朝至宋代时建有私邸别墅，元至正十七年（1357）时始造像立寺，先为寂鉴禅庵，后改为寂鉴寺。此后六年间（至1363），寂鉴寺建成西天寺殿，石殿的墙、顶各构件及佛龛、案几等均为由山岩斫成的仿木构件，装饰独特，凸显元代的风格。寂鉴寺石殿及其内的佛龛及造像在2006年被列为全国重点文物保护单位。在花山一侧，进花山大门右上方向，有一座由整块山岩雕刻而成的大接引佛，其建于元代，有“吴中第一大佛”的美誉。按此，天池山的采石和刻石在元代时就已有之，而且留下了经典

照片58　莲花峰下巨大的花岗岩石坡，2021

巨大且完整的石坡是天池山的一大特色。之前从天池山一侧登莲花峰，或可从两边迂回而上，或可从这些大石坡上直接攀爬过去。现石坡上已辟出可直接登顶的石阶。

照片 59　天池山寂鉴寺石殿，2014

天池山寂鉴寺石殿建于元代，大殿建构及室内陈设均由花岗石雕凿而成，现为全国重点文物保护单位。

的作品。20世纪70年代，天池山一带曾进行过较大规模的花岗岩开采，莲花峰西侧的石鼓峰因之破损。

花山 / 天池山山脊线朝南北方向延伸。沿山脊向南可达五峰山，此山虽与天池山连为一体，但已出花岗岩分布区域，山岩以上二叠统龙潭组为主，风化强度大，与花岗岩区景观大相径庭。在五峰山与天池山之间的山脊线西，北竹坞（也称“北竺坞”）有花岗岩石景仙掌峰等。自莲花峰沿山脊线向北，可至天池山与鹿山交接的贺九岭，相传为吴王登临贺重九之处。贺九岭地处东西交通要道口，有石关两重，尽显锁钥的作用，明清时有普济院，现已重建。

照片 60　天池山南侧仙掌峰，2021

仙掌峰形似合并的一双手掌，但又各有似手指和脚趾的印痕，位于天池山南侧北竹坞。此石位于明代文震孟读书处“竺坞山房”外，原还有钓矶石、湘云渡、石屋、石幢等胜境，《木渎小志》等有相关记载。[1]

［1］张郁文：《木渎小志》，吴中珍籍，江苏凤凰电子音像出版社，2014，第 81 页。

照片 61　支硎山全景，2021

支硎山位于苏州花岗岩核心分布区东列的北部，向南北方向延伸。照片中部是其最高处，北侧即中峰寺，始建于东晋，现寺庙是在21世纪初重建的。中峰寺，唐代名“报恩寺”，清康熙年间改名“观音禅院”，民国时在山下重建观音寺，因此，现在人们更多地称此山为“观音山”。照片左侧稍高者为天平山，与支硎山之间有寒山岭。寒山岭为明代赵宧光隐居之地，留有大量石刻，现建有法螺寺。

四、支硎山、寒山岭

天平山之北有支硎山，也称“观音山”，曾称“报恩山”，海拔147米。《吴地记》中“支硎山”列条目第三，称“支硎山，在吴县西十五里。晋支遁，字道林，尝隐于此山，后得道，乘白马升云而去。山中有寺，号曰报恩，梁武帝置”[1]。显然，山名与晋代高僧支遁的传说直接相关。《洪武志》称“支硎山，在县西南二十五里，所谓南峰、东峰，盖山之支陇，又有中峰、北峰，皆一山也。晋沙门支遁道林尝憩息于此”[2]。“或云平石为硎，山有平石，故因支遁以支硎为号。”[3]从《洪武志》所记述的文字来看，当时有关高僧支遁的传说已经更加多样了。正德《姑苏志》称支硎山“山有石室、寒泉，遁诗云‘石室可蔽身，寒泉濯温手’，相传遁冬居石室，夏隐别峰也”[4]。支遁的事迹在苏州花岗岩

[1] 陆广微：《吴地记》，曹林娣校注，江苏古籍出版社，1999，第69页。

[2] 卢熊：洪武《苏州府志》，成文出版社有限公司，1983，第135页。

[3] 卢熊：洪武《苏州府志》，成文出版社有限公司，1983，第136页。

[4] 林世远、王鏊等：正德《姑苏志》，北京图书馆古籍珍本丛刊：26，书目文献出版社，2000，第168页。

核心分布区的北部，包括支硎山、寒山岭乃至花山／天池山、白马涧一带，甚至在更北面的阳山都有传说，足见其影响之大。支硎山东麓受20世纪末开山采石影响很大，宕口相连，山坡几成绝壁，唯中峰寺上山、下山的通道因寺僧力保而得以留存。

天平山与支硎山之间有寒山岭，它也是白马涧与天平山—支硎山东面的一个通道。通道北侧稍西，是支硎山主峰朝西南延伸的寒山岭，高90米。这一带早先并无地名，明代万历年间，士人赵宧光为其父卜葬于此，并建别业作隐居之地，因支遁的“寒泉”而命此地为“寒山”，所营建者也称“寒山别业”。赵宧光对此处山势地形深为中意，建造过程也颇顺利，“意欲其塞者，除蓁而石现；意欲其通者，疏脉而泉流。稍加力役，百倍其功，果出天成，若非人力”，自1594年起，“营筑三四年，而荆蓁瓦砾之场皆成名胜矣”。[1]先后

照片62　寒山岭石刻“千尺雪”，2018

赵宧光在寒山岭凿山引泉，让泉水缘石壁而下，形成飞瀑如雪的景观，并有“千尺雪”的题刻。

[1] 赵宧光：《寒山志》，吴中小志丛刊，广陵书社，2004，第236页。

建成一批相关建筑和山景，如寒山别墅、法螺寺、报恩寺等，山景中最为著名的如“千尺雪”，凿山引泉，让泉水缘石壁而下，飞瀑如雪，蔚为壮观；镌刻大量石刻，如《拂水岩》诗“奔泉静注千寻壑，飞瀑晴回万仞峰”等。此间赵宧光夫妇及子赵灵均、媳文氏（文徵明玄孙女）“父子篆学”“姑诗妇画”，一时传为佳话，“无间寒暑，来观者踵相及也”。只是此后赵家人丁式微，最终“地五百余亩，庐舍数十间，什物不计，尽行交托僧人，舍作报恩禅寺”[1]。

对于寒山“远引断流之古涧，特开未辟之荒山。曲径纡回，乔木参天而蔚秀；层峦耸翠，飞泉泻石而潺湲”[2]的事迹，清乾隆皇帝御览赵宧光所著的《寒山志》后大为赞赏，竟至痴迷，在自乾隆十六年（1751）至乾隆四十九年（1784）六次南巡期间，在寒山岭留下数十首诗篇和一些御诗摩崖。

时过境迁，现今寒山岭一带除近年恢复的法螺寺以外，再无其他建筑，当时的山景和水系及林木植被一概无存，今也就是天平山与白马涧两个景区之间的自然山岭的模样。想来能够见证当年荣耀的，只有散布于寒山岭花岗岩石坡间为数不少的石刻。寒山岭石刻现为苏州市文物保护单位。只因花岗岩自身抗风化能力不是太强，这些200多年至400多年间的摩崖石刻已经风化得相当严重，不少渐已难辨认，花岗岩摩崖文物的保护面临不小的难题。

五、高景山、鹿山、白鹤山

高景山、鹿山和白鹤山并不相连，但都分布于苏州花岗岩核心分布区的北部，因开山采石和道路建设，山体的完整性都受到了较大的影响。

［1］ 赵宧光：《寒山志》，吴中小志丛刊，广陵书社，2004，第241页。
［2］ 赵宧光：《寒山志》，吴中小志丛刊，广陵书社，2004，第242页。

照片 64　自高景山北端看花岗岩核心分布区东列，2022

从高景山北端向南看，山左（东侧）为白鹤寺，山麓水塘边为新石器时代属马桥文化时期的茶店头遗址。山南为采石遗址公园，向南过华山路后有与高景山相连的支硎山，最高处为天平山，最远处山顶平阔者为灵岩山。此为苏州花岗岩核心分布区东列山体之全体。

照片 63　高景山，2010

苏州新区华山路，有高景山采石遗留的花岗岩体，现加以整饬、绿化，作为以花岗岩采石遗址为特色的市民公园。刻石为高景山采石遗址整治利用的一个见证。

高景山是苏州花岗岩核心分布区东列的最北端，《越绝书》对此记载为“阊门外高颈山东桓石人，古者名石公，去县二十里”[1]。正德《姑苏志》称（山）“自天平来，漫衍数里，至此而止”，“金盆坞，宋魏文靖公墓在焉，其南为斜堰岭”。[2]高景山山体基本被开采殆尽，城市道路东西向穿过高景山主体原址，路北采石所余花岗岩岩块上，刻有“高景山”字样以作标记，其北辟为采石遗址公园，为高景山风景区。现高景山山体只留有北端一隅，山头有白鹤寺，山麓茶店头新石器时代古文化遗址现为苏州市文物保护单位。

自花山 / 天池山向北过贺九岭后，北面为海拔 172 米的鹿山。鹿山西与小鹿山相连，北过王宴岭延伸至白鹤山方向。白鹤山海拔 90 米，西北距阳山东南边缘约 1.5 千米。东有团山，北有南爪山、北爪山，西有象山，南原以王宴岭与鹿山相连，南北方向延伸略超 2 千米，东西方向将近 2 千米，此区域为苏州花岗岩核心分布区西列的北端。因山石开采和道路建设，王宴岭位置已经为华山路所穿，鹿山北侧、小鹿山大部、白鹤山四周，以及团山、爪山、象山等采石以后的宕口区大多被改造成公园、学校等场所。白鹤山东侧有景山高级中学和景山实验初级中学。

照片 65　鹿山、小鹿山、白鹤山，2022

从西向东看鹿山，画面中间的高山为鹿山，近处是与其相连的支脉小鹿山，现称“庙山”。画面的右侧是鹿山南面的天池山。鹿山北侧有兰风寺，山体向北仍有延伸，画面左侧一片体量最大的为白鹤山，最左为象山。远处山影为高景山。

[1] 袁康、吴平：《越绝书》，徐儒宗点校，浙江古籍出版社，2013，第 9 页。

[2] 林世远、王鏊等：正德《姑苏志》，北京图书馆古籍珍本丛刊：26，书目文献出版社，2000，第 169 页。

第三节　高远深峻之山

穹窿山和阳山是苏州最高的两座山体，也是最早录入史籍的名山，如《越绝书》中就有相关的记载；二者主要由石英砂岩构成山的主体，同时也因构造运动形成的推覆体助力其高程。穹窿山深居丛山之中，袁宏道称“穹窿高深，甲于他山，比阳山尤高……”[1]，《洪武志》称“《五湖赋》云：‘穹窿纡曲’，盖此山实峻而深”[2]。而阳山则是一山如飞，远镇苏州西郊丛山之北端。因此，此节将穹窿山和阳山，以及两山之间的一带群山，归列为高远深峻之山。

一、穹窿山

穹窿山位于苏州西郊的胥口、藏书、光福和香山之间，地处苏州西郊山地的中心地带。自穹窿山东北的景区正大门到苏州古城胥门的直线距离大约16.5千米。穹窿山由石英砂岩构成，是苏州西郊弧形分布的较高山体的重要组成部分，位于木渎向斜的西南侧，总体延伸方向为西北—东南方向。自舟山路、福窿路交会处附近的穹窿山山体西北端起，至东南端香山嘴止，延伸长度大约7.3千米；东北往西南方向最宽处大约2.7千米。穹窿山山体周边长约17.5千米，最高处的笠帽峰[3]（又称“箬帽峰”“大茅峰”）高341.7米，是苏州山地的最高峰。

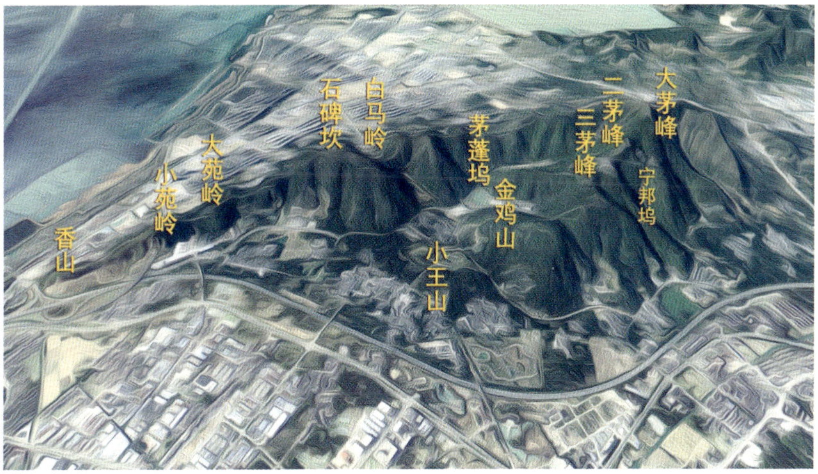

图7　穹窿山山形示意图

有关穹窿山的记载最早可见于《越绝书》，“由钟、穹隆山者，古赤松子所取赤石脂也，去县二十里”[4]。这是在苏州古籍中较早出现的山体。与穹窿山最早联系在一起的文字记载是与道教有关的赤松子取赤石脂的故事，这与穹窿山有苏州地区最高的海拔和相对庞大的体量有关。在古代人为活动相对较少、开发程度较低的情况下，穹窿山的崇山峻岭给人留下了神秘感。与虎丘、横山（七子山）及天平山、灵岩山等离苏州古城比较近，同时又相对比较低缓的山地比较早地形成古籍的连续记载不同，穹窿山因为高耸神秘，在相当一段时间里没有再出现在主要古籍中，其再次出现是在宋代的《吴郡图经续记》中，记载的仍是赤松子修道成仙的故事。

穹窿山的山岭和山坞的分布比较特别，从形态上看多少有点像蟹的大螯，也有描述为“开如钗股”的。

[1] 袁宏道：《袁宏道集笺校》（上），钱伯城笺校，上海古籍出版社，2008，第174页。

[2] 卢熊：洪武《苏州府志》，成文出版社有限公司，1983，第138页。

[3] 在2014年公布的《苏州市区第一批吴文化地名保护名录》中，穹窿山主峰用“笠帽峰”之名。

[4] 袁康、吴平：《越绝书》，徐儒宗点校，浙江古籍出版社，2013，第12页。赤石脂，为硅酸盐类矿物多水高岭石族多水高岭石，主含四水硅酸铝，可作中药。

照片 66 穹窿山全景，2022

2022 年 2 月初，一个有东北微风的雨天，湿润气流在穹窿山北坡爬升时形成云雾，大茅峰和二茅峰及其后的茅蓬坞云雾腾积，三茅峰的上真观也处在一片雾气升腾之中。

照片 67　穹窿山大茅峰、二茅峰、三茅峰，2021

照片中，近处的山体是穹窿山的主要部分。平坦开阔的最高处，即穹窿山主峰笠帽峰，俗称“大茅峰”。山顶有建筑者，从高到低依次是二茅峰、三茅峰。照片中近处深入山体的山坞为茅蓬坞。右侧最远处为大阳山，在穹窿山和大阳山之间还有燕山、玉屏山等山体。

穹窿山的山岭在西北比较完整，往东南方向有两条延伸出来的山岭，北侧一条从大茅峰、二茅峰到三茅峰，由高到低延伸到小王山；南边的一条从大茅峰发源以后，经过白马岭、石碑坎、大苑岭、小苑岭到香山嘴。两条山岭之间有一个深深的山坞，名为“茅蓬坞”。山坞的长度，按山口到坞底的公路长度计，可以达到1.7千米。由山坞的尽头向上登高不远，是朱买臣读书台、孙武苑等古迹和名胜的所在。穹窿山的周边也有其他的山坞，如西边的紫藤坞、北边的宁邦坞等，但它们与茅蓬坞相比，体量要小得多。

穹窿山的人文景观主要分布在北侧的山岭。其中，大茅峰往东依次有二茅峰、三茅峰，这三个山峰的名字，显然和道教茅山派祖师“三茅真君”，也就是传说中的汉代“修道成仙”的茅氏三兄弟有关。

大茅峰平坦而开阔，虽然是穹窿山最高的山峰，但并不具有尖峰的样式，据称面积有上百亩。在穹窿山最高峰附近还有一处称为“六十亩”的地方，那里曾是上真观上院之所在。后来由于那里山势比较高，民众登山不易，因此，在三茅峰建了上真观下院，如此上真观的主要场地就移到了三茅峰。现在的大茅峰区域主要有一些专用设施，峰顶高处有一块人为设置的磐石，偏东的一面刻着“箬帽峰”字样，偏南的一面刻着“吴中之巅”字样。从这个位置向西，可以看到穹窿山与太湖之间的光福诸山，由近及远包括米堆山、玄墓山、潭山、铜井山和西碛山，向西南方向可见渔洋山及更远处的西洞庭山等山体，可以说是欣赏苏州太湖和湖山自然风光的最佳地点之一。只是原先在大茅峰区域的，如赤松子炼丹台、藏军洞（也称“国师龛”）等见于文字记载的古迹，现多已不易探访到。

照片 68　穹窿山主峰笠帽峰，2021

穹窿山主峰笠帽峰，为苏州地区最高峰，也是太湖东岸最高处，俗称“吴中之巅”。石英砂岩是穹窿山山体的主要构成，岩体坚硬不易风化。穹窿山也是苏州最高一批山峰的主体。笠帽峰峰顶广阔平坦，这在各个山体的主峰当中是难得一见的。山顶靠西侧立有一磐石，上刻“吴中之巅”和“箬帽峰”字样。

照片 69　自笠帽峰峰顶西望光福诸山，2021

从笠帽峰峰顶向西可以看到穹窿山与太湖之间风景最为优美的地方，像是一处天然的山水盆景。由近到远，可以看到对过的米堆山，稍右为玄墓山，再远为潭山、铜井山、西碛山，同时可以看到太湖与沿岸交界处的竺山、冲山，以及太湖中的漫山岛等。

照片 70　从笠帽峰西南望渔洋山和西洞庭山一带，2021

从笠帽峰向西南方向可以看到吕浦港附近的太湖湾，以及因泥沙沉积而形成的陆地。稍远处是三面深入太湖的渔洋山，以及从渔洋山延伸出去的太湖大桥、长沙岛、叶山岛和远处的西山岛。同时，西山岛和渔洋山之间偏西侧的阴山岛、横山岛等也历历在目。

二茅峰位于大茅峰和三茅峰之间，山顶的峰形比较明显，上有建筑。三茅峰的空间形式类似于大茅峰，也有比较开阔的峰顶，但自峰顶向下有两个朝不同方向延伸的山脊。北侧相对比较开阔平坦的位置上建有上真观下院。上真观的历史非常悠久，宋代已用此名，道教建筑则应推及更早的年代，清代达到鼎盛。20 世纪 60 年代以后，上真观的建筑逐渐失修破败。

20 世纪 90 年代初，穹窿山景区开始建设，一些重要的文化遗迹得以重建。到 90 年代末，三茅峰南侧山脊建望湖园。望湖园北侧山脊处有望湖亭，亭内置清代乾隆皇帝所作的《穹窿山望湖亭望湖》

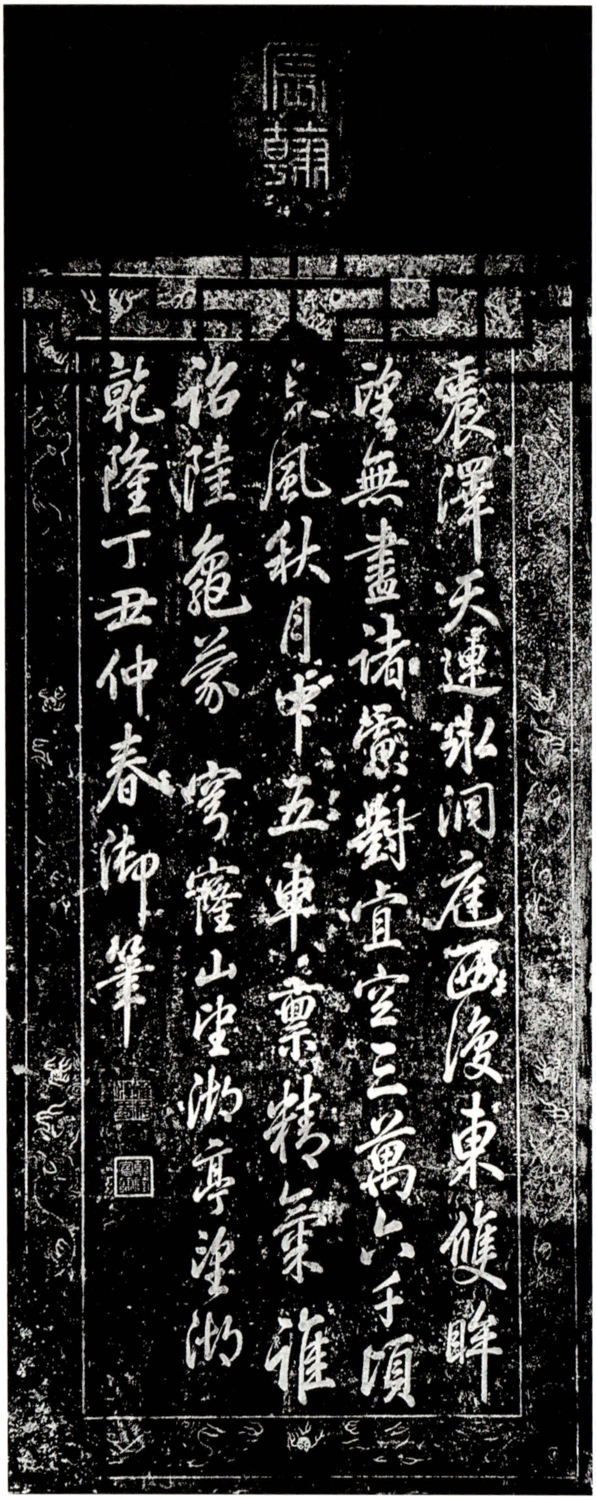

照片 71　上真观御碑亭诗碑，2021

《穹窿山望湖亭望湖》是清乾隆二十二年（1757）乾隆皇帝第二次南巡时在上真观题写的，后人将诗文手迹刻于石碑。该诗碑现为苏州市文物保护单位。

的诗碑。其诗为：“震泽天连水，洞庭西复东。双眸望无尽，诸虑对宜空。三万六千顷，春风秋月中。五车禀精气，谁诏陆龟蒙。”

清代时，康熙、乾隆皇帝各有六次南巡，其中，乾隆皇帝六次南巡六次上穹窿山，每一次都到上真观。[1]由此可见，穹窿山地区在清代的时候，是特别令人瞩目的地方。穹窿山地区人为活动历史悠久，人文景观相当集中，这里在宋代的时候就已经有石头铺就的进山道路了。清代乾隆皇帝六次上穹窿山所走过的“御道”，更是成为人们上山的热门线路，沿途也留下了历代文人雅士的各种遗迹。从穹窿山国家森林公园北大门上山，御道沿着山谷的走向，一路向上至三茅峰，沿途可以看到一系列古今石刻，如“小函谷”等，当然，这些石刻主要是民国时期的遗迹。御道所在的山谷，也有一些虽源于自然景观但被赋予人文传说的景点，比较典型的如双膝泉。

在上山的御道左侧溪流流经处，有两个因风化侵蚀而形成的水潭，很像是巨大的双膝跪出来的痕迹，人们形象地称其为“双膝泉”，据此还想象出了两种不同的“传说”，一说是当年“三茅真君”修道之时在此跪拜日月星辰时跪出来的，二说是当年乾隆为寻生父六下江南在此跪拜上苍保佑时留下的。这两个传说现在已成为穹窿山景点标牌所标注的内容，作为穹窿山旅游设施建设时采用的一种形式，从某种角度来看，这也是穹窿山文化的一种传承，在一定程度上反映了国内文化旅游建设中的一种惯常做法。在清代的《穹窿山志》中，有一些带有传说甚至神话色彩的记录，比如，秦代赤松子的故事、汉代张良的故事等。有关张良的绘图的注文，称张良为“沛之丰邑人，字子房，尝从圯上老人授书，佐汉定天下，封于留，谥文成侯。从赤松子采赤石脂于穹窿，今天师即其

[1] 吴伟业等：《穹窿山志、齐云山志》，故宫珍本丛刊第 267 册：史部 · 地理 · 山水，海南出版社，2001，第 12 页。

照片 72　穹窿山双膝泉，2021

穹窿山双膝泉是石英砂岩在节理风化的作用下，经流水侵蚀改造而成的。因其形似双膝跪出的痕迹，故以此为名，并有相关的传说。

后裔”[1]。前面一段是说张良在下邳遇黄石公获赠兵书辅佐刘邦的故事；后面一段则又附神话人物赤松子在穹窿山采赤石脂的故事，显然存在故事的本土化现象。结合这些传说故事和穹窿山的自然风光，有关穹窿山的诗文中还专门列有“铜岭看湖”“石门观瀑”“东井烹泉”“西廊数雪”“石浪谈经”“丹台采药”“崇阁拈云”“膝潭掬月”“苍坞闻钟”“茅峰招鹤”专题，[2]列数过来均体现的是闲逸之士、仙家道客的追求。现今，“穹窿山是孙武隐居撰写兵法之地”的说法为游客和民众所熟知。20 世纪 90 年代进行旅游开发时，穹窿山还专门建起了一系列纪念孙武的建筑，如孙武苑、《孙子兵法》博物馆等。

穹窿山上与传说有关的古迹还有朱买臣读书台，它位于茅蓬坞底山半。《吴郡志》记载:“朱买臣，字翁子。家贫，好读书，不治产业。常艾薪樵，卖以给食。担束薪，行且读书。其妻羞而去。”[3]朱买臣是吴县（今江苏苏州）人，家贫而好学，平时以打柴卖薪为生，但担薪行走时还会看书。他的妻子无法忍受这种生活，最后离他而去。后来他经人推荐，因学识得汉武帝赏识而进入仕途，曾任会稽太守。当时会稽郡郡治就在吴县，也就是朱买臣在家乡本地出任主官。朱买臣的故事是传统的“读书改变命运”的最好实例。朱买臣当官以后，他的妻子想与他重修旧好，也由此引出了“马前泼水”和“覆水难收”的故事。由于当时的书籍主要是竹简，因此，传说朱买臣上山打柴看书的时候，常把书简藏在山里的

[1] 吴伟业等:《穹窿山志、齐云山志》，故宫珍本丛刊第 267 册：史部 · 地理 · 山水，海南出版社，2001，第 67 页。

[2] 吴伟业等:《穹窿山志、齐云山志》，故宫珍本丛刊第 267 册：史部 · 地理 · 山水，海南出版社，2001，第 174–175 页。

[3] 范成大:《吴郡志》，陆振岳点校，江苏古籍出版社，1999，第 304–305 页。

照片 73　穹窿山内的孙武像，2011

孙武像位于穹窿山茅蓬坞顶端半山孙武苑内，以铜铸成。雕像以孙武著《孙子兵法》为背景创作而成，是纪念“兵圣”孙武的传神之作。

■ 朱买臣读书台和朱公祠全景

■ 朱买臣读书台（局部）

照片 74　朱买臣读书台和朱公祠，2021

茅蓬坞底半山有巨石，传为西汉会稽太守朱买臣入仕前读书、藏书之处，有明代题刻，旁有朱公祠。朱买臣读书台现为苏州市文物保护单位。

照片 75　宁邦寺石刻“山辉川媚”，2021

“山辉川媚”四字为明末清初徐枋所题，落款处刻印文两枚，可辨为“徐枋之印”和“俟斋”。石条最左处刻有李根源附跋，末尾处可以辨认出“……穹窿宁邦寺为先生游咏之所，旧奉先生□（栗）主。今得此帧，模勒上石，□之寺中。民国十五年七月后学李根源□”字样，这些文字与相关资料吻合。由此可判断出，此石刻当为依照旧时书迹在20世纪20年代勒石而成，只是受户外环境的影响，石刻上的题跋都已风化而不易辨认。

大石头旁，后来人们就把这块大石头称作“朱买臣读书台”，而穹窿山所在的地方也以“藏书”为名。朱买臣读书台顶部有两方题刻，其一为“汉会稽太守朱公读书之处正德己巳都穆题”，显示为明代正德己巳年（1509）都穆所题；其二为“民国十五年仲夏五月梅州李维源题字”。

朱买臣读书台现已被列为苏州市文物保护单位，这或许与朱买臣的事迹传说有关，更与历史上有名人题写的石刻等古迹有关。至于朱买臣藏书的地方是否就是在穹窿山茅蓬坞顶端的巨石处，所能依据的也就只有古代地方志中记述的内容及磐石上的历史题刻。朱买臣读书台还与开封“禹王台”（古吹台）、武汉汉阳“古琴台”、北京中南海“瀛台”、河南登封“观星台”一起被列为我国五大名台。我国向来崇文尚教，国内很多地方都留下了历史上名人读书的遗迹，往往以“读书台”为名，常熟虞山东南麓的昭明太子读书台也是其中有名的一处。南朝梁代昭明太子萧统是著名的文学家，江南一带还有多处昭明太子读书台，包括镇江招隐山、句容茅山，甚至南京紫金山、江宁梁台等处也有传说中的昭明太子读书处。

穹窿山二茅峰北半山有宁邦寺，民国《吴县志》称“相传宋绍兴十二年，韩世忠部将战还，剃发隐此学禅，赐额宁邦禅院。嘉熙元年毁，淳祐三年重葺；元末毁；明永乐间复建，奏为寺，万历间修。寺后为百丈泉”[1]。也有称其始建于梁代，或说唐代之前称“海云禅院”，可见其悠久的历史。宁邦寺的寺门口平台台阶之旁，有一块刻条石，上为明末清初徐枋所题“山辉川媚”四字，另有百余字落款，是民国时期李根源为刻石作的跋。寺前向北偏东方向，有宁邦坞，坞口正对五峰山、天池山、支硎山

［1］曹允源、李根源：民国《吴县志》，吴中珍籍，江苏凤凰电子音像出版社，2014，第2164页。

和天平山方向，且襟带蒸山、阳山—大焦山、灵岩山一线，可以在此将苏州花岗岩山体及其附近的山势一览无余。宁邦寺古迹众多，现为苏州市文物保护单位。

二、阳山

阳山曾有多个名称，如“秦余杭山”“余杭山”“四飞山”“万安山”“白善山”等，[1]是苏州第二高的山体，其最高峰箭阙峰海拔338.2米，此外南北方向各有超过300米的山峰2座，南北方向延伸约4千米，东西方向宽约3.2千米，总体上北部山体扩展得比较明显，支脉也比较多，南部山体相对比较简单。阳山主要的山岭分支在北部，有大石山、火烧山、金芝岭等，再北有大荒山、鸡笼山和观山、凤凰山，大石山与鸡笼山之间的谷口有树山，主要的山坞有白礓坞、大石坞等。

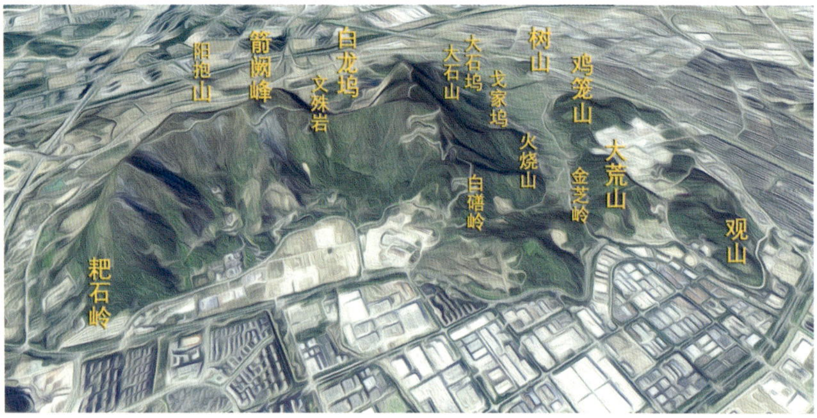

图8 阳山山形示意图

阳山是苏州最早受人关注的名山之一。《越绝书》称：“秦余杭山者，越王栖吴夫差山也，去县五十里。山有湖水，近太湖。”[2]在吴越争霸之时，吴王夫差最终为越王勾践所击败，被围于阳山。《吴地记》的记述则为：“余杭山，又名四

[1] 卢熊：洪武《苏州府志》，成文出版社有限公司，1983，第152页。

[2] 袁康、吴平：《越绝书》，徐儒宗点校，浙江古籍出版社，2013，第14页。

照片76 阳山全景，2021

照片 77　在新区和太湖背景下看箭阙峰，2020

越过阳山最高峰箭阙峰的山顶，向西可以看到阳山和太湖之间的苏州高新区的新城，还有太湖贡湖湾及湖内的大贡山和小贡山。贡湖湾对岸是无锡军嶂山等山体。

飞山，在吴县西北三十里。……山有白土如玉，甚光润，吴中每年取以充贡，号曰石脂，亦曰白垩、白蟮。”[1] 这说明阳山自古就是我国著名的高岭土产地，这里所说的“石脂”“白垩”“白蟮”均是古代所用的高岭土的名称。

现在“白垩”一词在地质上已专有所指，但受到传统的影响，仍旧和高岭土所用名词之间出现混淆。白垩是一种富含石灰质的白色土状物，其化学成分主要是碳酸钙，矿物主要是方解石，质地纯净的白垩土几乎全部由方解石组成，有时也有石英、长石及黏土矿物和海洋生物残体等杂质，原是一种在浅海环境下形成的沉积物。世界上最典型的白垩土分布在英国和法国之间的英吉

[1] 陆广微：《吴地记》，曹林娣校注，江苏古籍出版社，1999，第 70–71 页。

利海峡两岸的崖壁上，地质历史上的白垩纪地层就是以此作为标准来命名的。苏州西郊山体上出露的地层中并没有白垩纪的沉积岩，同期出露的主要是受岩浆活动影响而形成的岩石。

苏州阳山出产的高岭土虽然在古籍中也被称为“白垩”，但和地质上的白垩是完全不同的概念。高岭土属于黏土矿，色白，具有制作陶瓷等多种用途，它是由硅酸盐类矿物经过自然风化沉积或通过地下热液的蚀变富集作用而形成的矿物，含水少时硬如石块，含水多时状如烂泥。古籍记载的阳山白泥矿除用“白蟮”之名外，也用“白礂”和“白墡”之名，倒似是后两者更能说明其色白且呈土或石的性状。高岭土在有的地方还被称为“观音土”，在饥荒时期会被饥民当成食物充饥，暂解饥饿感。但高岭土不但不能被人体消化吸收，而且没有营养，多食则会致命。至于“石脂”一词，则是中医的范畴，白色的石脂可入药，具有收敛的功效。在《神农本草经》所载药用矿物中，白、赤、黄、青、黑五色石脂被列为上品，尤以白石脂用途最广，排名在赤石脂之前，唐宋时期都曾作为贡品。白石脂的成分主要是多水高岭石。

阳山虽与穹窿山等同为苏州最高一批的山体，但其地质构造更加复杂。阳山的山体最早由5亿年前的石英砂岩构成，但后期受到了比较明显的断裂构造和岩浆活动的影响。最高峰箭阙峰主要由茅山砂岩构成主体，但后期的地壳变动使其变得非常破碎，棱角明显的砾石再重新胶结而形成角砾岩，同时岩浆活动在其断裂带造成中酸性岩浆的侵入，分布有浅成侵入的次英安斑岩；阳山北部的树山、大

照片 78　阳山箭阙峰，2020

从阳山箭阙峰附近向西看，既可见峰顶比较破碎的角砾岩，也可见离阳山不远的太湖。湖中依稀可见的两个小岛为大贡山和小贡山。

照片 79　箭阙峰周边的裂隙，2021

阳山的地质构造基础本身较为复杂，断裂带分布比较普遍，后期的采矿活动使山体更显破碎。

石山等处受到以鸡笼山为中心的火山活动的影响，广布火山岩。因此，阳山的地质构造总体上比较破碎，原先志留系、泥盆系的石英砂岩与二叠系、三叠系的灰岩、泥岩，受到断裂构造的影响，进而叠加岩浆活动，岩浆活动带来的热液，对原有的岩石，包括前期岩浆冷却而成的岩石，进行了中低温蚀变，产生了含有铝硅酸盐比较多的长石类的矿物，在此过程中普遍出现了以高岭土化为代表的矿化现象，在阳山地区形成了大型的高岭土矿床，矿床主要分布在阳西、观山等地。

此外，各种采矿取石的活动对阳山山体造成了比较明显的影响。山体的整体性遭到破坏，进一步加剧了阳山在构造上比较破碎的情况。现在的阳山，尤其是在其最高峰箭阙峰的西侧，山体的断裂已经延伸到顶峰附近。

阳山很早就有人为活动的痕迹。在西南坡的阳抱山，出土过西周至春秋时期古文化遗存的宝山遗址。阳山在春秋时期已经是比较著名的山了，在《越绝书》中，阳山被称为“秦余杭山”。虽然古代的秦余杭山和现在的阳山在字面上没有什么关系，但如果按照吴地的方言发音，“余杭”和“阳”的发音倒是一样的，只不过后者的发音快一些。秦余杭山之所以很早就有名，是因为此山为吴越争霸时期，吴王夫差被越王勾践围困于此，兵败身死的地方。

阳山古迹众多，有历代的各种建筑。据古籍记载，在阳山最高峰箭阙峰曾建有“浴日亭”，全山也曾分布有多处寺庙，比较有名的如文殊寺等。目前能看到的各种建筑都是在近几十年陆续修建的，只有山岩上的不少摩崖石刻为流传至今的原物。因此，阳山的摩崖石刻是文化传承中的一个重要内容，较集中在阳山北部的大石山上。那里有元代以后，主要是明清至民国时期，因当时的名人活动而留下的摩崖石刻。另外一个摩崖石刻比较集中的地方，是文殊岩上的常云峰。

据记载，阳山的山泉有七处比较有名，明代岳岱所著的《阳山志》中所列为龙湫泉、一壶泉、云泉、龙井泉、仙泉、茶坡泉和瀑布泉等。现在阳山靠近山顶之处有一处突出的绝岩，人称“文殊岩”，其上常云峰脚下有一处常年不涸的池水，由山上的泉水所积而成，有“文殊泉”的题刻。阳山山脚下另有一处比较特别的山泉——菖蒲泉，现在已经被开发成休闲旅游之处。泉水为这里提供了一个滋润宁静的环境。

在大阳山的周边，还有一些相连的小山，比较有名的如观山、鸡笼山和树山。这些山地和阳山一起围出了一个谷地，东边比较狭窄，西边比较开阔，谷中有村名为“树山村”。近些年，树山一带遍植梨树，每到春天的时候，整个山谷梨花盛开，犹如一夜大雪形成的雪景，吸引苏州市民前去观赏，形成独特的旅游景观。

照片 80　阳山文殊岩，2020

文殊岩位于阳山箭阙峰东南，依常云峰，绝岩突起于山坡之上，崖壁千仞，相传东晋时即在此建有文殊寺。

照片 81　阳山文殊泉，2020

文殊岩顶部平台有文殊泉，泉边常云峰山岩多石刻，有李根源所题“文殊泉”摩崖。山巅之上，积水成池，颇为特别，因为这不仅要有泉水出露，还要能存住泉水。只有山岩与裂隙、沉积物在透水和隔水之间各展其功才能成此奇观。

大石山，是阳山北端一处山岩俊秀、人文遗迹众多的地方。大石山的岩石是因岩浆活动而形成的岩浆岩，自然的风化和人为的雕琢使这里山石奇巧，被人描述为“阳山北端山腰盛开的一枝石莲花”，曾被清代苏州造园叠石高手戈裕良作为堆叠环秀山庄假山的参照范本。历史上有众多的名人在这里留下活动的痕迹，山岩上不少名人留下的摩崖石刻便是最好的见证。这里比较有名的摩崖石刻，如“夕照岩”“仙砰”“大块文章”等，记录了这里曾经有过的一些文化活动，也留下了苏州社会经济文化发展的痕迹。比如，“夕照岩”“仙砰”这两块明代的摩崖石刻，其题刻者都是江南运河上浒墅关的榷官，也就是受朝廷之命在这里从事大运河税收工作的主官。大石山离大运河浒墅关的直线距离约 5 千米，水路、陆路交通方便，是苏州西郊丛山之中离浒墅关最近的一处名胜。因此，在浒墅关从事大运河相关事务工作的官员等常来大石山观光游历，留下摩崖墨宝也就不足为奇了。这也为我们今天探寻大石山的自然山水、人文活动，甚至历史上社会经济的发展状况，留下了文化的线索。民国时期，李根源至苏州西郊访古，也到过大石山，访寻到了石梁上已有的“仙桥”石刻，同时还将吴荫培旧题的“大块文章”重新书写以后，让寺僧做摩崖石刻。[1] 这就是现在仙桥上的两块主要石刻。现在，“仙桥”石

[1] 李根源：《吴郡西山访古记》，吴中珍籍，江苏凤凰电子音像出版社，2014，第 94–95 页。

照片 82　树山梨花，2020

3月中下旬是树山梨花盛开的时候，那时山下的田野仿佛被雪花覆盖一般，宛如仙境。照片中最高的山为阳山，左侧小山为树山村谷地西口的树山，旧时亦称“圌山”。

照片 83　梨花丛中的村舍，2016

树山村遍植梨树，每年3月中下旬梨花盛开时，村民住宅掩映在花海之中，也是山村特有的风景。

照片 84　大石山摩崖石刻“大块文章”“仙桥”，2011

“大块文章”为吴荫培旧题，李根源书；“仙桥”当为李根源到访前的旧迹。

照片 85　大石山奇石，2021

“仙桥”是阳山大石山石景和石刻摩崖的核心地带，火山岩中的断裂构造、后期风化和人为改造形成了独特的风景，山石上的摩崖石刻不仅为之增色，还留存着这里人文活动的印迹。

照片 86 大石山摩崖石刻“夕照岩”，2021

“夕照岩”为时任大运河浒墅关税官、河南陈州人沈弘彝所题，由其属下关吏三人督刻。

照片 87 大石山摩崖石刻“仙砰”，2011

“仙砰”二字的落款为“明崇祯十六年（1643）三月河南王铎书，袁枢题”。王铎为明末清初有名的书画家。袁枢当时担任浒墅关的税官，为明代建关以后的第 145 位主事。

刻已看不到具体的落款。阳山东北端的观山，与浒墅关的距离更近，直线距离仅 2 千米左右，山上也留有“来鹤峰”等摩崖石刻。大石山和观山的这些摩崖石刻现在都已被列为苏州市文物保护单位。（见本书第三部分）

三、穹窿山—阳山之间

图 9　穹窿山与阳山之间诸山分布示意图

穹窿山与阳山的山体岩性多有差异，以致山体高度、矿产形成和山石利用等情况多样。砚瓦山至蒸山主要以上二叠统龙潭组泥页岩为主，其中，北端蒸山局部因有石英砂岩而为同列中最高，南端砚瓦山、北马岗山的岩石与灵岩山西南相同，也可采以制砚。民国《吴县志》有“马冈山在穹窿山北，其南与善人桥相近。山石中砚材土人凿坑取之，故今但呼为‘砚石山’”[1]之说。20 世纪 80—90 年代，这里仍有采石做砚的企业，山体南端有采石坑之处常被称为“砚瓦山”，而相连于北的稍高处被称为“马岗山”。砚瓦山南端有“一·二八”淞沪抗战牺牲将士的英雄冢，现为苏州市文物保护单位。

马岗山之西有雅宜山，根据李根源《吴郡西山访古记》所载实勘情况[2]，以及民国《吴县志》所载，“雅宜山在马冈山迤西，本名‘雅儿’，唐青州刺史张济女雅儿葬此（吴语‘儿’为‘倪’，因讹

照片 88　玉屏山—砚瓦山一带全景，2022

从左到右，也就是从西向东转东南方向，主要的山体依次是玉屏山、蒸山、马岗山、砚瓦山，以及马岗山西侧的雅宜山。其中，玉屏山海拔 192 米，蒸山海拔 162 米。

［1］ 曹允源、李根源：民国《吴县志》，吴中珍籍，江苏凤凰电子音像出版社，2014，第 953 页。
［2］ 李根源：《吴郡西山访古记》，吴中珍籍，江苏凤凰电子音像出版社，2014，第 41 页。

照片 89　玉屏山全景，2021

登玉屏山山顶可见周边群山和太湖风光，旧时的卧牛峰、读书台等十景都已不存，山之东坡采石形成的宕口被改造后建成酒店，也是环境利用的一种形式。

为‘宜’）”[1]。对照与玉屏山的相对位置关系，可推断雅宜山为油车弄村以西之山。现有绕城高速从其西侧切过，有光福互通在此连接。山之东南有自然村以“雅宜山”为名，常见电子地图上也有标为“雅泥山”的。雅宜山山石为花岗斑岩，相对较低缓。

玉屏山位于雅宜山之北、蒸山之西，主要由石英砂岩组成，为穹窿山与阳山之间最高的山体。历史上玉屏山有多个名字，但相互之间在音和意上多有关联，堪为吴方言与地名之间具有相关性的一个有意思的实例。正德《姑苏志》称：“玉遮山，在阳山之南，横列如屏，今但呼为遮山，旧志为查山。”[2]显然，这些名称与玉屏山的外形“横列如屏”有关，屏的功能即遮挡，因此，“玉屏山”与“玉遮山”“遮山”在词义上是一致的，而“遮”与“查”在吴语的发音中又是一样的，故“查山”当是“遮山”的音讹。至于玉屏山还有“翠屏山”“茶山”之名，也和音、意相关。

［1］曹允源、李根源：民国《吴县志》，吴中珍籍，江苏凤凰电子音像出版社，2014，第953页。此引文有关“雅宜”原为“雅儿”之说，先见于正德《姑苏志》第172页之“玉遮山”（玉屏山）条目之中，但所载表述为“东南有贞山，初名蒸山……东有官山、马山，又东为雅宜山，本名雅儿”，此位置关系与实际山体分布情况无法对应，与民国《吴县志》的实地勘察情况相去甚远。也有称“雅宜山俗称‘借尼山’”，而将借尼山标于马岗山北部的情况。这些情形多少与吴语中“宜”“倪”“儿”“泥”等字同音带来的地名混杂有关。

［2］林世远、王鏊等：正德《姑苏志》，北京图书馆古籍珍本丛刊：26，书目文献出版社，2000，第172页。

第四节　滨湖山地

苏州西郊山地一直延伸到太湖滨湖一带，主体分布在光福的邓尉山/玄墓山、米堆山、潭山、西碛山一带，另有南面的渔洋山、清明山等。其中，光福诸山与渔洋山隔湖相望，从而成为观赏太湖山水风光的经典区域。铜坑口之北除安山、葛舍山稍高外，沿太湖有几处山体矮小且分散，如游城山、上山、杵山，以及与贡湖中的大贡山、小贡山相望的马山等。

一、光福诸山

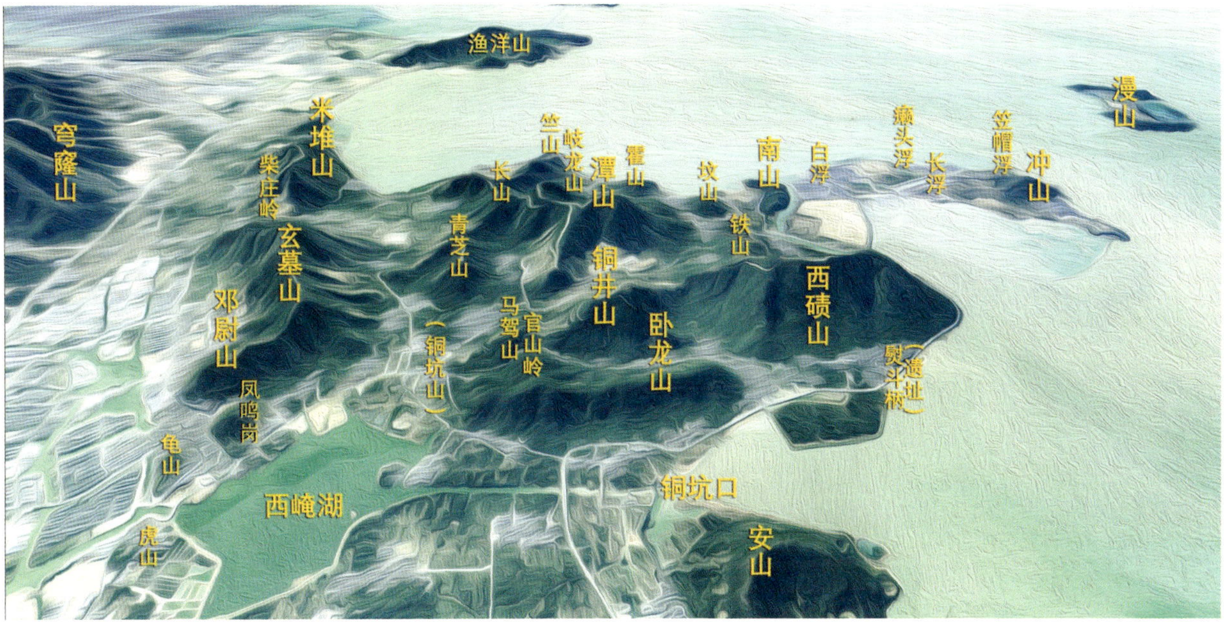

图10　光福山水分布示意图

光福山水伸入太湖之中，北侧接太湖处为铜坑口，中为西崦湖，再东为原东崦湖，现已几近消失。光福的山林分布于太湖与东、西崦湖之间，中间最高者现称“潭山”，带青芝山、竺山等；西侧（右）最高者为西碛山，连属者有铜井山、马驾山、卧龙山；东侧（左）高者为邓尉山/玄墓山，更南为米堆山。西崦湖东端为虎山桥，古来向为光福观光的原点，附近有凤岗、龟山（光福山）、虎山；光福诸山之南，可见太湖中三面临水似盆景者，为渔洋山及西山诸岛，西南湖中有漫山及已经连为半岛的冲山；西南沿湖一带还有史上著名的观湖胜地万峰台、查山及南山（石壁）。

■　西崦湖一带

光福一带，是苏州西郊太湖外诸山中离苏州城最远的一个区域，山体主要是石英砂岩，也有局部为经岩浆活动形成的火成岩。相比而言，光福诸山既没有近郊山地的便利交通，也没有花岗岩山地的灵山奇石，更不似穹窿山和阳山般高耸，因此，在人们与山林的互动中受到的关注也更晚一些，最早的正式文字记载见于唐代陆龟蒙所写的《送小鸡山樵人序》的散文。然而，光福的山林相比前三者有

照片 90　光福司徒庙的"清、奇、古、怪"，2021

司徒庙，在青芝山北，相传祀汉代邓禹，亦称"柏因社"。庙中有古柏数株，势极蟠屈，最著名者名"清、奇、古、怪"。"一纹成左纽，一颔吐孙枝，一作蛟龙腾跃，架空为桥，一经雷火焚余，倒地复蘖，皆千年物也。"

照片 91　光福龟山—下崦湖一带，2021

照片中有光福塔的为龟山，远处为下崦湖，最右侧道路与河道尽头几乎看不到高度的山体为虎山，光福塔南侧（左）为凤鸣岗，高者为邓尉山。西崦湖对岸自右向左为葛舍山、安山、卧龙山，最远可见西碛山和潭山的山顶局部。最左为邓尉山南段的玄墓山。

一个特殊的优势，即这里是太湖之滨。光福滨湖之山使这里不仅有曲折的太湖岸线，还有散布于太湖之上状如“青螺”的太湖岛山，成为苏州观赏太湖山水风光的重要区域。光福不仅具有通过光福塘连通藏书善人桥，然后经香溪到木渎，再经胥江通古城的南塘线路；也有通过东渚塘连通浒墅关的北塘线路。四五十里水陆兼济的交通，使其比太湖之中的东、西洞庭山更易到达。

光福山林间有传说中汉代大司徒邓禹留下的印记，如光福镇所依的山体称为“邓尉山”，著名的“清、奇、古、怪”四棵古柏相传为邓禹所植，古柏所在之处现名为“司徒庙”[1]。宋淳祐间高士查莘居光福，广植梅花，所居之山后称“查山”，在他的带动下，当地养成种梅的习惯，足见园艺为业历史悠久。春日梅花开时遍地如雪，梅香不绝，又有清代宋荦大力打造赏梅名胜“香雪海”，让光福成为苏州自古以来著名的观景赏梅之地。作为远离郡城的山林边缘地带，清代康熙、乾隆两位皇帝下江南时多次巡幸和驻跸此地，为玄墓山圣恩寺等地增添了神秘的色彩。明清以来，光福一带成为人文活动的活跃地区，文化与山水相互影响，为这里留下了深厚的文化底蕴。

光福以山水为胜。古代人们往游光福的起始地点往往在邓尉山北端的西崦湖、光福山、虎山桥，历代留下了大量诗文。光福山在光福镇西北端，也称“龟山”，为一小丘，海拔20余米，上有铜观音寺、光福塔。光福塔四面七级，始建于梁大同初年（约535），塔高30米左右，现为江苏省文物保护单位，也是光福的标志。

虎山在龟山之北里许，更为低缓。虎山与龟山之间的山麓间距很近，俗称“虎山峡”，旧时有虎山桥。虎山桥始建年代并无考据，但在《吴郡志》中有其名录，[2]宋嘉泰年间记载有首次重修之事，元泰定年间改建为三孔石桥且名为“泰定桥”，明代又有重修。1937年，虎山桥因年久失修而倒塌，中华人民共和国成立后数次重建、扩建，现于原桥西侧改建为公路桥。清代徐枋在《虎山桥记略》中称：“凡游邓尉者，必由虎山桥，虎山固邓尉诸山之始也。”[3]虎山桥两侧为东崦和西崦，也称“上崦”和“下崦”。“崦”字本意泛指山，但在光福则代指连通太湖的两个水体。西崦西端连太湖处为铜坑口，位于卧龙山与安山之间，太湖水由此过西崦、东崦，向东分流，为太湖泄水口之一。经过两崦的河道使

[1] 有关现司徒庙四棵古柏的记载出现在明清之间，相关传说主要在清代见诸文字记载。

[2] 范成大：《吴郡志》，陆振岳点校，江苏古籍出版社，1999，第246页。

[3] 曹允源、李根源：民国《吴县志》，吴中珍籍，江苏凤凰电子音像出版社，2014，第1406页。

照片 92　司徒庙《楞严经》石刻（局部），2011

据文物保护单位的题刻介绍，《楞严经》全文 67 000 余字，分别刻在 84 块青石上。该碑始刻于明崇祯年间（1628 年起），碑文由王时敏等十位书画家书写，吴门艺人章懋德镌刻，是一组展现明代书法和篆刻的艺术珍品。

太湖与木渎、浒墅关之间有了水上交通。若以上崦、下崦而论，前者在东，后者在西，当是依光福镇为主位而定的先后。据《光福志》记载："下崦又名西崦，在镇西，周二十余里，西承太湖，东达上崦，北接游湖，四面环山。明浔阳董尚书份筑堤栽桃柳，崦中有浮庙墩，水潦不掩，亦有水田。崦尽即铜坑桥也。"[1] 在明代袁宏道的《光福》中，有关这一带的描述更为动人："其下为虎山桥，两峡一溪，画峦四匝。有湖在其中，名西崦湖，阔十余里。乱流而渡，至青芝山足，林壑尤美。山前长堤一带，几与湖埒，堤上桃柳相间，每三月时，红绿灿烂，如万丈锦。落花染成湖水作胭脂浪，画船箫鼓，往来湖上。堤上妖童丽人，歌板相属，不减虎林、西湖。"[2]

西崦之南，青芝山北，有苏州市文物保护单位司徒庙，司徒庙除有"青、奇、古、怪"四棵古柏之外，还是光福一带旧有山林文物的集中收藏地。如《光福诸山记》中记载的凤凰山小狮林寺的《楞严经》石刻，原在寺中大士殿左右两壁，二层至五层不等，须秉烛缘梯上下而读之，现存于司徒庙，为江苏省文物保护单位。

邓尉山 / 玄墓山、米堆山

光福山之南为邓尉山，邓尉山的南段则称"玄墓山"，总体略呈南北方向延伸，长约 3.5 千米，宽 500 米左右。邓尉山北端略为西折，有一不高的山丘，称"凤鸣岗"，也称"百步顶"，最高处与光福塔顶端相当。邓尉山与光福山南北相望。

玄墓山因传说中东晋郁泰玄葬于此而得名，为邓尉山南峰，也是全山最高处，海拔 231 米。山体主要是茅山组石英砂岩，且具有断层推覆构造；下伏地层为相对年轻的地层。在断层活动中被较老的茅山砂岩覆盖的较年轻的石灰岩在玄墓山南坡有出露，其经流水侵蚀，颇具太湖石假山的风采，故而被称为"真假山"；明天顺年间曾有出露，后又为泥沙所掩埋；到康熙年间又因雨水自山涧冲击而现，

[1] 徐傅编，王金庸补辑《光福志》，成文出版社有限公司，清光绪二十六年（1900）修，1929 年重印本，第 112 页。董份（1510—1595），浙江南浔人，号浔阳山人。

[2] 袁宏道：《袁宏道集笺校》（上），钱伯城笺校，上海古籍出版社，2008，第 170 页。

照片 93　圣恩寺“真假山”题刻，2022

康有为在圣恩寺后真假山题有“寿洞”二字，因镌刻较浅，在灰色的石灰岩上往往难以发现，只有山石有水润泽时才会比较明显。

并现明代石湖卢熊[1]所题“神狮出岫”“海涌门”等八景[2]；现圣恩寺寺院内山麓有出露两处，其中较大一处刻有康有为所题“寿洞”二字。圣恩寺位于玄墓山南麓，南朝梁时有僧居此，唐天宝年间至宋宝祐年间屡有增建，宋天顺年间赐额“圣恩禅寺”，元代万峰禅师说法开山，有明太祖赐御制《居山图诗文》，清康熙皇帝第二次南巡时驻跸寺中及其后来南巡和乾隆皇帝六次南巡均到寺中，“圣恩”一词也算不虚。圣恩寺中有三株古柏，按大雄宝殿东南株碑文认定的 1 500 年树龄推算，当为南朝时的古树，是这里人为活动历史的一个缩影。自圣恩寺依山的平台向南望，左有米堆山，右有潭山支脉长山（也称“长岐山”）、竺山，如伸出的双臂环抱着山前平畴和太湖湖湾，湖面有渔洋山相对照，右前远方缥缈间则为西洞庭山，是观太湖风光之佳处，历代来此观赏人士众多，明崇祯年间的《邓尉圣恩寺志》还专以游记作为“卷十六”列于集诗、集文卷之前。

照片 94　自圣恩寺观太湖，2021

自圣恩寺观太湖，左侧的米堆山和右侧的潭山如双臂伸出，也若双门开启。远处太湖中浮着的是渔洋山，隐约可见西洞庭山。

[1] 非《洪武志》的作者（昆山）卢熊，通常有加“石湖”二字以示区别的习惯。

[2] 曹允源、李根源：民国《吴县志》，吴中珍籍，江苏凤凰电子音像出版社，2014，第 946 页。

照片 95　米堆山全景，2021

自光福方向绕过玄墓山向南，可见前方有山极似米堆状，即米堆山。其实，米堆山北高南低，南北狭长，稍侧观之即可见南延的山势。

自玄墓山再向南，过柴庄岭，为米堆山，此山因从光福或玄墓山方向看，外形酷似米堆而得名。实际上，米堆山也为长条形，略呈南北方向延伸，长度约 1.7 千米，北部宽处约 600 米，主峰高约 191 米，北高南低，南与吕山（也称“鲤山”）相接。米堆山山体以石英砂为主，西南山麓一隅有局部岩浆侵入岩，东侧五云洞有局部鲜红色易风化的岩石夹层。五云洞位于米堆山东面半山，因有五色石而得名，但当地村民仅以“老虎洞”称之[1]。明末顾天叙在此依崖洞构筑珠玉山房等，而崖洞的形成当与岩层的风化和古时采集矿物有关。五云洞在民国早期当有寺庙，李根源于西郊诸山访古时曾到访过该寺庙，称“寺虽简陋，有泉清冽”[2]。

[1] 笔者实地探访五云洞时，在米堆山东侧石塘头自然村问路时确认，当地村民只知此处叫“老虎洞”，而不知有“五云洞”之称。
[2] 李根源：《吴郡西山访古记》，吴中珍籍，江苏凤凰电子音像出版社，2014，第 31 页。

■ 五云洞崖壁石刻“云半间”

■ 李根源题刻“五云洞”

■ 五云洞冬日的“浴日渊”

照片 96　米堆山五云洞，2022

五云洞是顺着岩层面开辟出来的崖洞，壁上留有早年 “云半间”和 1926 年李根源所书“五云洞”等两方摩崖石刻。在人工开凿的洞室和泉池中，正午时分有太阳照射。日光能照到洞内最深处的景象，应该只出现在冬日正午阳光比较斜的时候，如拍摄此照片的 1 月中旬时的正午。只是冬日雨水少，久废的崖洞中几乎没有泉水的汇聚和存留。

■ 潭山、南山

光福潭山位于东侧邓尉山 / 玄墓山—米堆山与西侧西碛山—铜井山—马驾山等两列山地形成的“八字”构架之中，居群山之中央。潭山主要为石英砂岩，海拔 253 米，为光福诸山最高峰；有数条山岭向外伸展，比较有名的如青芝山、竺山、长山等；山岭间有山坞，如珍珠坞、聚坞等；整体山形西高东低，山体东西向、南北向延伸长度相当，各在 2.5 千米左右。潭山西南麓之南坡有石嵝（旧时又称“石楼”），修竹环绕之间有石嵝庵，现为苏州市文物保护单位。石嵝前山坡高处称为“万峰台”，再南濒太湖处旧有七十二峰阁，为光福有名的几个观太湖风光处之一，山巅有多处石刻。自石嵝庵向东过岭口，山坡有一片樱花林，春天樱花盛开时也是一处观景地。潭山东南有岐龙山，也称“骑龙山”“纪龙山”，亦俗称“鸡笼山”，自山南长岐村望之，外形尤像。

照片 97　潭山附近全景，2021

照片为自空中向南拍摄的潭山附近全景。左侧圆锥状山体为潭山，其东北侧（左）山麓是已经完成环境恢复的原采矿区，伸入湖中的山嘴为竺山，中右与潭山若断又连的圆形小山现称“坟山”。右侧呈蜿蜒状者为南山（有石壁寺），右下为西碛山的支山——铁山。铁山之南有丘状小山当为旧时查山之所在。潭山与西碛山之间的低地当为历史上著名的聚坞之所在。湖中三面临水者为渔洋山，天际处为西洞庭、东洞庭诸山。

照片 98　潭山石嵝庵和万峰台，2021

潭山西南坡的石嵝周边遍植修竹，虽然冬季时不少树木落叶，但石嵝依旧在翠绿的环抱之中。石嵝前为万峰台，有民国时期的摩崖石刻。旧时石嵝也多梅花，《吴门表隐》中有“石楼在潭东，累石而上，其巅名万峰台，梅花旋绕，最为清致”[1] 的记述。石嵝庵现为苏州市文物保护单位。

[1] 顾振涛：《吴门表隐》，甘兰经等校点，江苏古籍出版社，1999，第 73 页。

旧时，潭山一直称“弹山”，而“潭山”原为弹山支山之名。相关的“弹山”“潭山”之名，“潭东”“潭西”两个自然村的村名，以及自宋代至明、清都留下故事的查山、明代顾鼎臣所葬之地“坟山”等地名，在演变过程中，历来为人们所关注，而相关文字记述则又多少有些出入，宜加以梳理辨析。

“查山”是古籍中时常提及的、有着悠久历史的山体名称，宋代因高士查莘在此隐居而称“查山”。明代查应兆所撰的《查山隐居记》称“查耕野先生莘尝诛茅栖隐于此，土人遂称为查山。山不甚高，而形类盘陀，故俗称绣衮山”[1]。《光福志》称“茶山，一名绣衮山，又名槎山，朱竹垞太史所谓查山”[2]，其中，后者更关联了明、清两代查山六浮阁的故事。（见本书第 95 页“太湖风光”）按明代买下此山欲筑六浮阁的李流芳的《题阁图》所说“予买一丘于铁山之下，登陟不一步而尽览湖山之胜”[3]，清代朱彝尊的《查山探梅集·六浮阁分韵得覃字》一诗开头有“查山一卷石，太湖汇西南”[4]之句，查山的位置当在西碛山支脉铁山之南，相当于福湖路与环太湖大道交会的路口附近。现在，在苏州市职业大学潭山校区内有一独立小丘，当地一位受访的八旬老者称之为“茶山”。

现潭山西南有一隐约相连的圆形山丘，古籍中多称“潭山”，也称“小潭山”，民间因明代大学士顾鼎臣葬此山而称之为“坟山”[5]，还有记为“焚山”“文山”的情况。此山海拔仅 59.2 米，外形与高大的潭山大相径庭，这与其岩石是抗风化能力相对较弱的火山岩有关。乾隆《吴县志》中有 3 处提到“潭山”（均与顾鼎臣墓有关）；《太湖备考》在“滨湖山”条目中对此段山体依次录有“岐龙山”“弹山”“潭山”“蟠螭山”[6]；《光福志》称，“弹山，在西碛山之左……山南石楼，名万峰台，尤据极胜，南为聚坞山，西南为潭山”[7]；民国《吴县志》在“查山”条目后即列“弹山”条目，称“弹山在西碛山东南……山南石楼，名万峰台……滨湖有七十二峰阁……西为聚坞山、潭山，南则骑龙山”[8]，其在“古迹”篇目中又据《吴门表隐》称“七十二峰阁，在潭山顶，面太湖……明顾文康鼎臣赐葬于此”[9]等——这里所列古籍记载中，“潭山”所指山体都是一致的，即指现在所称的“坟山”。后来“潭山”之名被用于旧时的弹山，才有了潭东村实际位于现今潭山之西南的现象。

反过来，若说“潭东”“潭西”两处自然村名称因旧时的潭山（坟山）而得名，则会发现潭东村紧挨其东麓，潭西村却要在千米之外的西碛山南麓，这样显然是说不通的。《查山隐居记》对此有所交代：“先生……种梅结屋，自榜曰梅隐庵。庵之东有巨潭，在梅林交错中，亢旱不涸，为书‘梅花潭’

---

[1] 曹允源、李根源：民国《吴县志》，吴中珍籍，江苏凤凰电子音像出版社，2014，第 942–943 页。《查山隐居记》中还记有明代毛理发现查莘墓碑残碑之事。

[2] 徐傅编，王金庸补辑《光福志》，成文出版社有限公司，清光绪二十六年（1900）修，1929 年重印本，第 95 页。

[3] 徐傅编，王金庸补辑《光福志》，成文出版社有限公司，清光绪二十六年（1900）修，1929 年重印本，第 155 页。

[4] 姜顺蛟等：乾隆《吴县志》，吴中珍籍，江苏凤凰电子音像出版社，2014，第 3448 页。

[5] 乾隆五十五年（1790）续修的《雍里顾氏族谱》中有“敕葬文康公墓，吴县十九都聚坞小潭山”的描述，见《雍里顾氏族谱》，吴中珍籍，江苏凤凰电子音像出版社，2014，第 1364 页。

[6] 金友理：《太湖备考》，薛正兴校点，江苏古籍出版社，1998，第 106 页。

[7] 徐傅编，王金庸补辑《光福志》，成文出版社有限公司，清光绪二十六年（1900）修，1929 年重印本，第 97–98 页。

[8] 曹允源、李根源：民国《吴县志》，吴中珍籍，江苏凤凰电子音像出版社，2014，第 943 页

[9] 曹允源、李根源：民国《吴县志》，吴中珍籍，江苏凤凰电子音像出版社，2014，第 1887 页。

照片 99　南山石壁寺古石楠，2021

据现场碑刻介绍，南山石壁寺古石楠于元代时出自石缝中，算来当有 700 多年的历史。

三字于潭上崖壁。后人因有潭东、潭西之称。”[1]此处所述梅花潭既为巨潭，位置当在西碛东南、潭山之西的低地，以此作为潭东、潭西两地的“支点”是比较平衡、贴切的。

同时，与地方文化传承中常有的情况一样，在潭山有关的地名传承中，也有不少纠缠和错漏的现象。如《木渎小志》“光福诸山”首页地图[2]和民国《吴县志》光福地图[3]均将弹山西南的山丘标为“查山”，本应为清晰可信的信息，但实与古籍记载及民间所称的“潭山”“坟山”指为同一山体[4]，反而造成了一定的混乱。同样，20世纪中叶顾鼎臣墓被毁后，只见古籍的不同文字记载而失去实际文物的印证后，其位置和附近地名的对应关系也出现了模糊的迹象。这里古籍所载的聚坞、聚坞山等位置的描述也存在不同的说法，唐代陆龟蒙笔下位于光福市西五里且土多石少的小鸡山，自古以来更是众说纷纭。

南山呈“L”状长条形，延伸近900米，宽200余米，高40余米，在山体转折处有憨山台。南山，又称“蟠螭山”，当与其外形有关。山之南段有石壁永慧禅寺，寺侧峭壁森然，高数米，多石刻，故山又名“石壁”，寺内崖壁有一株树龄为700多年的石楠。石壁永慧禅寺现为苏州市文物保护单位。

■ 西碛山、铜井山、马驾山、卧龙山

光福诸山的西列，为由两支山地构成的“U”形的山体，近东西方向延伸，开口向西。左支长度近4千米，自西向东为西碛山、铜井山、马驾山；右支长度近2千米，主体为卧龙山，东端也称“铜坑山”；底部是两支山地交会处——官山岭，岭西山坞内有窑上村。山坞向西开口直面太湖，旧时近西碛山湖滨有由百余丈岩石构成的“熨斗柄”，南连黄茅石壁，是西碛山一带观太湖风光的绝佳之处，数十年前因开山采石被毁。山体主要以茅山组石英砂岩、五通组石英砂岩为主，只在南面近潭山一侧有岩浆活动形成的石英斑岩，以及酸性岩浆侵入时与灰岩接触交代而形成的矽卡岩，局部有矿体的形成。

[1] 曹允源、李根源：民国《吴县志》，吴中珍籍，江苏凤凰电子音像出版社，2014，第942-943页。
[2] 张郁文：《木渎小志》，吴中珍籍，江苏凤凰电子音像出版社，2014，第380页。
[3] 曹允源、李根源：民国《吴县志》，吴中珍籍，江苏凤凰电子音像出版社，2014，第44页。
[4] 李嘉球：《小鸡山考释》，《江苏地方志》2019年第3期。

照片100　西碛山，2021

自空中看西碛山，可见其西端突入太湖，山与湖直接相接。沿湖没有开辟公路时，这一带为陆路不便的湖景奇特之地。西碛山入湖之处，有黄茅石壁；稍北“熨斗柄”石景现已不存，其遗址当在照片中大桥稍近的湖滨围堰处；湖滨远处有冲山、漫山。

照片 101　西碛山黄茅石壁，2022

黄茅石壁是西碛山直入太湖之处，石英砂岩在太湖波浪冲击之下形成陡峭的石壁。近处的平台是石英砂岩的层面，其形成也与湖水的侵蚀有关。远处岛屿为漫山。

照片 102　于铁山东侧望潭山，2021

西碛山南侧有分支小山，因山石和土色似铁而被称为“铁山”。西碛山南侧与潭山相对，在民国《吴县志》及《木渎小志》之光福诸山的两个图稿中，此处两山之间的通道被标为“聚坞”。

照片 103　铜井山“铜泉”，2021

铜井山顶天寿禅寺左后侧有岩洞，当为人为采挖而成，积水呈蓝绿色，称为“铜泉”，现山崖旁也有“灵泉”字样。

西碛山海拔 231 米，与玄墓山同为光福一带第二高山峰。方志中多有提及其山巅有划船石，山体陡然伸入太湖。西麓湖滨有厚层石英砂岩经湖浪冲击而侵蚀成的石崖，称“黄茅石壁”，近湖面也有与岩层层面相关的不宽的湖蚀平台，可作崖间观光通道。山崖间有李根源所留的“西碛”等石刻。西碛山西端滨湖石隙中原有夹石泉，源自山体断裂带，近年因水文地质环境改变已不存。西碛山南侧有小岭，名“铁山”，因受矿体影响而含铁丰富，石色似铁而得名，现山麓地带还常见铁锈状风化物。

铜井山在西碛山之东，海拔 181 米。其石英砂岩的山体受断裂构造影响明显，有岩浆侵入活动形成的岩体，山坡多石质裸露，近山顶有铜井寺，寺西北崖下有“铜井”。“铜井”之名，时与“铜坑”相混淆，如民国《吴县志》称：“铜井山，亦名铜坑山，在马碛山东，相传晋宋间凿坑取沙，煎之成铜，故名。山顶有岩洞，其悬溜汇而为池，名曰铜泉。”[1]《光福志》称“铜坑山”，也有相似的取沙煎铜的记述。[2]《木渎小志》“光福诸山”篇中，有“铜井山，在邓尉西，去青芝仅半里。一山两名，北曰铜坑，相传晋宋间凿坑取沙土，煎之成铜，故名。南曰铜井山，顶有岩洞，其悬溜汇而为池，

[1] 曹允源、李根源：民国《吴县志》，吴中珍籍，江苏凤凰电子音像出版社，2014，第 944 页。

[2] 徐傅编，王金庸补辑《光福志》，成文出版社有限公司，清光绪二十六年（1900）修，1929 年重印本，第 94 页。

照片 104　香雪海梅花亭，2016

著名的观梅胜地香雪海位于马驾山，崖壁上“香雪海”三字为清康熙年间江苏巡抚宋荦所书。梅花亭建筑上有大量梅花花瓣等元素，顶上有仙鹤，有“梅妻鹤子”之意。

名曰铜泉”[1]的记述。铜坑山为卧龙山之东端，与铜井山之间尚隔有官山岭和马驾山，宋明之时也是植梅、观梅之胜地。

官山岭为铜坑山与马驾山的连接处，西有窑上、涧里、官山头等自然村落，山坞长度 2 千米左右，窑上村一带所产桂花远近闻名，人称其“桂乡”，如今窑上村的桂花已形成一种传统产业；东侧为涧上，已近司徒庙、香雪海。官山岭北有三百亩木荷林，受太湖水热条件等因素的影响，成为天目山等中亚热带山地之北唯有的天然木荷林。每年 6 月木荷树开花之时，漫山的木荷花如星光闪烁，蔚为壮观。1981 年，光福官山岭木荷林被列为江苏省自然保护区。

马驾山，亦称“吾家山”[2]，海拔 85.8 米，是清代以后光福观梅的首选之地。自宋代起，光福一带居民逐渐养成种植梅花的习惯，每至初春梅花盛开之时，邓尉山、铜坑山、查山、潭山一带梅花漫山，香气馥郁，多赏梅佳景。清康熙皇帝在康熙二十八年（1689）第二次南巡时，驻跸圣恩寺，问起“梅花甚处好”，对云“吾家山第一”，此为康熙、乾隆两位皇帝多次在光福赏梅的开端。[3]清康熙

[1] 张郁文：《木渎小志》，吴中珍籍，江苏凤凰电子音像出版社，2014，第 315 页。

[2] 也有观点称吾家山近安山，非马驾山。见徐傅编，王金庸补辑《光福志》，成文出版社有限公司，清光绪二十六年（1900）修，1929 年重印本，第 94–95 页。

[3] 徐傅编，王金庸补辑《光福志》，成文出版社有限公司，清光绪二十六年（1900）修，1929 年重印本，第 30 页。

三十五年（1696），江苏巡抚宋荦书"香雪海"三大字镌于石，[1]其名得以远播，尤其是乾隆皇帝六次南巡时都前往探梅，并留下不少诗作。香雪海景区山腰有闻梅馆，近山顶处有遍布梅花造型的梅花亭，为建筑与山林环境相融合的代表作。

太湖风光

照片 105　于潭山山顶看冲山、漫山，2021

从潭山山顶上向西望，由近至远，可见潭山山麓的万峰台（与画面近处相连）、坟山、南山。湖中岛屿为漫山。湖滨陆地最远处为冲山，原也为太湖中的岛屿，常与漫山被相并提及，后因围湖造田而与湖外陆地相连。照片左上方为西洞庭山及周边的岛屿。

光福一带的玄墓山、潭山、查山等是观赏太湖山水风光的佳处，从这里可以看到太湖中星星点点的岛屿，犹如在太湖的案几之上呈螺髻状散布的山水盆景。历代文人墨客在此亲近自然山水。历史上潭山万峰台的太湖七十二峰阁、查山的六浮阁，以及玄墓山圣恩寺等都是观赏太湖风光的著名地点，文人活动对太湖山水文化产生了很大的影响。

蔡羽所作的《游玄墓记》记述了其前往玄墓山看太湖的经过，有"从白马涧出穹窿南面，泥行田中，未远而林木起，平野甚适……行几二十里，仅见邓尉出于烟际，乍敛乍长，忽又盘结如青髻立，雾中万峰寺藏焉。求其道，左入右出；陟其岗，外高内深。岩巧而峦秀，峰回而谷长。长松蔽日，仰不见

[1] 曹允源、李根源：民国《吴县志》，吴中珍籍，江苏凤凰电子音像出版社，2014，第1885页。

照片 106　从西碛山南望太湖诸峰，2021

从西碛山向南望太湖方向，包括渔洋山在内的太湖上的半岛和岛屿如陈列于案几之上。于七十二峰阁、六浮阁等名胜处可见的太湖风光由此可以感受到。照片中心的小山旧时有称“潭山”“小潭山”等的，现称“坟山”。

天；白云平铺，俯不见地。殿屋如鸟飞涯间，即之心恐”，以及“从方丈望太湖，如在门中，包山烟浮，如落几格。客曰：‘是所谓十洲三岛也！’……”的记述。[1]由此可略知明代之时游光福的情形，以及沿途环境的清幽、风景的不凡，还有作为西山人在玄墓山看西洞庭山如画的感受。

有关查山六浮阁的故事发生在明、清两代，与“太湖七十二峰”有着特殊的渊源。先是明代万历年间，书画家李流芳看中光福查山的梅海湖光，买下查山后筹划建筑观赏太湖风光的六浮阁。虽然终究未能如愿，“十年山阁不得就，负却青螺日夜浮”[2]，但六浮阁的名声已经随着李流芳的诗文和图画，以及置山建阁的故事广为流传。直到清康熙年间，苏州张氏父子也买下此山，修成观景的楼阁，但仍以李氏旧名名之，终于实现了李流芳建六浮阁的愿望。“六浮阁”之名显然和太湖上的岛山有关。在清代朱彝尊所作的《六浮阁记》中，有“六浮者，一曰长浮，二曰白浮，三曰箬浮，四曰苎浮，五曰茅浮，六曰箭浮，其崇卑小大形殊，或断或续，迤逦隈澳之外”[3]的记述。这六个双名的岛浮，都在“太湖七十二峰”名录之中，同时代文人汪份的《六浮阁考》[4]明确记录了李氏命名与王鏊“太湖七十二峰”名录的关联。其实，在查山的六浮阁当然是看不全太湖中真实存在的六个岛浮的，《太湖备考》直接指出：“阁在查山之阳，所见止长浮、茅浮而已。若白浮、箬浮、苎浮、箭浮，皆在西山之南，阁之所不

[1] 袁康、吴平：《越绝书》，徐儒宗点校，浙江古籍出版社，2013，第 215–216 页。

[2] 曹允源、李根源：民国《吴县志》，吴中珍籍，江苏凤凰电子音像出版社，2014，第 245 页。

[3] 曹允源、李根源：民国《吴县志》，吴中珍籍，江苏凤凰电子音像出版社，2014，第 612 页。

[4] 曹允源、李根源：民国《吴县志》，吴中珍籍，江苏凤凰电子音像出版社，2014，第 613 页。

照片 107　于查山附近看梅花，2021

2 月下旬正是梅花盛开的时候，在潭山与西碛山之间的天井上自然村还能看到一些梅花。只是与当年查山一带“梅海”的景况相比，现在这里的梅花可真算是寥落了。

能见也。”[1] 这足见在光福一带，确实能观赏到太湖的山水风光；而人们心目中充满神奇色彩的太湖岛山，与“太湖七十二峰”名录的实际情况之间，总是存在一段由想象所维系的距离。

原先在从西碛山入太湖之处，有一个自然景观叫“熨斗柄”，对此明代时唐伯虎的画作有专门的描绘。民国时期，李根源在苏州西郊访古的第一周里（1926 年 4 月 16 日），就专门到此寻访，“寻唐六如所绘之慰（熨）斗柄，得之”[2]。按当地村民所述，“熨斗柄”的景观在他们小时候还能看到，位置在现在的熨斗柄大桥离西碛山稍远的那端桥堍附近，数十年前因采石而彻底消失。

二、渔洋山

渔洋山位于光福诸山之南，其山脊线略呈东北—西南方向延伸，长约 3.5 千米，三面突入太湖，最高处海拔 170.8 米，山体由石英砂岩构成。现在所称的“渔洋山”是相关山体的通称，其中包括传统概念上的渔洋山，以及法华山、黄茅山和钵盂山等。渔洋山西北侧山体的支岭和山坞明显，其向北开口且与光福诸山直接相对的最大山坞为渔洋坞（也称“渔洋湾”）。狭义的渔洋山则专指渔洋坞底的山体最高处及延伸部分。旧时若从吕浦口方向自北向南沿湖至渔洋坞，会遇到突出于太湖而与光福玄墓山相对的钵盂山，《香山小志》称“有小山圆而丰者，曰钵盂山，亦曰乌钵山，与圣恩寺山门正对，山瞰太湖，循兹山麓，如驴旋磨而行，则通渔洋坞焉”[3]。如此从圆形的小山与湖岸间绕进渔洋坞也是很有画面感的，后因沿

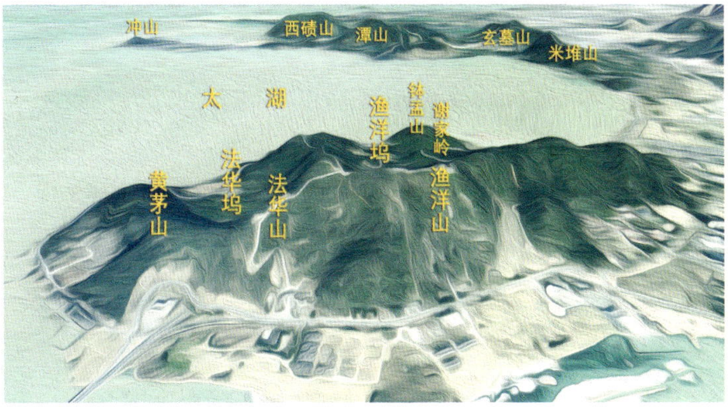

图 11　渔洋山山形示意图

［1］金友理：《太湖备考》卷五，薛正兴校点，江苏古籍出版社，1998，第 201 页。

［2］李根源：《吴郡西山访古记》，吴中珍籍，江苏凤凰电子音像出版社，2014，第 36 页。

［3］徐翥先：《香山小志》，吴中珍籍，江苏凤凰电子音像出版社，2014，第 23 页。

照片 108　渔洋山全景，2021

照片中间蜿蜒展布的为渔洋山，主峰有渔洋阁，近处山顶有四面观音殿。在两处山坞中，左（北）侧山坞为渔洋坞，坞口的浑圆小山为钵盂山；右（南）侧山坞为法华坞，坞底为法华山，有法华寺（又称“清华寺”）。照片最右侧分支为黄茅山。

照片 109　渔洋坞全景，2020

渔洋坞是渔洋山中最主要的山坞，坞内黄墙处为昙花庵。坞口浑圆的山包为钵盂山，钵盂山近侧稍低处为谢家岭，旧时进入渔洋坞有越谢家岭或绕钵盂山湖边两条线路。渔洋坞开口向北，光福诸山与此相对，沿湖岸山体主要有玄墓山、潭山、西碛山及由大堤相连的冲山。

湖之路出入不便，嘉（庆）道（光）年间在钵盂山和渔洋山主山之间的谢家岭，专门修凿了越岭进出的道路，沿湖旧路被逐渐舍去。渔洋坞沿湖向西南，为渔洋山第二大山坞——法华坞，坞之东侧略成南北向的一段主脊为“法华山”，上有法华寺。山体在东南侧相对比较完整，山坞浅，山体分支少。山体主脊线的西南一端又称“黄茅山”。

黄茅山东端与法华山交集处，正是太湖大桥北桥堍，有隧道直入山中；西端则是渔洋山伸入太湖最深之处。从渔洋山最高处看法华山上的法华寺，其正与西山太湖大桥在一条线上，太湖山水和大桥长虹相融合，颇为壮观；渔洋坞向北开口，与光福诸山隔太湖相望，互为对景，不同之处是自光福的玄墓山、潭山、南山等处看渔洋山，山如浮于湖上，而自渔洋山看光福诸山则有重峦叠嶂之感，各有不同的景致。清康熙年间，王士祯（号阮亭）因在光福看太湖山水风光时极爱湖中渔洋山缥缈世外的感觉，竟自号“渔洋山人”，虽然他最终未能登上渔洋山，但“王渔洋”已是人们熟知的称号。

渔洋山旧时为苏州西郊的偏远之地，人为活动相对比较少，面湖一侧尤其如此。渔洋坞是这里最大的山坞，有些传统的村落如世外桃源，坞内“屋舍鳞比，桑麻鸡犬，真如武陵仙源，与外人间隔”[1]。还有昙花庵和明代董其昌墓等著名的古迹，此两处都是苏州市文物保护单位。20 世纪 20 年代，李根源去西郊访古时曾到过渔洋山，所著的《吴郡西郊访古记》对渔洋山的记述中给人印象很深的是因渔洋

照片 110　渔洋坞内，2020

渔洋坞内植被茂密、环境清幽，现有观景步道环状连通。山上为渔洋阁。

[1] 徐翥先：《香山小志》，吴中珍籍，江苏凤凰电子音像出版社，2014，第 23 页。

照片 111　从渔洋山看西山太湖大桥，2011

从渔洋山看西山太湖大桥，主要见到的是从黄茅山与法华山交会处的山麓到长沙岛的第一座桥。此桥所跨区域也称"黄茅门"，为太湖中水流湍急之处。

山偏远而对当时太湖盗匪的担心。不管是当地"土人"的说法，还是舆夫的态度，或是山庙中僧人所言，以及湖边抛荒的二三十亩耕地，处处都透露着当时环境的不稳定。但渔洋山也有别处没有的风光。李根源在渔洋山法华寺，称："是时，东南风飚起，湖涛汹涌，高数丈，迎面扑人而来，海宁观潮亦不是过。余谓光福诸山当以此为最胜，石壁次之。余则逊此远矣。惜不敢多所流连，至为怅惘。昔王阮亭在玄墓遥望渔洋，爱其幽胜，故以为号。其曾见此绝景否耶？"[1]在特殊的天气里，渔洋山的景象甚至超过钱塘江潮，如此记述也可见李根源对渔洋山不一样的印象。

渔洋山南侧是西山岛北的长沙岛，向来是太湖东泄的重要通道，被称为"黄茅门"，往往风大浪高、水流湍急，是水上危途。也由于光福一带通过西崦湖、东崦湖，从南塘通木渎，从北塘通浒墅关，因此，光福的水运可走陆上河流。而自太湖东部的胥口、东洞庭一带经过西洞庭或往西洞庭西部的船只，往往走长沙岛南侧的长沙门，过横山岛附近，因此，"惟渔洋山下往来商舶所不过，鱼凫安集于斯，故罟叟网师视为利薮群趋焉，渔洋之得名以此"[2]。也就是说，在靠近渔洋山的太湖中没什么运输商船，倒是鱼鸟翔集，被渔人视为宝地，这也是渔洋山得名之一说。现太湖大桥从黄茅山东端通过长沙岛、叶山岛连接了西洞庭山，西山与岛外的交通连接已没有任何障碍，而桥下水运走的都是大型船只，险途不再。同样，修通的渔洋山的环山公路也成了苏州难得的既具有山地公路特点，又能观赏太湖风光之所在。

[1] 李根源：《吴郡西山访古记》，吴中珍籍，江苏凤凰电子音像出版社，2014，第 34 页。
[2] 徐翥先：《香山小志》，吴中珍籍，江苏凤凰电子音像出版社，2014，第 24 页。

三、清明山

图 12　清明山山形示意图

清明山位于胥江之南、太湖之滨，山体东南高而西北低，长约 3 千米，最宽处近 1.5 千米，海拔 199 米。东南部较高的山体主体部分为“皋峰山”，与七子山西南的尧峰山相对应；清明山西北较低且小的山丘，人们习惯上称之为“胥山”。《太湖备考》的“胥山”条目称：“胥山，在县西南三十五里，胥口在其下，东连皋峰。”[1]“清明山”原先是人们对此山的俗称，如李根源《吴郡西山访古记》有“……皋峰山，俗呼清明山，又曰胥山，一山三名也”[2]之说，这种“一山三名”甚至有更多地名的情况，对山地而言也属常见。清明山与胥山、皋峰山的关系，就如同现在七子山与上方山、姑苏山、尧峰山，渔洋山与黄茅山的关系一样，山体地名层级关系的清晰、山名与山体对应关系的明确是此中关键。

清明山的岩石主要是石英砂岩，山南半侧为茅山砂岩，山北半侧为五通砂岩。此山与东侧的七子山、西北的穹窿山一起，连成弧形分布的石英砂岩山体，是苏州西郊弧形地质构造中的一个组成部分，

［1］ 金友理：《太湖备考》卷五，薛正兴校点，江苏古籍出版社，1998，第 105 页。
［2］ 李根源：《吴郡西山访古记》，吴中珍籍，江苏凤凰电子音像出版社，2014，第 62 页。

照片 112　清明山全景，2021

照片为在七子山方向拍摄的清明山全景。左侧（东南部）较高的主体部分是皋峰山，右侧远处较低的小山是胥山。最右侧为穹窿山及其分支香山，位置与胥山相对，再远处为太湖。近处有树林分布之处，为近年考古发现的具有水城门性质的新峰村城墙遗址之所在。

胥口附近正是在向北倾伏的木渎向斜的核心部分凹陷地带。清明山西北端的胥山，与穹窿山向东南方向延伸的东南端香山，形成对跖分布，共同扼守着二者之间的胥口。胥口为苏州古城经木渎盆地，与太湖东、西洞庭山及三山、湖州方向的水上交通的重要控制点，交通位置非常重要。清明山在山水风光方面稍逊一筹，相比而言，光福诸山和渔洋山都突出于太湖之中，是太湖山水风光的构成者和重要观赏地；而清明山则位于太湖的湖湾处，此处为“五湖”之一的胥湖的顶端，在构成滨湖风光方面似无特别令人瞩目之处。

在有关胥山和皋峰山的古籍记述中，主要有两个主题，且多少存在不同的意见。其一，胥山之名与伍子胥有关，但对伍子胥庙存不同观点。《吴郡图经续记》称“胥山，在吴县西四十里。《寰宇记》云：吴王杀子胥，投之于江，吴人立祠江上，因名胥山”[1]；《吴郡志》中“胥山”条目仅二十余字，称“胥山，在太湖之口。吴王杀子胥于江，吴人立祠江上，因名胥山”[2]，更多着墨于伍子胥庙（祠）的考辨，对各种相关观点都做了详细陈述，其中甚至还有几行王充《论衡》中的无神论观点。[3]其二，有关春秋吴国时姑苏台的位置，存在两种截然不同的观点。一种以《越绝书》《史记正义》《吴地记》《吴郡志》等为代表，认为姑苏台在横山（七子山）西北姑苏山上；另一种以《水经注》《太湖备考》为代表，更偏向于认为胥口胥山为姑苏台之所在，如《太湖备考》中“胥山”条目称：“胥山，在县西南三十五里。胥口在其下，东连皋峰。《寰宇记》：‘吴王杀子胥投之于江，吴人立祠于此。’今山下有胥王庙。《水经注》：‘胥山有坛，长老云胥神所治也。’或云即姑苏山，姑苏台在其上。”[4]这里甚至有将姑苏山之名冠于胥山之意。有关皋峰山的一些旧迹，还有如《木渎小志》称：“皋峰山，在胥山东南，距尧峰甚近。山顶有石筑吴王殿基（《越绝书》阖闾徙治胥山即此，盖行宫也）。”[5]民国《吴县志》称：“皋峰山，在胥山东南，东距尧峰甚近。山阴石壁有宋米芾书‘皋峰奥区’四字……皋峰山顶有石筑基址，传为吴王殿基，或云即是姑苏台址。”[6]近些年，在清明山北侧的木渎盆地发现的春秋吴国时期的多个遗址，其中包括在清明山东北与尧峰山之间发现的具有水城门性质的古城墙遗址，在清明山西南坡发现的千年寺遗址。这在总体上说明，春秋时期在包括现在清明山在内的木渎盆地周边山地，有人为活动和军事设施的痕迹。（见本书第四部分）

照片 113　胥山胥王庙旧址附近，2021

照片左侧为胥山，远处为香山。黄墙建筑群彼端近道路处有胥王庙，此处当为《太湖备考》中称“今山下有胥王庙”之旧址。2005 年，当地在胥口镇胥江畔新建胥王园（照片中高楼方向 1 千米左右处），内有新建的胥王庙和伍子胥墓。

[1] 朱长文：《吴郡图经续记》卷中，宋元方志丛刊：第 1 册，中华书局，1990，第 662 页。
[2] 范成大：《吴郡志》，陆振岳点校，江苏古籍出版社，1999，第 210 页。
[3] 范成大：《吴郡志》，陆振岳点校，江苏古籍出版社，1999，第 636–637 页。
[4] 金友理：《太湖备考》卷五，薛正兴校点，江苏古籍出版社，1998，第 105 页。
[5] 张郁文：《木渎小志》，吴中珍籍，江苏凤凰电子音像出版社，2014，第 56–57 页。
[6] 曹允源、李根源：民国《吴县志》，吴中珍籍，江苏凤凰电子音像出版社，2014，第 949 页。

第五节　太湖岛山

太湖是浅水型湖泊，平地积水，平均水深不到2米；太湖中的岛山本质上是山。相比以东、西洞庭山为代表的海拔在200—300米的山地而言，太湖更像是丛山之间一层薄薄的积水，太湖诸山在地质构造和地貌形态上与湖外陆地的山地是一脉相承的。但也正是因为这一层积水的存在，形成了浩瀚的太湖。湖泊的出现使1万年前旧石器时代古人类的生存环境发生了极大的变化，陆地上的山成了湖中的岛屿，湖泊成了远古人类未知的、难以适应的环境，湖水的热容量改变了湖中岛山的气候环境，太湖成了少有的兼具广阔的山地与水域、山水风光相融、山水文化深厚的地方。

照片114　从东山向西南看太湖岛山，2020

从东山岛西南的山岭看东、西洞庭山南部的太湖岛山，照片近处为东洞庭山，右侧村落为陆巷村，最右处的湖中岛屿为北箭浮；右侧稍远处的陆地为西洞庭山，其最左端点为石公山，端点近处为小鼍山（小大山）、大鼍山（大山）两岛，远处为大沙山；照片左侧向太湖中最突出处为石婆嘴，近处山岗为北望山，北望山外的湖中小岛为南箭浮；稍远处湖中的四个岛屿，最大的为三山岛，被三山岛局部遮挡的是泽山，泽山右侧（偏北）为厥山，独立的小岛为笠帽山。画面最远处天际线上的山峦为浙江湖州等地太湖沿岸的山体。

一、西洞庭山

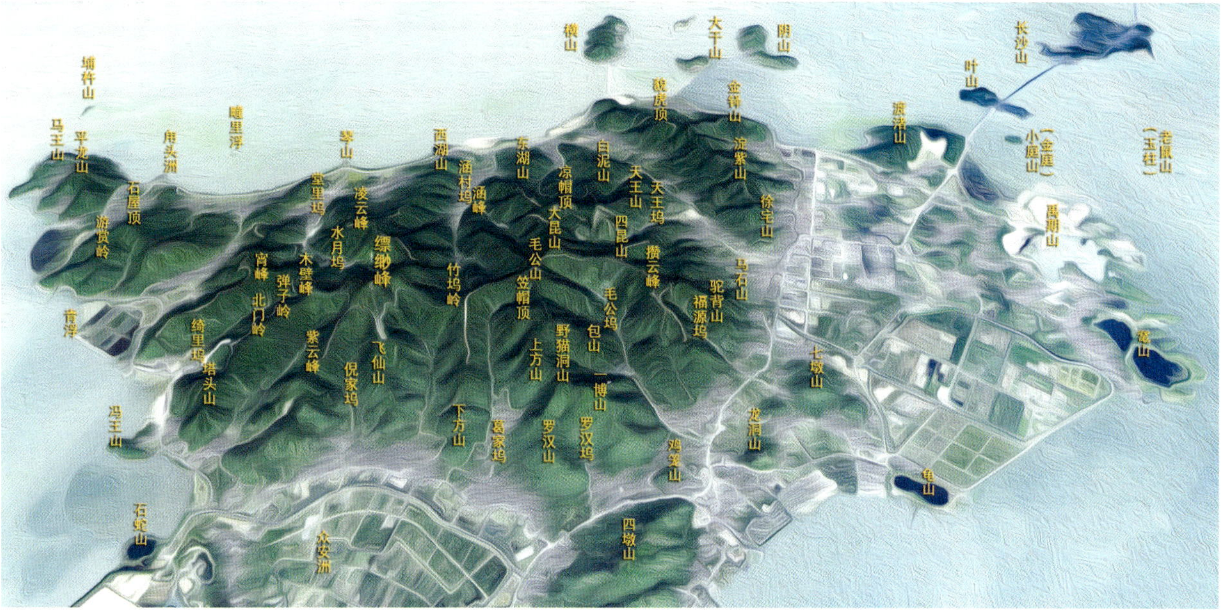

图 13　西洞庭山山形示意图

“西洞庭山”，在狭义上是山的名称，但在古今书籍和日常使用中，又有多个地名与之相近并可能产生混用，有时甚至出现混淆。这与太湖中的岛屿往往具有岛即是山、山即是岛的性质有关。因此，这里先从太湖岛屿名称、太湖岛山名称和行政区名称三个方面辨清这些地名的关系。其一，通常用于太湖中岛屿的名称，如“西洞庭”“洞庭西山”“西山岛”等。如在《震泽编》“两洞庭”篇中，有“西洞庭周八十余里，上有居人数千家……一名林屋山，以有林屋洞，故名；一名包山，以山四外皆水包之……山踞太湖中，望之渺渺忽忽，意其一岛而重冈复岭，萦洲曲溆，洞天福地，灵踪异迹，殆不可穷”[1]的记述，初看也是“岛”与“山”相混杂，但细辨之，其周回里程、人口户籍，以及萦洲曲溆、洞天福地，都是对太湖中这个最大的岛屿的描写。同时，如禹期山、鼋山等太湖岛山后因泥沙沉积而连属西山岛，大、小谢姑山等因围湖造田而归属西山岛，岛与山的属性和地名还是有明确区分的。其二，用于西山岛的主体山地，以缥缈峰为首的众多相连在一起的山岭通常被统称为“西洞庭山”。其主体主要由石英砂岩组成，偏东部有少量石灰岩山地。西洞庭山是西山岛陆地和岛上山体的最主要组成者，但应该不包括禹期山、鼋山等旧时由太湖水相隔的湖中的其他岛山。其三，为习惯使用的行政区域的名称。西山岛一带长期以“西山”作为行政区的名称，西山岛以北的横山、阴山、大干山、小干山、绍山等岛屿在行政上也习惯由西山管辖。2007 年，“西山镇”改名为“金庭镇”，但民间还是习惯称其为“西山镇”。为避免混淆，用“西山岛”“西洞庭山”“西山”（或“金庭”）分别代指岛屿名、山名和行政区名是相对明确的做法，还可以用“西洞庭”泛指这些地名所指的区域。

西洞庭山居太湖最深处，山体南北延伸和东西延伸都在 10 千米左右，其主峰缥缈峰位列“太湖七十二峰”之首。缥缈峰之所以能成为人们公认的“太湖第一峰”，主要有三方面的原因。一是因为缥缈峰在太湖诸山中，以其海拔 336.1 米的高度居全太湖岛山的第一位，同时也是苏州仅次于穹窿山笠帽峰、阳山箭阙峰的第三高峰；二是因为以西洞庭山为基本骨架的西山岛，在太湖三大岛屿之中的位

[1] 王鏊等：《震泽编》，吴中珍籍，江苏凤凰电子音像出版社，2014，第 27–28 页。

■ 西洞庭山缥缈峰，2020

■ 西洞庭山缥缈峰，2007

■ 西洞庭山缥缈峰，2020

照片 115　西洞庭山缥缈峰

缥缈峰是西洞庭山主峰，也是太湖地区的最高峰，峰顶有阁可登览全湖风光。2007 年春节前，缥缈峰景区完成初步建设，准备开放，但峰顶建筑还在建造中。缥缈峰峰顶有一片较为平坦的区域，局部有石英砂岩出露，也有不少风化堆积物。灌木边的圆形金属物为标记峰顶高程的测量标志。现在，当年的小树已有了浓浓的绿荫，测量标志也得到了很好的保护。

照片 116　西山岛东部，2022

西山岛东部地区是石灰岩地层的主要分布区，这里的山丘与中部地带的以石英砂岩为主的西洞庭山（左）形成鲜明的对照。在照片右侧的石灰岩山丘，近处有龙洞山，稍远处为七墩山等，原先沿太湖一线的太湖岛山，如龟山、大谢姑山、小谢姑山、鼋山及禹期山已基本看不到山的形态。

置最接近太湖中心地带（尤其在东太湖一带还没有大量淤积为陆地的时候，这种态势更为明显）；三是因为在以西洞庭、东洞庭和马迹为中心的三处湖中岛群里，西山岛其周边入列"太湖七十二峰"的岛山数目最多，按王鏊《震泽编》中的名录，西洞庭及其周边入列"太湖七十二峰"的岛屿共有 41 个，超过半数。同时，在峰峦起伏的西山岛上，山形蜿蜒，层峦叠嶂，历史上还有"小七十二峰"之说，其湖光山色历代最受人钟爱。因此，西洞庭山及其主峰缥缈峰向来是展现太湖自然环境、太湖山水和太湖文化的典型代表。

西洞庭山的岩石主要是石英砂岩，但东部一带也有石灰岩的分布，如西洞庭山主体的东北分支马石山、徐宅山等，即石灰岩山丘。在西洞庭山以东的西山岛东部地带和太湖中，也分布有一批石灰岩的山体和岛山。西洞庭山是西山岛的主体，它和周边这些山体共同构成了太湖中最大的岛屿，总面积约 80 平方千米。从地质环境的发展演化来看，构成西山岛的山体有着共同的地质基础和发展演化历史，具有相互关联的地层序列，又共同经历构造运动并形成相关的构造形迹。西洞庭山主体在断层活动中为推覆体的上盘，属于抬升明显的区域。缥缈峰一带便是在断层推覆过程中形成的巨大"飞来峰"构造。而龙洞山、马石山、徐宅山一带则是在断层的下盘，处于断层线前未被覆压的区域。在三山岛—笠帽浮—大鼍山—小鼍山—龟山—鼋山一带，存在一个向斜构造，地层的总体出露位置较低。在后续的外力风化和侵蚀下，西洞庭山主体地带表现为受到较明显的侵蚀作用，抗风化能力较弱的石灰岩地层被剥蚀殆尽，石英砂岩成为缥缈峰和整个西洞庭山高耸的山体主体；而西洞庭山以东地带总体位于低位，受到的风化侵蚀相对较少，得以保留西山岛东部和湖中岛山一带的石灰岩山丘。这些石灰岩山丘位于较低的位置，因而在太湖积水成湖的过程中，形成了自三山岛到禹期山的一列太湖岛屿，这些岛屿中北部区域经过自然的泥沙堆积和人为的围湖造田，已与西山岛连成一体。

西山岛在五六千年前的新石器时代就有人类活动；四千年前，传说中的大禹治水给西山岛留下禹期山等不少遗迹；春秋时期，这里是吴越争霸的前沿地带，有古籍记载吴越之间的夫椒之战就发生于此。在北魏《水经注》有关太湖的文字中，有"《尚书》谓之震泽。《尔雅》以为具区，方圆五百里，湖有苞山。《春秋》谓之夫椒山，有洞室入地潜行，北通琅邪东武县，俗谓之洞庭"，"湖中有大雷、小雷三山，亦谓之三山湖，又谓之洞庭湖"[1]的说明，并有《山海经》和晋代郭璞等对太湖的记述。

［1］ 郦道元：《水经注》，陈桥驿注释，浙江古籍出版社，2000，第 458–459 页。

照片 117 林屋洞“天下第九洞天”，2021

林屋山[1]和林屋洞，在道家著作中多有记载，林屋洞在“十大洞天”中位列第九，因而有“天下第九洞天”之称。古籍中称林屋洞可通达王屋、峨眉、罗浮、岱岳等处，还有大禹治水后留有“素书”的传说。

南北朝时顾野王所著的《舆地志》记述了全国各地比较有名的山地，其中，也有“包山”条目，称“包山，即古夫椒山也”[2]。宋元时期，东、西洞庭山所在区域在行政上归属浙江嘉兴管辖，相关信息也在那里的史籍中显现。

唐代之前，对西洞庭一带自然环境、山水风光、经济文化的详细记录很少，但从唐代诗歌作品中我们可以看到相关的信息。如在皮日休和陆龟蒙的作品中，有不少描写太湖的山水诗，从中可以看出西山的风景和人为活动的情况。宋代以后，太湖地区得到深度开发，不少北方的豪门在南迁过程中，将家族居住地选择在太湖中的东山、西山和三山一带。明清时期的西山处在不断发展的一个时期，明代时那里便有居民数千家，到清代时有居民一万五千余家。[3]这是太湖上历史最为悠久、人为活动最为丰富的地区之一。

唐代《吴地记》的“太湖”条目下，专门记有“包山”的内容：“今吴县西南太湖，即震泽也。中有包山，去县一百三十里，其山高七十丈，周回四百里。下有洞庭穴，人潜行水底，无所不通，号

[1] 古籍中常以“林屋山”代指西洞庭山；林屋洞所在山体龙洞山也有“林屋山”之称，本书统一用“龙洞山”，以免古今相混。
[2] 顾野王：《舆地志辑注》，顾恒一、顾德明、顾久雄辑注，上海古籍出版社，2012，第 285 页。
[3] 金友理：《太湖备考》卷五，薛正兴校点，江苏古籍出版社，1998，第 195 页。

照片 118　西山岛古樟园中的宋代古樟，2010

西山岛古樟园内有两株树龄千年的古樟，高者 30 米，为宋代古树。

照片 119　西山包山寺，2020

“包山”本来是西山岛的古称，因西山岛是太湖的岛屿，四面被水包围而得此名。现在包山寺后面作为西洞庭山支脉的包山，是承载这一古名的所在。

为地脉。”[1]《吴郡图经续记》称：“包山在震泽中，山有林屋洞。”[2]《吴郡志》中有关的记述文字则更多，开始用“洞庭山”之名，称：“洞庭包山，即洞庭山也。传记所载，多与洞庭相杂。”[3]《吴郡志》中的“洞庭”和《吴地记》所称的“洞庭穴”都是指的林屋洞。《吴郡志》开始呈现关于西山岛上更多的地名和名胜的细节，如“崦里，傍鼋山。下有良田二十顷”，更录有唐代皮日休、陆龟蒙的诗。皮日休的《崦里》诗为：“崦里何幽奇？膏腴二十顷。风吹稻花香，直过鼋山顶。青苗细腻卧，白羽悠溶静。塍畔起鹖鹈，田中通舴艋。几家傍潭洞，孤戍当林岭。罢钓时煮菱，停缫或焙茗。峭然八十老，生计于此永。苦力供征赋，怡颜过朝暝。洞庭取异事，包山极幽景。念尔饱得知，亦是遗民幸。”陆龟蒙诗的前四句为：“山横路若绝，转楫逢平川。川中水木幽，高下兼良田。”[4]这些唐代有关西山风景的山水诗，不仅让我们看到了当时西山岛的日常风景，还让我们从中体会出唐代西山岛已经存在

[1] 陆广微：《吴地记》，曹林娣校注，江苏古籍出版社，1999，第 78 页。
[2] 朱长文：《吴郡图经续记》卷中，宋元方志丛刊：第 1 册，中华书局，1990，第 663 页。
[3] 范成大：《吴郡志》，陆振岳点校，江苏古籍出版社，1999，第 211 页。
[4] 范成大：《吴郡志》，陆振岳点校，江苏古籍出版社，1999，第 216 页。

照片 120　甪头洲，2021

甪头洲位于西山岛的西端，郑泾港北端西侧，是太湖中“四峁”之一，上有太湖四座禹王庙中保存最为完好的一座。在此照片中，从北向南看甪头洲，左侧（东）为西洞庭山支脉游赏岭，也称“牛场山”；右侧（西）为甪头山。甪头山原为湖中岛屿，后因泥沙沉积而与西山岛相连，中间只以沟通南北的郑泾港相分隔。

不少人居之地，有水田耕作、山茶水产、水上运输等人为活动现象，以及与此相关的文化积淀。《吴郡志》还记有石公山前的“石板”，当为现今的明月坡，皮日休、陆龟蒙有诗作相和。另外，《吴郡志》中有关西山还记有鼋头山、思夫山，以及当时与西山并不相连的禹期山，其中，有“禹期山，在太湖中。旧说禹导吴江，以泄具区，会诸侯于此”[1]的描述，记述了与太湖防洪有关的大禹治水的传说。《洪武志》称：“包山（‘包’或作‘苞’），在县西一百二十里太湖中，即洞庭山，一名林屋山。”[2]

正德《姑苏志》以“洞庭山”为条目名，与“林屋山”等名称并用。“洞庭山，在太湖中，一名包山，以四面水包之故名，或又谓包公尝居之，又名林屋山。山周回一百三十五里，遥望一岛而重冈复岭，茂林平野，钟梵相闻，闾巷井舍，不异市邑，即其地，如人区别境。其诸峰皆秀异，而缥缈峰最高，登其巅则吴越诸山隐隐在目，又有上方、下方、石公、龙头、金铎、渡渚诸山，虽皆山之支陇，而逶迤起伏，灵栖窈构，随高下各擅胜处。有名丛林凡十有八，而林屋洞、毛公坛、桃花坞、消夏湾、

[1] 范成大：《吴郡志》，陆振岳点校，江苏古籍出版社，第 218 页。
[2] 卢熊：洪武《苏州府志》，成文出版社有限公司，1983，第 128 页。

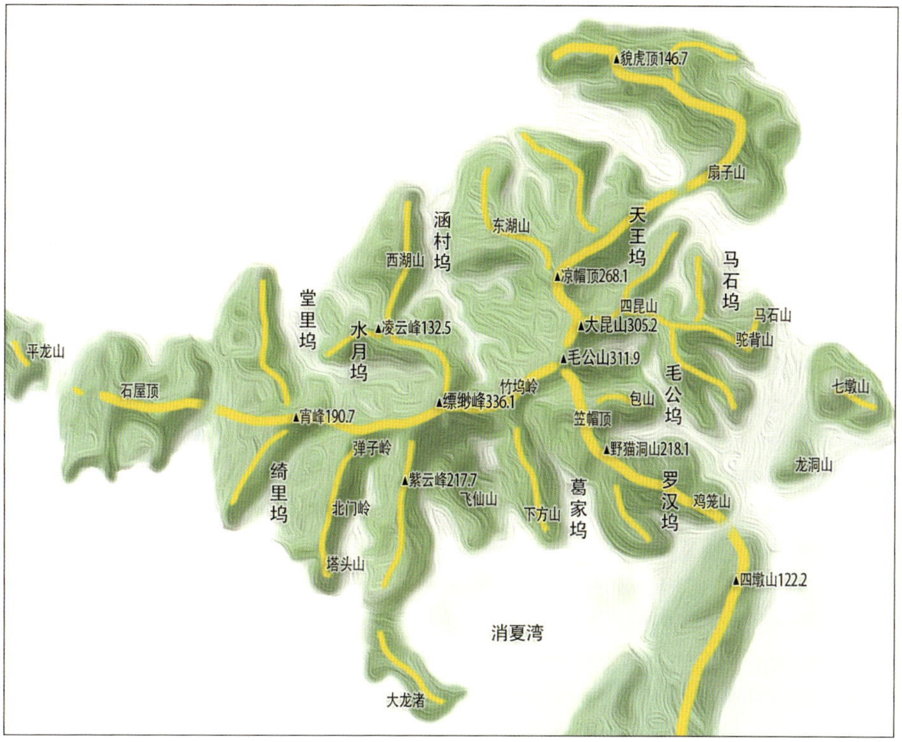

图 14　西洞庭山主要山脊线分布图

崦里诸迹尤为奇胜。”[1]这里就更详细地记录了西山岛优美的自然风光，以及与都市无异的建筑和人们的活动现象，同时还记述了与西洞庭山主山相关的支脉的分布和风景名胜、古迹名胜的分布情况。西山岛的名称、自然环境、人为的开发、经济的发展及文化和旅游的相互关系等，在这里都已经有所涉及。这也说明西山岛的发展到了一个比较高的层次。

在今天看来，位于太湖中的西洞庭山，峰峦起伏，山岭延伸，山坞深入变化，形势多变，远胜于在海拔上更高的穹窿山和阳山。在西洞庭山的整个山体上，相连在一起的重峦叠嶂，加上西洞庭山周边的其他山体，形成山势连绵、层次丰富的山峰山脊。这些山体都有相应的历史传承或经过历代变更的名称。西洞庭山的主峰为缥缈峰，而就西山岛上南、东、北—西北三个方向的水系分水岭而言，其山结当在海拔 311.9 米的毛公山，自此延伸的山脊线有毛公山—竹坞岭—缥缈峰—小峰顶—石屋顶—平龙山—马王山一线、毛公山—野猫洞山—四墩山—石公山一线，以及毛公山—大昆山—白云山—扇子山—金铎山一线。此外，在此体系中延伸出来的比较有名的山体还有驼背山—马石山、包山、罗汉山、上方山、下方山、飞仙山、弹子岭—北门岭—塔头山、西湖山、东湖山等。这些山或山峰本身山体都连在一起，由于山势起伏就成了不同的山峰，有了不同的名称。在命名时往往有象形的名称，如笠帽顶、笠帽山、凉帽山，它们相互之间有关联，再如大昆山、四昆山等。

在起伏延伸的山峰山脊之间，有不少或深或浅的山坞深入山体，或者是一些沟谷地带，比较著名的有毛公坞、罗汉坞、葛家坞、绮里坞、堂里坞、水月坞、天王坞、马石坞等。这些山坞往往成为人们聚居的地方。如葛家坞（也称“上方坞”），背靠笠帽顶，深入山体的有建筑布局的山坞长度超过 1 千米，加上继续深嵌的山谷形态，总长度在 2.5 千米左右；再如涵村，村落分布在一个狭长进深的山坞中，村落主体自离湖岸约 400 米，此处山坞宽度约 200 米，村落向南延伸约 1.2 千米，而自村落最深处

[1] 林世远、王鏊等：正德《姑苏志》，北京图书馆古籍珍本丛刊：26，书目文献出版社，2000，第 177 页。

照片 121　建筑稠密的西山岛东部，2021

西山岛镇夏附近，可见连片的民居住宅，是西山岛东部人口比较集中的区域之一。照片中间最高的山体为西洞庭山，左侧为四墩山，二者均由石英砂岩构成；右侧低缓小山为石灰岩山丘；中间近处为居民点所围绕的区域是旧时西山赏梅胜地鸡笼山。

向南还有约 1.2 千米长的谷地。近几十年来，相对于苏州太湖以外的陆地，西洞庭山的开发程度要低一些，这使得西洞庭山岛上这种自然村落分布与山坞相关的形态保存得比较好，成为非常难得的研究民居与自然环境关系的活的样本。现在，西山岛南部的明月湾古村和北部的东村古村，都被列为国家历史文化名村。

西山岛东部的区域离东山比较近，过去通过摆渡去东山的渡口就在镇夏、元山等处，同时此区域是地质构造上相对凹陷的区域，山地低缓，多泥沙沉积，人为活动较为集中。因此，总体上，西山岛东部地带是乡镇和居民点的主要集中地区，西山的东河、镇夏，以及整个西洞庭山东麓和东南麓，北起白塔圩，南至消夏湾，加上元山（鼋山）、禹期山西南一带，住宅密集，居民集中，显然为西洞庭重心之所在。此区域也是人为活动对自然环境改造更为明显的区域。

西山岛之北，是太湖岛群分布比较集中的地区。在渡渚山和渔洋山之间，分布着长沙岛、叶山岛，稍东为小庭山岛、老鼠山岛，后两者古称“金庭”“玉柱”。金铎山之北有阴山、横山，以及二者之间的大干山、小干山、绍山。在这些岛屿中，长沙岛、叶山岛、阴山岛和横山岛上很早之前就有人居住，

照片 122　西山岛北端通往大干山、阴山两岛的长堤，2016

大干山、阴山等是西山岛北端横山群岛的主要组成部分，也是北太湖与东太湖之间的水上航线的一部分，交通位置相当重要。但这里与主岛西山之间的交通，旧时因受天气等因素的影响而不畅。在阴山岛村口的石碑上，记载有 1964 年 4 月的湖难事件。1984 年建成的长堤解决了岛上居民出行的难题。照片中左前方为大干山，右前方为阴山村所在的阴山岛，右侧小岛为小干山。

并有与水运和农业等相关的产业。近几十年来，长沙岛、叶山岛则因太湖大桥从岛山通过而被开发得较多，原有岛山村落的状态已不太明显。阴山和横山也由大堤、桥梁与西山岛相连通，但还保留着较为典型的自然村落形态，桥、堤相连于西山岛的位置，在东村古村附近。

■ 小庭山，2019

近处岛屿为小庭山，古称“金庭”。远处小岛为老鼠山，古称“玉柱”。

■ 老鼠山，2021

照片中小岛现称“老鼠山”，在历史上则多被称为“玉柱”。远处山体为东洞庭山。

照片 123　“金庭”“玉柱”

“金庭”“玉柱”是“太湖七十二峰”中两个著名岛屿，常常作为西洞庭的代表。二者分别对应今西山岛以北的小庭山和老鼠山。有些地方志中，也称“金庭”“玉柱”是林屋洞中的两个景观。

二、东洞庭山

东洞庭山位于东太湖中，与西洞庭山隔湖相望，其最高峰莫厘峰俗称“大尖顶”，海拔 293.5 米，主要由石英砂岩构成，山体呈东北—西南走向延伸，长约 10 千米，最宽约 4.5 千米。东洞庭山山体的结构相对于西洞庭山要简单些，主要的山坞有俞坞、法海坞及纯阳坞等，山坞之间有相连的山岭。东洞庭山最早被称为“莫厘山”，也称“胥母山”，因其相对位置在西洞庭山东，故有现名。

东洞庭山的山体总体呈倒挂的树枝状，最重要的山体枝状分叉的节点是莫厘峰，主体向南有延伸的若干分支，山岭的枝条之间有大小山坞。莫厘峰以北，山岭略有伸展，到芙蓉峰分两支，一支东而略偏南至金牛岭，一支北而略偏西至长圻嘴等处；莫厘峰向南，山分两支，东支略呈弧形向南止于庙山，西支过平岭向南有更多的分支，东、西两支之间为法海坞。此处东支自莫厘峰至庙山沿途，有笠帽峰

照片 124　东洞庭山黄石，2011

东山岛后山陆巷的寒谷山上有“仙人石”，为石英砂岩经风化而成的景观，也是游人常到之处。奇特的黄石与湖对面西洞庭东部的石灰岩形成了鲜明的对比。

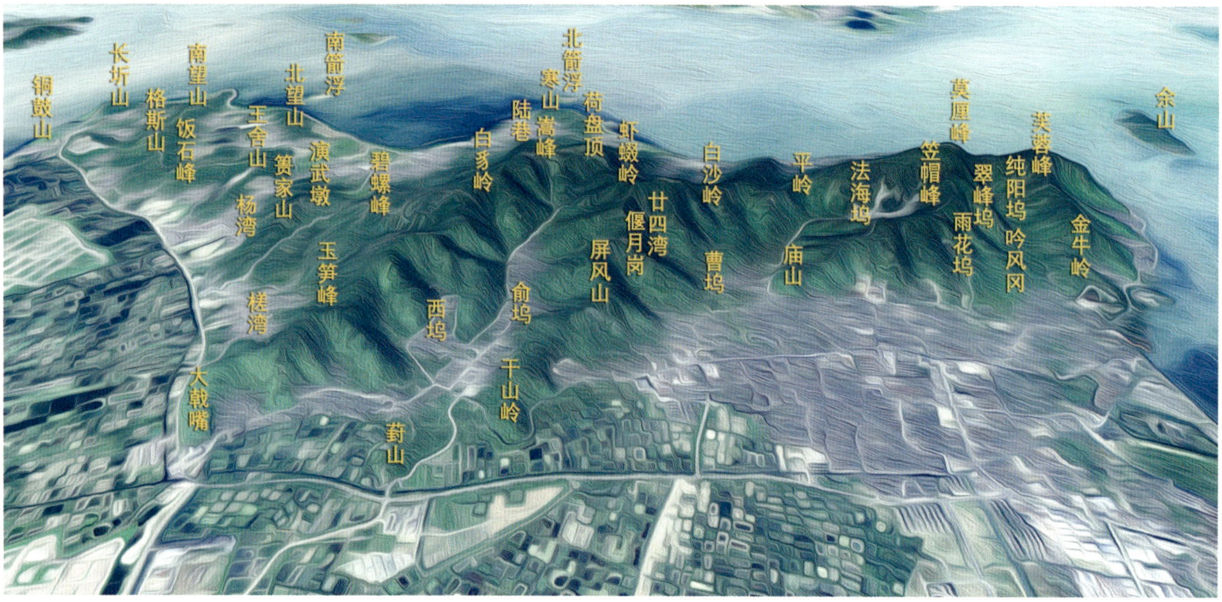

图 15　东洞庭山山形示意图

等山峰，在弧形外侧（东侧）还有6座次一级山岭和5条山坞向外展布，总体成羽状的岭坞结构，其中，吟风岗、翠峰坞、雨花坞等都是历史上著名的地名。此带山岭与芙蓉峰至金牛岭山体之间有纯阳坞，以及从纯阳坞向九峰方向伸出的次一级支坞翠峰坞。翠峰坞的历史和文化影响力远在纯阳坞之上，因此，人们常认为莫厘峰东侧有翠峰坞和纯阳坞两大山坞。

东洞庭山体分支的第二个重要节点为虾蠓岭，又称“花川岭”（当为吴语发音）。虾蠓岭之北为白沙岭、平岭，再北即为莫厘峰；虾蠓岭向东南有偃月岗等峰岭，也有著名的“二十四湾”所经过的曹坞，以及偃月岗下的顾坞（也称“古坞”）等次一级岭坞，至于原伸入太湖中的干山岭，现其东缘的太湖部分都被开发为鱼塘。干山岭则是山麓公路必须绕行的大拐弯处，干山岭的西南侧是长度超过2千米的东山最深的山坞——俞坞，俞坞东南口外有东山龙头山，与干山岭隐约相连，山上有葑山禅寺、蛇王庙，原为向东伸入太湖最突出之处，现有新修的东山环山公路经过其东侧；虾蠓岭向西，过三官堂，有荷盘顶，古时也称“蝼盘顶”，现或标为“磨盘顶”，此处其实为俞坞顶端的弧形山岭，依次有嵩峰、白豸岭（也称“白石岭”）。

照片125　东洞庭山山顶处的古道，2017

东洞庭山山顶三官堂前的古道，旧时是前、后山之间的陆上交通要道，现在是喜欢户外运动的人们常走的线路。

白豸岭南又是山体分支的节点，其东南一支有玉笋峰、塘子岭和大戟嘴等山岭，又有西坞等属于俞坞的次一级山坞，还有卜家坞、金湾等俞坞口外的浅坞；白豸岭向南有碧螺峰、演武墩（俗称“阿五墩”）、箕家山。此处两支山岭之间有槎湾，槎湾北端山坡有玉笋峰遗址，槎湾沿山坞向西北过碧螺峰即可达后山灵源寺。

在荷盘顶和嵩峰的弧形山体突出处，向西侧山麓延伸有一支弧形小岭，称为“寒山”。此山向西突出于太湖之中，与湖中不远处的北箭浮岛相呼应，而在弧形向南开口的小坞中，则有著名的陆巷古村。此外，东洞庭西南一隅还有一片不高的山丘。箦家山西南方向有湖沙山，二者之间为杨湾古村。再西南有饭石峰，以此为节点的岗丘亦分两支，北有王舍山、北望山，西有格斯山、南望山，格斯山西南有白浮头，白浮头西南隔白浮门有铜鼓山，南望山西南则有位于东山岛最西南角的长圻山。

东洞庭山的主体格局的轮廓至此基本被勾画出来。所谓“后山”即指由芙蓉峰、莫厘峰、平岭、白沙岭、虾蟣岭、荷盘顶、白豸岭、碧螺峰、演武墩、箦家山一线构成的东洞庭山主脊线的西侧，即面向西洞庭的一侧；而“前山”自然指主脊线东侧，即以东山镇为主的所在区域。由于东山的山岭分支多样，山岭间的山坞各有形态，山岭和山坞的数目众多，历史上还多有古名，足见在明、清两代经济文化充分发展的背景下，人们对当地山岭环境的深入认识、开发及在文化方面的互动。多数地名还有对应具体位置的活态性质，但在其后受当时记录条件及技术的限制，加上经济的停滞，这些地名在后续的传承中存在一定的困难，影响了文化资源的传承。

照片 126　东洞庭山莫厘峰，2021

东洞庭山的主峰莫厘峰的北面、东南面和南面各有一条山脊线的延伸。照片中右上部是东山北面的余山岛。

照片 127　石桥村震泽底定桥，2021

震泽底定桥，始建于南宋绍定年间，桥北有公用的坪磐，桥名取大禹治理太湖的“三江既入，震泽底定”之意。明成化二十一年（1485），此桥因山水陡发冲坏桥石坪磐而重修。现桥为单孔平桥，于清乾隆五十二年（1787）再修。修桥事迹有勒石砌于桥亭墙壁，至今犹存。此桥习惯上也被称为“石桥”，石桥村因之得名。[1]

[1]《东山镇志》编纂委员会编《东山镇志》，东南大学出版社，2002，第 173 页。

在苏州地方志古籍中，有关东洞庭山的记述出现得比较晚，南宋时期的《吴郡志》中还没有关于东洞庭山的专门条目，此或与当时东山归属乌程（今浙江湖州），且地方志的覆盖程度并不高有关。相比在《吴地记》《吴郡图经续记》《吴郡志》等唐宋志书中都有记述的西洞庭山而言，东洞庭山到《洪武志》中才有简单的“莫厘山”条目，这在较大程度上反映出早期地方志中，人们对西郊山地的了解程度不高。而东洞庭山相比西洞庭山而言，在太湖山水中的神秘性、代表性，以及湖中宗教色彩浓重的文化活动等方面，综合影响要小些。其实在唐宋时期，北方移民在东山和西山的不少地方进行开发，但这些信息开始只见于局部的记录中。如东山杨湾和陆巷间的石桥村震泽底定桥边，有一块明成化二十一年的青石碑，上面记录有南宋绍定年间里人建造石桥和桥头砖砌坪磐以为公用的事迹。石桥也是东山民间进行村镇公共设施建设的一个缩影。明清时期，东山山麓地带村庄之间及前、后山之间的古道，街道排水系统，作为公共水源的水井，等等的建设，都是这种乡里民间主持公共设施建设的实例。在东山镇明代所开的诸公井之上，有清代所建诸公井亭，现为江苏省文物保护单位。

《洪武志》的“莫厘山”条目称：“莫厘山，在县西七十里，顾夷《吴地记》云：莫里山，《洞庭记》云：本名胥母山（“母”音“无”[1]），即东山也，相传以为莫厘将军因以名山。”[2]其中，条目中的“顾夷”为东晋学者，其所著《吴地记》今已佚失，这是目前能在相关地方志中读到的有关东洞庭山最早的文字记载。正德《姑苏志》对东洞庭山有正式记述：“莫厘山，相传莫厘将军所居，一名胥母（音“无”），

[1] 当为吴语发音。

[2] 卢熊：洪武《苏州府志》，成文出版社有限公司，1983，第128页。

照片128　东洞庭山西侧丰圻、石井一带村落，2021

照片所示为丰圻至石井一带的太湖边。近处的丰圻在明代是东山太湖边八处营寨之一，这里也是沿湖众多村落中的一个。新修的环湖公路改善了交通条件，也让这里成了新的观光地。

以其在洞庭之东称东洞庭山。其山周回八十里，视西洞庭差小，而岗峦起伏、庐聚物产大略相同。”[1]正德《姑苏志》除了记录东山的古名称等基本信息外，还对东、西洞庭山做了比较。该志的主要作者王鏊本就是东山人，志中对东洞庭山的记载篇幅比西洞庭山要少，这在某种程度上也反映了此前东洞庭山在历史、文化等方面的积累确实要稍弱些。

在清康熙年间的《具区志》中，有关山地的记述受明代王鏊《震泽编》和正德《姑苏志》影响比较大，将东山排在“太湖七十二峰”的第二位。至清乾隆年间的《太湖备考》，东洞庭山在湖中山名录里被排在第一位，这和明清以后东洞庭山的经济地位和学术地位明显提升有关，更与清康熙三十八年（1699）康熙皇帝巡幸太湖东山有关。明清之际，东山发展较快，如《震泽编》中记录东洞庭山有居民数千户，《太湖备考》中记载东山已有居民两万余家，作者也感慨“盖今滋生日盛矣”[2]。据《东山镇志》记载，东山人口数在清宣统年间已达 6 万；到 1937 年秋因战乱避难者日众，至市街畸形繁荣，人口数超过 6 万。[3]

宋王室南迁以后，杭嘉湖地区的经济活动及人文和社会活动大量增加，彼时在行政管辖上归属浙江乌程的洞庭东山等地，开始出现规模化的北方移民的入驻，同时开始了基于东洞庭山山麓及太湖周边地带的村镇建设。明清时，东山经济快速发展，这里成为一个包括集镇、村落及道路建设在内的多方面充分发展的区域，这种发展状态可以从东山的村镇分布和村镇之间道路系统的建设中窥及一斑。东山有不少历史悠久的古村、古镇。被列入第五批“中国历史文化名镇”的东山镇，在宋代时已为集镇，在南宋末年已有长约 2 千米的街道，在明、清两代修建成街面为石板且石板下有排水系统的高级别街道，而建于民国初年的春在楼（雕花楼）、明代的凝德堂现均为全国重点文物保护单位；在东洞庭山南端的杨湾村，有 3 处全国重点文物保护单位，轩辕宫（也称“杨湾庙”）大殿为元代建筑，怀荫堂为明代建筑，明善堂建于明末清初，如此高等级的文物保护单位密集分布于一个古村之中，相当难得；武山与东山之间的渡桥，其集镇中心的渡水桥（具区风月桥）始建于元代，现为苏州市文物保护单位；嵩峰下寒山南的陆巷古村，有明代建筑 20 余处，古村整体为苏州市文物保护单位；武山西北的官庄始自宋代，武山西南的吴巷始自清初，后山有震泽底定桥的石桥村始自南宋，等等，而自宋代开始建村传说的村落则更多。[4]西坞紫金庵内的罗汉塑像相传为南宋时期的作品，这些塑像神态的自然精妙为世人所赞叹，现亦为全国重点文物保护单位。

东山镇早在宋代就有集镇的形成，对整个东山区域具有足够的吸引力，至 20 世纪初，东山与苏州之间通航内河轮船之后，这种聚集作用更为明显。这样环山而布的自然村落之间，尤其是东山所在的前山与后山之间，交通需求迫切，从而在水运之外还形成了东洞庭山区域的陆上古道系统。民间力量承担了这些道路的修建和维护工作。东洞庭山山体上的古道主要由块石砌筑，山麓平地主要由青砖侧砌而成。连通前山和后山的通道，主要如曹坞与陆巷之间，经过虾蠓岭，其中，曹坞山麓至山脊附近三官堂之间的一段山路，为减小坡度而建有多个曲折上升的弯口，即著名的“二十四湾”。再如自天井湾经平岭至后山周湾、尚锦的山道，曹坞北侧向西过白沙岭至后山白沙的山道，俞坞经眠佛池至三官堂连接虾蠓岭可达后山各处的山道，等等，这些山道在东洞庭山山脊的虾蠓岭、平岭等处有相交、分叉的节点，构成了全区山道的系统。此外，还有俞坞经西坞过塘子岭玉笋峰东侧到槎湾，槎湾经演武墩与碧螺峰之间至灵源寺、石桥村等局部区域的山道等。以上这些山道，大多在清代时就已筑成。

[1] 林世远、王鏊等：正德《姑苏志》，北京图书馆古籍珍本丛刊：26，书目文献出版社，2000，第 178 页。

[2] 金友理：《太湖备考》卷五，薛正兴校点，江苏古籍出版社，1998，第 193 页。

[3] 《东山镇志》编纂委员会编《东山镇志》，东南大学出版社，2002，第 1、14 页。

[4] 《东山镇志》编纂委员会编《东山镇志》，东南大学出版社，2002，第 68–70 页。

照片 129　东山雕花楼，2009

春在楼，俗称“雕花楼”，是20世纪20年代的建筑，集砖雕、石雕、木雕技艺精品于一体，是一处具有较高艺术价值的民间住宅。目前为全国重点文物保护单位。

照片 130　东山镇和陆巷之间，2020

荷盘顶和白豸岭之间的山脊，是前山东山镇和后山陆巷之间古道的穿越之地，附近还连接了多条山上的古道线路。

照片 131　武山主峰西泾山，2022

武山本是不高的岗丘，其构成主要以石英砂岩为主。受泥沙沉积和采石的影响，武山基本不见原有的景观。照片中为武山主峰西泾山，上有山水度假村（原江苏省地质矿产局苏州疗养院）。

民国时期所修的自雨花坞东北至莫厘峰的山道，是从前山登山至莫厘峰的主要通道。现在，东洞庭山上的消防公路在原有古道上叠加了新的通道功能，成为日常旅游观光和户外运动常选的线路。东山环山地带，以东山老街、杨湾等为主要节点，有砖砌的主要古道，其中还有清康熙皇帝走过的“御道”。杨湾与陆巷之间的“杨陆古道”是杨湾、上湾、石桥、陆巷等节点间古道的统称，近些年经过整修，成为东洞庭后山一带串联了众多古村古建筑的重要通道。杨湾村的 3 处全国重点文物保护单位便分布在古道沿线，成为访古、观光和户外活动的热门地点。

东洞庭山之东原有武山，相传为春秋时吴王养虎之所，唐时因避讳而改。武山不高，因位于东山与苏州之间，成为东山一带开发的“桥头堡”，在发展及开发程度上居东山之前。清代，太湖东部泥沙沉积加剧，东山岛连陆成为半岛，武山一带成为东洞庭山与湖外陆地连接的枢纽地带。山石开采和泥沙沉积使本身不高的武山变得更不显眼，现只有武山主峰西泾山还可见山的外形，海拔仅为 36.4 米。《太湖备考》称武山主峰为“西金山”，又称武山“田多山少，与他山异”[1]，其实这已是东洞庭以东泥沙大量沉积的一种表现。泥沙的淤积，使武山一带原有的山石裸露如石浪景观等不再现。武山与东洞庭山之间有具区港隔断，以渡水桥相连。渡水桥也称“具区风月桥”，建桥之前东山与武山之间只有渡船相通，后建木桥，元代时改为石桥，后多次重修，现为三孔石桥，为苏州市文物保护单位，见证了东洞庭山与武山的发展及环境的变迁。

[1] 金友理：《太湖备考》卷五，薛正兴校点，江苏古籍出版社，1998，第 197 页。

照片 132　东山与武山之间的具区风月桥，2021

具区风月桥是东山和武山之间的重要通道，这一带也是整个东山的开发先行区。

照片 133　于东山葑山寺看龙头山蛇王庙，2009

龙头山，在宋代称“葑山”，在明万历年间始称“龙头山”。龙头山是东洞庭东部最为突出的支岭，原先直接伸入太湖中，山上有始建于明嘉靖年间的葑山寺，在明清时有不少建筑，还有清康熙皇帝的御迹。现龙头山周边因泥沙沉积变成平野，只在西侧的金湾还有“水门头”的地名，记载着这里濒临太湖的历史。

照片 134　东山白浮门和铜鼓山，2021

东山最南端的白浮门和铜鼓山附近，是正德《姑苏志》和《太湖备考》[1] 等古籍中所描述的东山白浮所在的区域。现在这里只剩下白浮头、白浮门等地名和以前并不见记载的铜鼓山。目前，铜鼓山已经基本为村民的建筑所覆盖。

三、石灰岩山丘和岛山

西山岛东部一带及太湖，是苏州石灰岩山体的主要分布地带。除马石山等属于西洞庭山的直接组成部分以外，西山岛东部的龙洞山、七墩山，东南部的石公山，以及消夏湾西侧的大龙渚、小龙渚等，与西洞庭山之间似连又断，有时被视为西洞庭山的支山，但有时则被看成是独立山体的石灰岩山丘；同样重要的是，历史上西洞庭山和东洞庭山之间，在更靠近西山岛一侧的太湖中，还有一批石灰岩岛山，主要包括禹期山、鼋山、大谢姑山、小谢姑山、龟山、大鼍山、小鼍山、惊篮山，以及西山岛南部消夏湾西侧的石蛇山，东、西洞庭山之间南侧的三山、泽山、厥山和笠帽山等。[2] 现在，禹期山、鼋山、大谢姑山、小谢姑山、龟山、石蛇山等岛山都已与主岛相连，成为西山岛的一部分。以上这些石灰岩山体的岩石，主要为石炭系的高骊山组、黄龙组、船山组灰岩，以及下二叠统的栖霞灰岩。

石灰岩在太湖水流、波浪的溶蚀和冲击之下形成太湖石，或因其质地细腻、开采比较方便而作为碑材或建材等的青石石料，二者都是历史上西山一带石灰岩山体所能出产的主要资源。也正是出于这个原因，这些石灰岩山体历代都受到了人为开采的影响，尤其是近几十年来，石灰岩作为制作水泥的

［1］ 正德《姑苏志》中"白浮"条目列第 70，见第 180 页；《太湖备考》中"白浮"条目列第 59，见第 203 页。

［2］ 鉴于这些石灰岩山丘和岛山在自然特征和人文属性上所具有的共性，在此做集中陈述。

照片 135　西山岛东侧的石灰岩山丘，2021

照片中稍近处的片牛山和七墩山，位于龙洞山、龟山、马石山、大谢姑山、小谢姑山中间，是西山岛东部普通的石灰岩山丘。它们与背景处的石英砂岩山体相比，山形更显低而平缓。

原料被机械化开采，这也促使这些石灰岩山地成为受人为开采影响最大的一种山地类型。纯自然的石灰岩山体形态已无法见到，龟山、石蛇山被开采得只剩宕口，鼋山、禹期山及湖中大鼍山、小鼍山等也大部分被采平，三山岛和甚至是作为风景名胜地的石公山、龙洞山等也都因开采而受到影响，如古籍所记载的石公山的“石公”“石婆”早已不知踪影，而大、小谢姑山的“二女娟好，相对而立”的景象则在宋代就已消失，如今只剩遗址了。

西山岛东部一带的石灰岩地区，是太湖西山国家地质公园的核心构成区。这里从公园区主要地层中全套石灰岩地层的构成，到马石山二叠系与三叠系之间的地层分界的“金钉子”辅助剖面；从向斜构造中石灰岩存留的条件，到构造运动中石英砂岩叠压石灰岩的推覆体现象；从太湖边湖蚀崖等地貌现象，到湖水侵蚀石灰岩形成的太湖石，以及古今太湖石、青石的开采和利用等，都是西山国家地质公园的重要组成部分。

石公山

石公山位于西山岛东南部，旧时因山有奇石，状如老者立于山前湖边而得名，高 49.8 米，周长约 1.2 千米，东南向延伸的轴向长 500 余米，虽一蕞尔小丘，却也是非常特别的。石公山与消夏湾以东的西山分支，如缥车山、白茆山、庙山等相连。在古代有关太湖岛山的认识和记述中，如在“太湖七十二峰”名录的列表中，石公山往往也被作为西山的分支，而无湖中独立的岛山地位，如《具区志》将石公山列在卷三“支山”的第一个条目。[1]

石公山是西洞庭山支山中重要的石灰岩山体之一，主要为上石炭统船山组纯净的厚层石灰岩，因此，

[1] 翁澍等：《金山志、具区志、京口山水志》，故宫珍本丛刊第 269 册：史部・地理・山水，海南出版社，2001，第 189 页。

从岩石构成及其形成的景观来看，石公山奇巧的山石更能给人以特别的印象。在石公山也可见因构造运动作用于岩石而形成的特殊景观，山南侧可见因断层作用而形成的陡峭山崖，有联云嶂、云梯等景观，以及因断裂风化发育而形成的“一线天”；山北侧有罕见的因石灰岩岩层间滑动而形成的面积达 5 000 多平方米的明月坡等。石公山也有石灰岩常见的岩溶地貌现象，如归云洞、夕光洞等岩洞。石灰岩与太湖湖水相互作用，造就了典型的太湖石及其分布区域。唐宋时，这里即太湖石的开采地；而至 20 世纪 60 年代，石公山等地成为开采石灰岩来制作水泥等建材原料的地方，“石公”“石婆”、联云嶂等著名景点因而被毁。

石公山山体突入湖中，从山上看太湖有四分之三周的视角，除了西北方向为西山岛陆地和山体外，从其他方向都可看到太湖及太湖上的岛屿，如北面原有鼋山、龟山，东面有东洞庭山及大鼍山、小鼍山、笠帽山等，南面可见的三山岛及左近的泽山、厥山更像是湖面上漂浮的仙岛，西面有大沙山等。在伸入太湖深处的石公山东南端点附近的览曦亭，相传于农历九月十三可见西面湖山的日落和东面湖山的月升同时出现的“日月双照”景象。农历九月，太阳落山已在西略偏南的方向；在农历九月十三的日落之时，月亮也已升至一定的高度；加上石公山在西北方向背靠西山，而东、南、西方向具有全面开阔的视野，以及临近湖面的位置，从而营造出特殊的观赏环境。若说最佳观景日为何不是九月十四或十五，这当与石公山东面具有一定高度的东洞庭山有关，也就是要确保太阳在湖面落下的时候，月亮已经升起在东洞庭山的山梁之上了。

照片 136　石公山断层崖，2021

石公山断层发育明显，20 余米高的山崖因断层而形成，形势险要。照片中右侧为可以侧观悬崖景观的断山亭，高处为来鹤亭。

照片 137　石公山“一线天”，2021

“一线天”可见两组断层，其中一组断层形成了陡崖，另一组断层形成了“一线天”石隙，两侧岩层有较明显的错动。

照片 138　石公山云梯，2006

石公山云梯似登高之梯，也由断层切割而成。云梯所在的岩块为纯净、巨厚的石灰岩，让人印象深刻。其与相并列的岩块之间存在断层，崖壁上可见外力风化的痕迹。云梯完整而较新的断面没有很明显的外力风化溶蚀的痕迹，仔细观察倒可见采石的痕迹。

照片 139　石公山归云洞，2021

石公山归云洞是个小型的溶洞，其发育程度比林屋洞要差不少，但这也是石灰岩溶洞发育的一种常见形态。

照片 140　石公山明月坡，2021

石公山明月坡是一处完整的石灰岩层面。上面有罕见的岩石层面滑动摩擦的痕迹，也有后期流水冲击形成的小型溶沟。

特殊的位置、岩石和景观，使石公山很早就成为有名的观景胜地。在唐代皮日休和陆龟蒙的太湖诗中，就有以石公山"石板"（明月坡）为题的唱和诗。皮日休的诗起首为"翠石数百步，如板漂不流。空凝水妃意，浮出青玉洲"，陆龟蒙的诗为"一片倒山屏，何时坠洞门。屹然空阔中，万古波涛痕"。[1] 历代关于石公山的文献记述和文人墨客的遗迹众多，如《具区志》就录有明代姚希孟的《石公山记》，以及王世贞等人吟咏石公山的诗。山上还留有明代严澂所书"归云洞""云梯"和清代王檪所题"夕光洞"等石刻。

龙洞山

照片 141　龙洞山远景，2021

龙洞山因山中有林屋洞而得名，在西山岛东部低平区域突起为奇峰，山顶的驾浮阁也成为远近可见的标志。

龙洞山又称"洞山""林屋山"，高 53 米，山体周长约 1.5 千米，面积仅约 0.14 平方千米。虽然龙洞山因有林屋洞而成为太湖之中最古老的一处名胜，但其作为西洞庭山的支山，要到《具区志》中才有单独的名录。[2] 龙洞山是苏州一带最典型的石灰岩岩溶地貌的发育区，其构成岩石为 3 亿年前石炭纪的灰岩，层厚而质地纯净，加之此山岩层断裂作用，在流水的作用下，石灰岩沿着断裂带出现明显的溶蚀。从岩溶作用发展的状况来看，龙洞山的岩溶现象还处在发育的初期，表现在山坡上出现石灰岩被溶化、淋失形成的溶沟和溶蚀剩余的石芽。而从山体中的林屋洞的形成来看，地下水及水面形成的溶蚀现象比较典型。洞中局部石灰岩层的整体坍塌现象明显，掉落的岩体在断裂构造的控制下，呈现出平行的溶蚀沟槽，沟槽之间残留的长条状石灰岩体则呈现"立石如林"的状态；同时，洞顶有

[1] 翁澍等：《金山志、具区志、京口山水志》，故宫珍本丛刊第 269 册：史部 · 地理 · 山水，海南出版社，2001，第 206 页。
[2] 翁澍等：《金山志、具区志、京口山水志》，故宫珍本丛刊第 269 册：史部 · 地理 · 山水，海南出版社，2001，第 191 页。

照片 142　“立石如林，顶平如屋”，2017

林屋洞的得名，源于洞内有石灰岩因断裂和溶蚀而形成的奇石林立，洞顶有平整的岩层底面。

■ 林屋洞洞顶钟乳石之一

■ 林屋洞洞顶钟乳石之二

照片 143　林屋洞洞顶钟乳石，2011

林屋洞的岩溶发育还处于比较初级的阶段，洞中少有较大规模的钟乳石，石笋更少，未见石灰质二次堆积而形成的石柱。

较为明显的完整剥离痕迹，从而有“顶平如屋”的外貌——这两个特点也正是洞名“林”“屋”二字的由来。

林屋洞处于溶洞发育较初期的阶段，其主要特点是洞穴内没有很明显的二次堆积现象，即由溶解于地下水中的石灰质再次堆积为钟乳石、石笋和石柱等的现象并不多。虽然在洞顶沿着断裂带有溶蚀较为明显的凹槽，槽内也有“龙脊”样的少量钟乳石的沉积，但相对于一些发育完备的洞穴而言，林

照片 144　龙洞山石灰岩，2019

龙洞山山体上有不少大块的石灰岩裸露，植被难以很好地覆盖。深厚的石灰岩层中断裂深大、溶蚀明显，与山体内形成林屋洞的断裂构造直接相关。

照片 145　“龙洞”，2017

在断裂和水面的双重作用下，林屋洞内形成纵向和横向的侵蚀，加上顶部有少许的二次洞穴堆积的钟乳石，形似龙脊上的鳞片，因此，这里被人们想象成是龙的居所。

屋洞中的石灰质二次堆积量是很有限的。林屋洞原有雨洞、丙洞和旸谷洞三个洞口，后因受20世纪60年代采石的影响，现仅有雨洞和旸谷洞两处可供出入。

鼋山

鼋山，现多被称为“元山”。“鼋”与“元”二字在吴语中同音，且“元”字简化得更易书写，只是在简写的过程中山名已失去了原有的内涵。之所以称为“鼋山”，与该山早先为太湖岛屿时的外形有关。鼋山等由石灰岩构成的岛屿，因石灰岩抵抗外力风化的能力相对较弱，多表现为低缓的山地，尤其是太湖之中受湖水波浪的侵蚀，远远观之常呈伏于湖水上的“鼋”“龟”“蛇”“鼍”（扬子鳄）等爬行动物的模样，因而在西山东部一带太湖中的石灰岩岛屿多以这些名称来命名，只是这些名称现在基本都用同音的书写简单的汉字来替代了。

照片146　鼋山采石宕口及南侧囤山，2021

鼋山出产质地优良的石灰岩，因此，历史上该山被认为是最优质的青石的产地。长年累月的采石，对环境造成的影响相当明显。因为大量采石，清代时鼋山山体已被采去一半，只有鼋山的南侧有一个直入太湖的分支囤山，上面因为有庙宇而得以保全。[1] 直到今天，这种状态依旧看得见：鼋山的山体基本上被开采一空，而有庙宇建筑的囤山基本还被保留着，只不过原先伸入太湖中的山体周围已经因大量的泥沙淤积而成为陆地，人们在此建了住宅。

[1] 金友理：《太湖备考》卷五，薛正兴校点，江苏古籍出版社，1998，第198页。

鼋山古时又称“鼋头山”，古籍记载湖滨原有鼋头石，相传宋代时因开采太湖石，为朱勔所碎。其实，在西山东部石灰岩地区所产的太湖石和青石两种石料中，鼋山以产青石闻名，品质居青石首位，世人称之为“鼋山石”。如《震泽编》称“其坚润，可碑可础，可柱可砌，此所谓鼋山石也”[1]。青石主要可作“雕”“砌”之用，比如，用于制成雕刻文字或花纹的碑材或装饰，或用作修建台阶或石塘驳岸的条石，等等，这些用途要求石材的块状要完整、致密而沉稳，而青石与玲珑多窍的太湖石完全不同，其没有受到流水等外力的风化、溶蚀影响，故能保持石灰岩完整的状态。《吴郡志》对鼋头山（鼋山）和山产青石的描述，前有“一山皆青石，温润光莹，扣之琅琅有金玉声。浙西碑石与压砌缘池，皆取此石而出”[2]，后有“其非巧石，但青白玉质，可作碑碣及甃砌阶陀者，则出湖中之鼋山。莹洁可鉴，坚润如金玉，亦为天下之冠”[3]。这是对鼋山所产青石的极高评价。《洪武志》称鼋头山“山中产青石，徽宗朝来贡，故东南有花石纲，非独可为桥版阶础之类，有天然玲珑者谓之‘花石’（此说恐未然），时甚珍之，工人以此资业，且善雕琢，或为飞凤走兽，击之其声清越，有金玉之韵，或凿为佛像器用，靡所不有”[4]。这一段有关鼋山石料的描述，堪为石灰岩山体所采石料所派用途之说的代表，比《吴郡志》的描述更为详细。只是这里所记有关花石（太湖石）的文字行文之间有一点不太确实，还有原按“此说恐未然”的表述，或可认为“徽宗朝来贡……（此说恐未然）”近40字为混入的文字，而“山中产青石，时甚珍之……靡所不有”本为相连的文字，这样倒是符合对青石的石料性状和用途的描述。

而正是因为鼋山所产石料世之少见，求之者众，当地人也以此为业，故而山石在宋代就有较明显的开采，历代累积下来的影响也是相当大的。清代《太湖备考》有关“鼋山”条目下有这样的记载：“鼋山，在西山之东，水断桥连（头陀桥）。居民二百余家，业采石。山南之斗入于湖者，曰囤山（按，鼋山采石不知始自何时，日朘月削，已去其半。惟囤山有神庙不敢凿，今尚完好，恐将来亦难保也。象有齿以焚其身，樗不材而全其生，山灵有知，能弗愀然？）。”[5]这里记载了到清代时，鼋山因采石而被开去了一半，只有南面突入太湖中的囤山因有神庙而得以保全，但作者对未来囤山能否得以保留并不乐观。今天看来，在采石制作水泥原料的大规模开采中，鼋山的绝大部分山体已被采空，只有少量山体残留，而原先突入太湖中的囤山也因太湖泥沙的沉积而围上了陆地，建上了民居。虽然囤山山体在几十年前也因采石而部分受损，但的确因为山上还有一些庙宇建筑而得以保留山体，相对于其北的鼋山而言，倒是相对完好的。

■ 三山岛

三山岛为太湖之中的一座岛山，位居东、西洞庭两岛之间水上通道的南口，与东山的长圻山和西山的石公山的最近距离都在2.7千米左右，水上交通位置重要。它也是苏州与湖州之间太湖航线的主要节点。三山岛因岛上有大山、行山、小姑山三座主要山体而得名，其中，大山最高，海拔83米。三山岛不大，岸线长约7千米，面积1.8平方千米。三山岛人为活动历史悠久，《吴郡图经续记》中就有对三山的记载，称（太湖中）“又有三山，白波天合，三点黛色”[6]。“白波天合，三点黛色”的描

[1] 王鏊等：《震泽编》，吴中珍籍，江苏凤凰电子音像出版社，2014，第39页。

[2] 范成大：《吴郡志》，陆振岳点校，江苏古籍出版社，1999，第217页。

[3] 范成大：《吴郡志》，陆振岳点校，江苏古籍出版社，1999，第425页。

[4] 卢熊：洪武《苏州府志》，成文出版社有限公司，1983，第145页。

[5] 金友理：《太湖备考》卷五，薛正兴校点，江苏古籍出版社，1998，第198页。

[6] 朱长文：《吴郡图经续记》卷中，宋元方志丛刊：第1册，中华书局，1990，第664页。

述更早见于晋代的《吴兴山墟名》，由此也可见三山岛介于江苏、浙江之间。而事实上，从太湖南岸看到的“三点黛色”，可能并不是三山岛的三个山峰，而是三山岛及其西侧的泽山和厥山在湖面之上的身影。明代《震泽编》称，三山岛已是太湖内有人居住的重要岛屿。更特别的是，三山岛具有太湖流域最早的人类活动痕迹。20世纪80年代，在三山岛发现的距今1万年前的旧石器时代古文化遗址，分布于三山岛东泊小山南侧，太湖湖滩边的一个天然溶洞处。此处旧石器时代古文化遗址的发现，在某种程度上也说明了当时的太湖并非现在这样的格局，起码三山在当时还没有成为太湖中的岛屿，也就是说太湖还没有全面形成。目前，“三山岛遗址及哺乳动物化石”地点被列为江苏省文物保护单位。

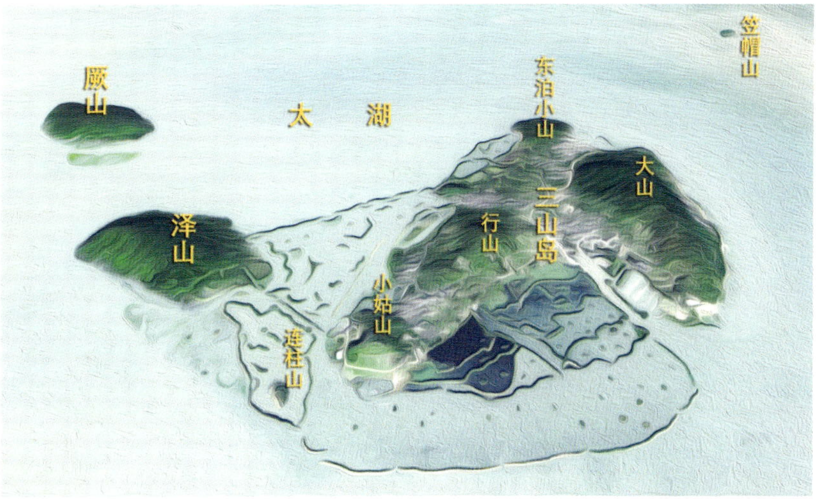

图16　三山岛山形示意图

照片147　三山岛板壁峰，2010

三山岛主要由石灰岩构成，历史上也是主要的青石产地。板壁峰是采石所剩的遗迹。

照片 148　三山岛“十二生肖石”和岛上的石灰岩采石宕口，2008

三山岛西南部太湖畔有太湖石景观“十二生肖石”，陆上则是历史上因采石而形成的宕口遗址。

三山岛的岩石主要是石灰岩，北部主要为上石炭统的船山组灰岩，南半部为中石炭统的黄龙组灰岩，岛上局部有岩浆侵入形成的花岗斑岩，以及与岩浆喷出有关的火山角砾岩。石灰岩山体在外力风化下的地貌，形成了三山岛的主要景观基础，诸如板壁峰、“十二生肖石”等都是石灰岩类山丘中难得的代表。历史上三山岛也有山石的开采，如《太湖备考》记载有“三山，在东山之西，三峰连接。居民五百余家，多服贾。山产青石，色质亚于鼋山”[1]，说明三山岛在石灰岩质地的岛山上，农业生产的土壤条件等相对不足，居民多从事商业，而三山岛也产青石，只是品质不及鼋山的青石。

目前，三山岛是太湖中仍有居民生活但没有陆上交通与外界相通的“纯岛”，在太湖中，三山、漫山和余山等三处还保留有传统村落。旧时，三山岛左近的泽山和厥山也都有人居和产业，明清时期盘点太湖中岛山时，常与三山岛关联在一起。近几十年，随着岛山产业形态的改变，原先两岛上的柑橘等经济林木基本被舍去，逐渐成为无人常居的以生态涵养为主的岛屿。泽山、厥山两岛的岩石，以下二叠统的栖霞灰岩为主，局部也有岩浆岩，泽山岛上岩浆喷出形成的岩石中流纹现象极为明显，是苏州一带最典型的火山岩。

[1] 金友理：《太湖备考》卷五，薛正兴校点，江苏古籍出版社，1998，第 197 页。

第六节　郊县山林

苏州郊县的山林以常熟和张家港的稍多，其中，常熟的虞山在自然和文化方面有较特殊的地位；常熟的铜官山和张家港的香山等在历史文化方面也有深厚的基础。而昆山、太仓一带自然山体很少，玉峰山和穿山是难得的实例。

一、虞山

虞山，也称“乌目山”“海隅山”“卧牛山”，是吴地名山之一。早在《越绝书》中就有相关记载，称“虞山者，巫咸所出也”[1]。《吴郡图经续记》称：“海隅山，在常熟，山有二洞穴……高岩郁起，带青云而作峰；瀑水悬流，杂天河而俱会。又云‘其峰有石城、石门’，即此山也。”[2]《吴郡志》称：“虞山，在常熟县。海虞县西六里有虞山，上有仲雍冢。海虞，即常熟也。”[3]这里所记载的虞山的自然风光和历史文化，在苏州一带山林中也是比较特别的。巫咸是上古传说中的人物，一说是黄帝时的神巫；仲雍则是吴地开化时的始祖之一，又名“虞仲”，殷商末年其与兄泰伯一起奔吴地，“断发文身”，融入吴地环境，建立勾吴王国，后续泰伯之位成为吴地君主，殁后葬于常熟的乌目山，山也随此改称“虞山”。

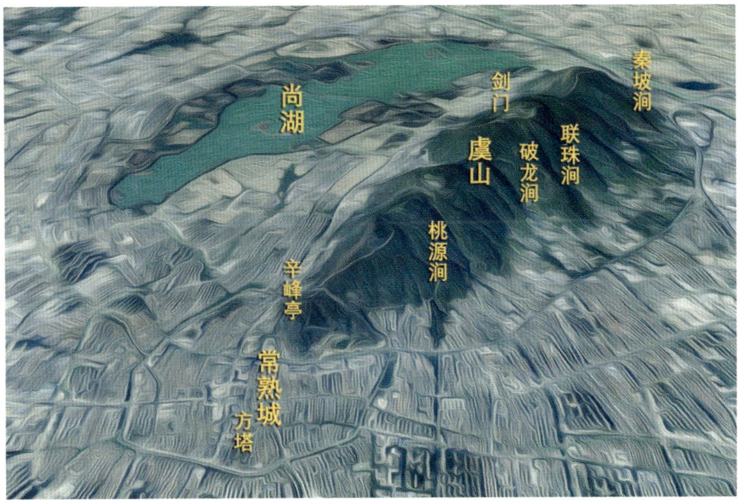

图 17　虞山山形示意图

虞山海拔 261.1 米，周长近 15 千米，山体呈西北—东南方向延伸，长约 6.5 千米，最宽处 2 千米，其东南一端延伸入常熟古城之中，向有“十里青山半入城”之称。城内虞山东南麓端点处，有仲雍墓、言子墓，均为江苏省文物保护单位；稍南山麓有读书台，为南朝梁武帝时昭明太子萧统的读书之处；附近现有博物馆、图书馆、书画院、清初“画圣”王石谷（王翚）纪念馆及虞山公园等。总观虞山的山形，其又如一卧地的水牛，故而又有“卧牛山”之称，伸入城内的山体恰似水牛的头部。古城偏东部的崇教兴福寺塔则被人们传说为“缆牛”的神桩。崇教兴福寺塔俗称“方塔”，始建于南宋建炎四年（1130），宋咸淳年间建成，明洪武八年（1375）重修，[4]为全国重点文物保护单位。从南北方向看，虞山是一个长长的山体，从东南方向看则像一个小小的山丘，因此，民间有“常熟虞山像只碗，不相信就到藕渠大塘上面看”之谚。这里的“藕渠大塘”，就是虞山东南方向白茆塘上旧时的大堤。

［1］袁康、吴平：《越绝书》，徐儒宗点校，浙江古籍出版社，2013，第 13 页。

［2］朱长文：《吴郡图经续记》卷中，宋元方志丛刊：第 1 册，中华书局，1990，第 664 页。

［3］范成大：《吴郡志》，陆振岳点校，江苏古籍出版社，1999，第 220 页。

［4］钱陆灿等：《中国地方志集成·江苏府县志辑㉑·康熙常熟县志》，江苏古籍出版社，1991，第 296 页。

照片 149　虞山和方塔，2020

从常熟古城东南方向的环城河上空看虞山，不仅可见卧牛状的虞山（俗称“卧牛山”）和“缆牛”的方塔，也可见“常熟虞山像只碗”的模样，还可见虞山西南坡（左侧）陡而东北坡（右侧）缓的不对称现象。

虞山的岩石主要是石英砂岩，包含了志留纪晚期的茅山组、泥盆纪晚期的观山组及石炭纪早期的擂鼓台组。其中，观山组与苏州一带的五通组虽为同期地层，但又有区域间的差异，层厚很大，且厚度的差异变化也比较大，这反映了其陆相湖盆的形成环境；厚层石英砂岩较强的抗风化能力使其成为虞山山脊线的主要岩石。更重要的是，虞山之所以在自然景观方面给人留下深刻印象，是因为其曾有断层活动，一条顺着山体长轴方向，从西北向东南延伸的断层穿过虞山南侧，虞山的山体为断层所切割，地层断块顺着断层上下错动，东北盘上升成为虞山，西南盘下沉成为尚湖所在的凹地。

受断层运动的影响，虞山西南坡是非常陡峭的断层崖，而东北坡则是相当平缓的褶皱的一翼，是比较典型的单面山；从地层的结构上来看，虞山为单斜山；而看自然环境，就有西南为湖山断崖与东北多山涧丛林的不同。虞山的西南坡，是断层通过之处，也就是虞山抬升最为明显之处，断层面则成为虞山南坡的断崖，是悬崖峭壁最集中的地方，加上其他断裂的发育，形成了剑门等险要的景观所在。“高岩郁起”“瀑水悬流”的景象也分布在这一带，雨后悬崖处向下飞奔的山泉被南坡的强风吹送，飞泉倒转，而成“拂水晴岩”之景。虞山的东北坡，因坡度平缓、延伸距离长、空间展布充分、集水面积大而形成数条有名的山涧，诸如桃源涧、石屋涧、破龙涧、联珠涧、五丈涧、坠石涧和秦坡涧。每当大雨之后，这些山涧清泉飞漱，颇为壮观，其中，尤以秦坡涧飞瀑为代表。东北坡的平缓也使山坡上土层因受冲刷侵蚀少而堆积得比较深厚，因而植被生长茂盛，生态环境优越。开阔的空间也使虞山的东北坡成为

照片 150　虞山秦坡涧飞瀑，2020

秦坡涧在传说中是秦始皇用神鞭赶山时留下的沟壑，其实这反映的是人们对无法把握的自然环境的一种自圆之说。雨后的山涧多有飞瀑形成，是虞山的著名景观。

照片 151　虞山北坡联珠洞，2021

虞山岩石景观中不乏人为活动的影响，也有开采石料形成的宕口。联珠洞的石料开采是在比较坚实的石英砂岩层之下，向内掏取，形成石室。更有岩层为孔穴所穿，涧水流经时呈串珠状下坠，成为奇观。

照片 152　俯瞰虞山剑门断层崖，2021

剑门是虞山南部山体被断层穿过，因断裂而形成的裂隙。从高空俯瞰，断层更见其险要。

人为活动比较集中之地，兴福寺、三峰寺等古刹散布在这一带。兴福寺因寺内大殿中出露的大石看似“興”（“兴”的繁体字）、“福”二字而得名，又因位于破龙涧出山口而被称为“破山寺”。唐代常建的《题破山寺后禅院》诗“清晨入古寺，初日照高林。曲径通幽处，禅房花木深。山光悦鸟性，潭影空人心。万籁此都寂，但余钟磬音”[1]，正是这一带环境的真实写照。现在，在虞山兴福寺常见民众在公园品茶谈天的休闲场景，尤以休息日为甚。

[1] 钱陆灿等：《中国地方志集成·江苏府县志辑㉑·康熙常熟县志》，江苏古籍出版社，1991，第 297 页。

照片 153　兴福寺内兴福石，2009

兴福寺大殿内有一块突起于地面之上的黄石，从不同角度观看，其似“興”字又似“福”字，因此，兴福寺才有了现在的寺名。

照片 154　虞山脚下的茶园，2020

虞山的山坡南陡北缓，北坡自山麓到山顶分布有大片茶园。

照片 155　虞山龙殿古银杏，2020

每当秋天，虞山龙殿的古银杏总会吸引四面八方的游人前来探访。

照片 156　虞山桃源涧摩崖石刻，2020

虞山剑门附近和北坡山涧多摩崖石刻，桃源涧是石刻比较集中的一处。

照片 157 虞山藏海寺香花桥，2015

虞山剑门附近有藏海寺，寺前的香花桥现为苏州市文物保护单位。

虞山一带历史文化资源丰富，除了前述的有关自然与文化的内容外，还有一些为人们所关注的传说和历史。诸如虞山南面的尚湖是姜尚（姜子牙）垂钓之处，剑门由干将、镆铘为吴王炼成的宝剑所劈成，秦坡涧是秦始皇用神鞭赶山时打出来的等传说，应该是人们在无法解释一些自然现象的时候，以传说进行附会的结果。而包括清康熙皇帝御题在内的剑门石刻，以及桃源涧等处留下的历代摩崖石刻，倒是实实在在的人文活动的记录。虞山山脊线附近的藏海寺、维摩寺、望海墩、齐女墓、辛峰亭等，都是著名的历史名胜；虞山山上和山麓地带的瞿式耜、翁同龢、黄公望等历代名人墓，都被列为江苏省文物保护单位。

二、铜官山

铜官山又名“常熟山”，海拔 41.1 米，周长 1 千米，甚小。山在常熟福山镇西不到 2 千米的福山塘与走马塘之间，正德《姑苏志》称：“常熟山，在县北三十七里，高一百五丈，周七里，本名铜官，或云洞观，唐天宝六载改今名。”[1] 铜官山所在之处是最早的常熟县县治所在，前身为建于东晋咸康七年（341）的南沙县，城在山下；梁大同六年（540），因“土壤膏沃，岁无水旱”而更名为“常熟县”，县治仍在南沙城；至唐武德七年（624），常熟县治南迁海虞城，此后，该处作为县治共 283 年。

[1] 林世远、王鏊等：正德《姑苏志》，北京图书馆古籍珍本丛刊：26，书目文献出版社，2000，第 182 页。

照片 158　鸟瞰铜官山，2021

鸟瞰铜官山，其南侧（近处）山石裸露，近山顶处有层层顽石罗列，如浪花翻卷，既是观看“石船”的地方，也是摩崖石刻之所在。铜官山的东、北、西三面则土多石少。照片中可见铜官山新近在实施的景观建设工程。

照片 159　铜官山摩崖石刻，2021

石刻为《铜官山石船》诗：“闻道岩阿有石船，登临始信不虚传。帆凭老树风前挂，缆籍闲藤雨后牵。亘古未经□□（江面）浪，至今犹宿岭头烟。缘何不泛桃花渡，停泊山溪几百年。”落款为“洞庭汪□题，戊辰孟春”。因年代久远，石刻中间有两个半字在近年补刻时已不能辨认，其中，“江面”二字据文物保护单位信息予以补全，该诗作者汪氏之名则已无从考证。至于石刻为当地明代书法家严澍于万历年间所书之事在山石上也已无点滴信息。此摩崖石刻为常熟市文物保护单位。

铜官山北临长江，作为古代县治之所在，也是沿江军事重地，官员等常登山巡视、考察，山上有“接官亭”。铜官山的岩石为石英砂岩，受地壳运动的影响，岩层形变明显，南坡山石呈石浪状，加之人们在巨石之间感觉像在船舱之间，面对北面的长江江涛，身处波涛之间的石船，不免让人有横渡之感，因此，铜官山石船也成为一处特殊的名胜。

三、香山

香山位于张家港西北与无锡江阴的交界处，离城区 15 千米，离张家港港区 4 千米，海拔 136.6 米，主体自西北至东南方向延伸约 2.5 千米，最宽处约 1.3 千米，面积约 2.4 平方千米。据《苏州山水志》引徐霞客《题小香山梅花堂诗》序称，“山以吴妃采香名也”[1]。此山与苏州西郊穹窿山的东南支脉同名“香山”，且都与传说中春秋吴国时期吴王遣宫女采香相关，所不同者为穹窿山香山与当时吴都离宫所在的灵岩山之间有采香泾相通，而这里的吴妃采香线路是登山的小路，名“采香径”。采香径位于香山南麓，故事虽为传说，小径却是古迹，沿途通过香山寺、圣过潭等名胜。清乾隆《江阴县志》等对此也有记载，现在采香径与香山北坡的桃花涧、山顶附近的藏军洞等古迹一样，都是张家港市文物保护单位。

[1] 张振雄：《苏州山水志》，广陵书社，2010，第 78 页。

香山及周边山体使长江入海尾闾一带的自然环境变得相对稳定，为史前时期的古人类活动提供了有利的条件。20 世纪 80 年代末 90 年代初发掘的东山村遗址填补了苏州北部沿江地区新石器时代早期古人类活动的空白。东山村遗址位于香山之东约 500 米，为香山山麓向外延伸的坡地，发现有距今 7 000 年至 6 000 年前后马家浜文化和崧泽文化时期的文化层，尤其是崧泽文化层中的高等级墓葬被认为是目前中国研究古代社会分层分阶的最早实例。2013 年，东山村遗址被列为第七批全国重点文物保护单位。

照片 160　鸟瞰香山，2021

自西向东看香山，可见香山北坡（左）陡、南坡（右）缓而山顶比较平阔的形势，向东有山坞，是香山风景区的东大门，再东为南沙镇之所在，现为金港镇南沙社区。香山顶上有香山寺、鹿女湖、圣过潭等古迹，还有 2006 年新建成的聆风塔。

照片 161　香山藏军洞，2021

香山上有多处以石室土墩构筑的藏军洞，据考证，与苏州七子山、常熟虞山等处的石室土墩一样，属于春秋时期的遗迹，与长江沿线的军事防御有直接关系。

照片 162　香山脚下的东山村遗址，2021

全国重点文物保护单位东山村遗址位于香山东麓坡地，为大江东流大环境下受山体保护的相对稳定的区域。遗址主要有新石器时代马家浜文化和崧泽文化时期的文化层，是 6 000 年前的崧泽文化时期就有社会阶层分化的实例。

照片 163 玉峰山全景，2020

玉峰山虽然只有 80 米高，但在昆山一带的低平之地一峰独秀，古人登苏州西郊诸山的游记也常会提到昆山的一点翠色。山体西高东低，略呈马鞍形。

四、玉峰山

玉峰山简称“玉山”，因所产昆石剔透如玉而得名。又因山有两峰，状如马鞍，故又名“马鞍山”，旧时也称“昆山”。玉峰山海拔 80.8 米，东西向略呈弧形延伸约 0.6 千米，周长 1.5 千米。山在昆山古城西北，城也因山而被称为“玉山镇”。玉峰山的岩石是苏州范围内地面可见的最古老的岩石，形成于距今 5 亿年左右的早古生代寒武纪时期，主要为石灰岩、白云岩等碳酸盐类岩石。因年代过于久远，岩层多有断裂发育，后又为硅质所填充，当外力风化等作用侵蚀掉岩石中的碳酸盐类物质时，所余硅质往往呈现独特的外貌，即著名的观赏石——昆石。

照片 164 昆石，2020

昆石形成于下古生界地层中，多以外形分类，鸡骨石是其中的一种。

玉峰山一带有丰富的历史文化遗迹。20 世纪 90 年代，在山之西南发现有新石器时代的玉峰古文化遗址，主要为马家浜、崧泽至良渚等时期的文化层，古人的活动区域与玉峰山周边的环境有直接的关系。昆山一带是苏州东部的低洼潮湿之地，秦置疁县，汉为娄县，先有“三江”旧迹古娄江，后北宋至和年间再浚与苏州娄门之间的致和塘，即娄江。昆山老城区就位于玉峰山与娄江之间。致和塘开通后约

照片 165　文笔峰，2020

文笔峰，因南宋时为纪念昆山第一位状元卫泾而建的石笔得名，明代时将石笔移至紫云岩之顶，高 5.5 米，于清末重修，民国初在原石笔外敷水泥加固。从山下望去，文笔峰险要而独秀。

30年成书的《吴郡图经续记》称“昆山，在本县西北”[1]；同时，在该古籍所收录记载的吴郡14座山体中，只有昆山和虞山（书中记为“崑山”和“海隅山”）不属于苏州西郊，足见其特殊性。

玉峰山及周围现开辟为公园，以明末清初思想家顾炎武之尊称，命名为“亭林公园”。公园范围内有数处苏州市文物保护单位，包括新石器时代的玉峰遗址；南宋初建、明代移建于紫云岩而后又在民国时进行加固的石笔；芙蓉岭下梁代石室抱玉洞；清道光年间所建的原名为“粤如旷如之亭”，后因林则徐题书楹联而更现名的林迹亭；顾文康公崇功专祠（顾鼎臣祠）；南宋文学家刘过墓；等等。公园内还有顾炎武纪念馆、昆曲博物馆，以及昆山“三宝”（昆石、琼花、并蒂莲）和落星潭的陨石等。

五、穿山

太仓穿山，也名“帆山”，原先是海中的岛屿，体量甚小，仅为“一拳之地”，但风景奇特。山体中有一洞相穿，可通帆船，故得其名。正德《姑苏志》称：“穿山，高一十七丈，周二百五十步，中有石洞，前后通彻，故名。”[2]嘉庆《直隶太仓州志》有更详细的记载：“穿山，一名帆山，在州东北四十二里。巨石屹立崇一十七丈，周三百五十步，中有石洞，通南北往来。《临海纪》云：穿山下洞穴高十余丈，昔有海行者举帆经其中。明正统间，近山居民凿池得桅，其末径尺有二寸，盖海中小岛也。今山在平陆，去海二十里，产金灯花，九月间花开满山，俗为游地。”[3]这里记载，曾有航海者的船张着帆从洞穴里穿过，足见穿山石洞规模相当可观，这也说明当时的穿山位于海中，且能让船只自由地穿行。同时，还有对居民在穿山挖出古船桅杆的记载，足以证明这座山当初是海中的岛屿。从实地考察所得到的结果来看，组成穿山的岩石是石英砂岩，并非一般能形成溶洞的石灰岩，因此，穿山旧时的巨大石洞可以算得上是一个非常奇特的景观。

现在，穿山位于太仓归庄以东约3千米的七浦塘新入江河道（原荡茜泾）南侧，沿七浦塘新入江河道，

■ 穿山遗址全景

■ 穿山遗址

照片166　穿山遗址，2021

穿山原先为海中岛山，后来因泥沙沉积而连陆。现仅有遗址，建有穿山寺，寺前残存山石一块。因是太仓难得的基岩出露的地方，地震测报部门就在这里建了一个自动化的监测站。

[1] 朱长文：《吴郡图经续记》卷中，宋元方志丛刊：第1册，中华书局，1990，第664页。

[2] 林世远、王鏊等：正德《姑苏志》，北京图书馆古籍珍本丛刊：26，书目文献出版社，2000，第183页。

[3] 王昶等：嘉庆《直隶太仓州志》，续修四库全书697·史部·地理类，上海古籍出版社，1996，第51页。

到长江距离约 9.5 千米。穿山目前的位置，在很大程度上反映了这个地区泥沙淤积和海陆变迁的情况。嘉庆《直隶太仓州志》记述了当时穿山是在陆地上，离海有 20 里。200 多年后的今天，穿山还是在陆地上，但在海陆关系中，陆地的位置更深了，现在的穿山离长江口的直线距离有约 80 千米。

穿山现存的只有山体遗址，上建穿山寺和地震监测站。旧时穿山的风景名胜比较特别，山上有倚天壁、崩云磴等 12 处名胜，但在 20 世纪 50 年代因采石而基本被夷平。[1] 太仓一带少天然的山体，虽然历史上有弇山、镇洋山、仰山、玉影山等以“山”为名的名胜，但基本都是人工垒土而成的山，或是叠山理水而形成的园林假山，由比较确定的基岩所构成的山体极稀少。因此，对地质基础要求很高的自动化地震监测站只能建在穿山的遗址之上。

[1] 张振雄：《苏州山水志》，广陵书社，2010，第 89 页。

第二部分

山林自然

相关的自然要素构成了山林地带的自然环境。受地质环境决定的各个地质历史时期的地层，由反映其形成环境的不同岩石组成，同时也蕴含着地质历史的时间信息；各个时期的岩层加上地质历史时期的地壳运动，以及随之而来的地表外力作用，在地表形成一定的景观；此外，气候、植被和土壤，也是对山林地区起到影响作用的因素。所有这些因素，在时间的变化和空间的分布上，表现出了一定的规律。

第一节　地质基础

地质历史决定了苏州山林的岩石类型、构造运动及整个自然环境的地质基础；不同类型的岩石具有不同的属性，在人们的开发利用中起到不同的作用；不同岩石和构造运动形迹形成了各种地质、地貌景观，传递着地质历史和环境的信息；以地质条件为基础，山林在自然要素的时空组合和人为利用方面，显现出丰富而多样的特点。

一、地史与地层

照片 167　西山林屋洞山顶的松卷螺化石，2011

在西山林屋洞所在的龙洞山山顶上，我们可以看到不少古生物化石，其中，直径超过 5 厘米的螺纹状化石最为显眼，这是一个在 3 亿年前生活在浅海中的松卷螺的化石。生活在海洋里的软体动物的化石出现在山顶之上，是典型的海陆变迁、沧海变桑田的结果。

海陆变迁、沧海变桑田是自然界的变化发展规律，是古人在几千年前就发现并总结出的现象。这类变化，有的可能是在人可感知、记录的周期里发生的，将古籍记载与当下环境进行对照就可以发现其中的变化，如历史上苏州澄湖的“地陷成湖”，东洞庭山因泥沙沉积而与太湖外陆地连成半岛；有的则要从更长的变化周期来看，要看地质环境的发展历史，这些地质历史的变化信息都会被记录在地层之中。我们不仅可以在山林之间、在地层中读到漫长的地质历史，读到苏州经历过的海侵海退、沧桑变化，还可以看到不同地层中典型的岩石和化石的模样。

地质历史中的年代信息和环境信息，主要来自人们对地层的解析。所谓“地层”，是指在某一个区域中，在某段地质历史时期形成的岩层或沉积物，其中含有两个最重要的信息，即地质年代和形成的岩石及其代表的环境情况。地质年代的划分在全球是统一的，如在 6 500 万年前，因板块运动的影响，印度次大陆所在板块与亚欧板块出现碰撞，二者之间的古地中海逐步消失，喜马拉雅山不断隆起，于是全球的构造运动进入“喜马拉雅期”，全球环境的剧变逐渐使被子植物和哺乳动物成为生物界的新主流，地质历史由此从“中生代”进入“新生代”；而各地的地层形成环境各不相同，如苏州所在的区域，环境变动最强烈的时期是在约 1.5 亿年前，由于太平洋的扩展、挤压，全区形成大量断裂构造，伴有岩浆的侵入和喷出，当今苏州地质构造的基本格局及著名的苏州花岗岩就形成于这个时期。

表 1　苏州地质发展史简表[1]

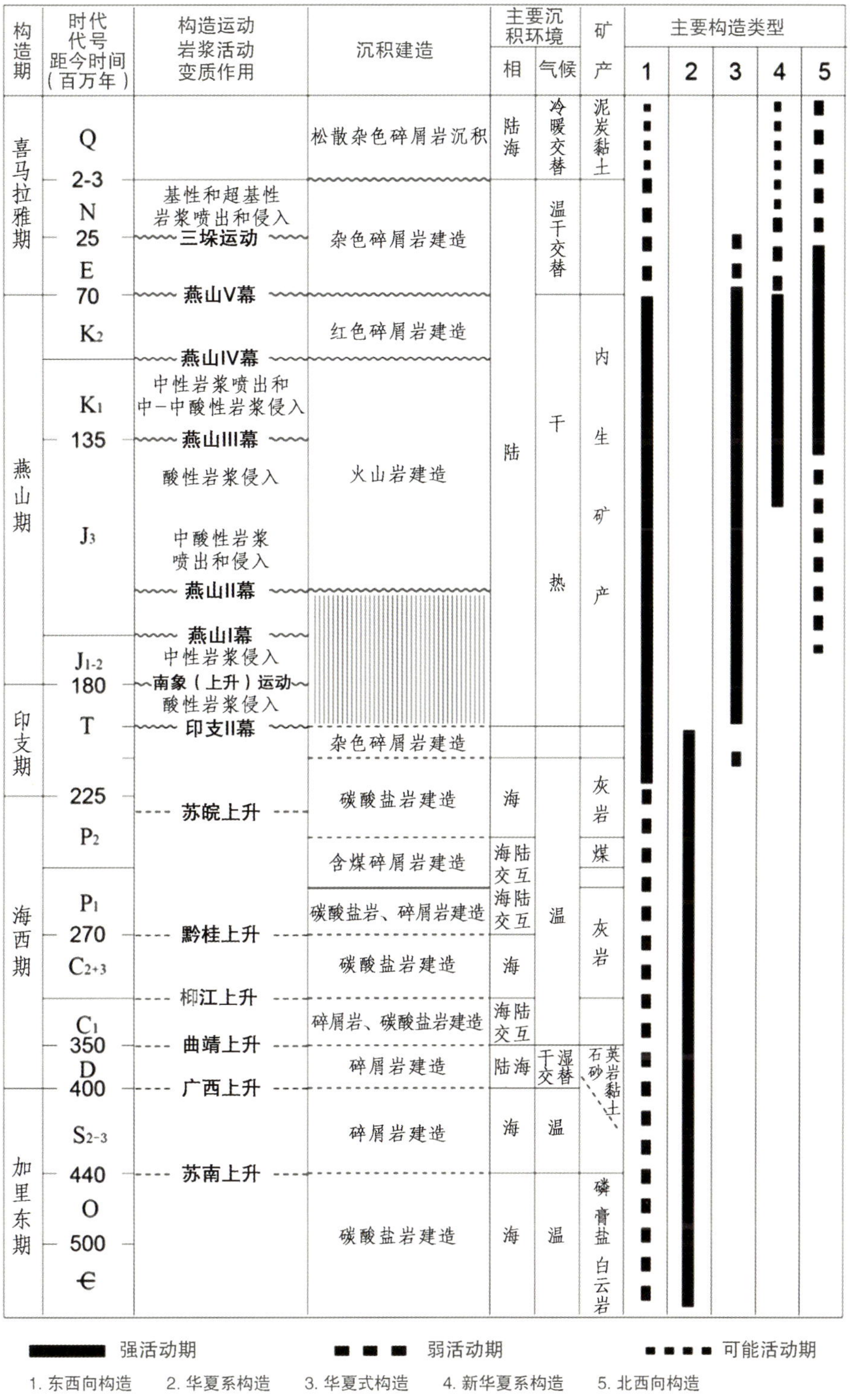

[1] 有关苏州地质发展简史的相关内容参照徐叔鹰、雷秋生、朱剑刚主编《苏州地理》，古吴轩出版社，2010，第 20–38 页。

一定的地质年代，形成一定的地层，这二者是对应的，使用的名称也是统一的。在实际研究中，地质年代（和地层）会根据某些特定的地质事件或现象进一步细分，从而形成一个统一的多级命名体系。这个体系中的基本单位是地质年代中的“纪”，每个纪各有代号，如恐龙最活跃的“侏罗纪”的代号为“J”。地质年代和地层所用名称的区别，在于后缀单位有差异。地质年代最常用的三级单位为“代”—“纪”—“世”，而地层对应的三级单位为“界”—“系”—“统”。如苏州西山岛龙洞山的石灰岩，形成于大约3亿年前浅海较深处的环境，相关地质年代的表述为“晚古生代的石炭纪”，对应的地层为“上古生界的石炭系”。进一步说，同样是石炭纪形成的石炭系地层，还可被再区分，如地质年代“早石炭世”“中石炭世”“晚石炭世”，对应的地层为“下石炭统”“中石炭统”“上石炭统”。

由于在具体的地质年代，各个地方的环境可能存在比较大的差别，因此，往往会取一些情况相近的标准地层名称作为参照，比如，在苏州西山岛东部地区的石灰岩中，最常见的是中石炭统的黄龙组灰岩和上石炭统的船山组灰岩，它们的代号分别是“C_2h”和“C_3c”。黄龙灰岩和船山灰岩形成于不同的地质年代，其形成环境也有一些变化，因此，二者在性状上也会有所差异。在同一地质时期，不同的环境会形成不同的岩石，即使是相近区域内的同类岩石，其细节往往也不同，如同处长江三角洲地区的南京、杭州，其上泥盆统分别为“五通组 D_3w”和“西湖组 D_3x”；而同在太湖东部地区的苏州与常熟，此地层分别为“五通组 D_3w”和“官山组 D_3g”，其中，官山组石英砂岩是构成常熟虞山山脊线的主要地层。

“苏州地质发展史简表”中包含了对苏州地质环境产生较大影响的信息，包括重大的构造运动时期、地质年代及其代号、构造运动及岩浆活动的主要形式、沉积建造结果及沉积环境和成矿形式、主要构造类型。择其要，可按每距今1亿年（100百万年）为节点，对其中的关键信息进行分析说明，包括地质年代及其代号、地壳升降带来的海陆环境的变迁、形成的岩石、典型的化石等。

1. 5亿年前

相关地质资料表明，在距今5亿年前后的早古生代寒武纪（∈）、奥陶纪（O）时期，现在的长江三角洲一带处于海洋的环境下。在广阔的浅海深处，沉积了厚层的以碳酸钙为主组成的石灰岩和以碳酸镁为主组成的白云岩，偶尔可从中见三叶虫化石。这也是苏州一带能见到的最古老的岩石，目前仅局部出露于昆山的玉峰山之上。玉峰山出产的昆石是我国著名的观赏石之一。

照片168 昆石，2009

昆石是我国四大观赏石之一，产于昆山玉峰山早古生代地层中，这里是苏州范围内可见到的最古老的地层。（有关昆石的内容见本书第三部分“观赏石”一节）

2. 4 亿年前

在距今 4 亿年前后，地质历史从早古生代的志留纪（S）进入晚古生代的泥盆纪（D），苏州一带地壳上升、海水退却，逐渐形成陆地环境。在陆地的洼地和湖泊中，沉积并形成了含有大量二氧化硅的石英砂岩，以及含有一定黏土的页岩，其中可见亚鳞木化石和中华棘鱼等。石英砂岩质地比较坚硬，抗风化能力较强，苏州的一批较高的山体，如穹窿山、阳山、西洞庭山、七子山、虞山等都主要由此构成。

这个时期形成的地层，在苏州一带主要可见上志留统的茅山组石英砂岩和上泥盆统的五通组石英砂岩。其中，关于茅山组石英砂岩的地质年代归属，在 20 世纪 80 年代前后有过讨论，早先更多的认定其为早、中泥盆世时期的地层，称“茅山群”（$D_{1\text{-}2}m$），后将其修正为晚志留世地层，称“茅山组”（S_3m）。[1]

茅山组石英砂岩主要分布在横山、七子山、尧峰山、穹窿山、阳山等地。岩性可分为两部分：下部为灰及浅灰色中、厚层岩屑砂岩及石英砂岩，夹有粉砂岩及泥岩；上部为紫红色石英砂岩及泥岩。茅山组石英砂岩产中华棘鱼等化石。

照片 169　东山莫厘峰东侧的茅山组石英砂岩，2012

茅山组石英砂岩常被称为“茅山砂岩”，是江南一带常见的石英砂岩之一，层厚较大，常为暗紫色，雨后往往透出红色。苏州主要见于西洞庭山、东洞庭山（东部）、七子山（东部）、穹窿山（南部）、阳山（南部），以及光福诸山等。

照片 170　穹窿山五通组石英砂岩，2003

五通组石英砂岩常被称为“五通砂岩”，也是江南一带常见的岩石之一，命名地点在浙江长兴县西北的五通山。苏州常见者以淡黄色厚层粗粒石英砂岩为主，分布于穹窿山北部、东洞庭山西部等处。

[1] 钟华邦：《对茅山群时代的新认识》，《地质通报》1991 年第 4 期。

五通组石英砂岩的分布地点基本与茅山组石英砂岩的分布地点相邻。岩性可分为四部分：底部为石英底砾岩；下部为灰、灰白色中粗粒石英砂岩夹薄层泥质粉砂岩或粉砂质泥岩；上部为灰、紫灰、紫红、灰绿等杂色粉砂岩、粉砂质泥岩，泥岩中夹薄层石英砂岩；顶部为厚度在数米到20米的中细粒石英砂岩。五通组石英砂岩产无锡亚鳞木等化石。

3. 3亿年前

在距今3亿年左右的古生代石炭纪（C）、二叠纪（P）时期，地壳再次下沉，出现升降振荡。苏州一带出现大规模的海侵，后有海陆交替现象出现，区域内形成厚层的海相沉积的石灰岩，以及陆地或滨海湖沼地带沉积而来的砂页岩，分别含有松卷螺、珊瑚及戟贝等化石。在此过程中，前半段海相沉积形成的石灰岩主要分布在西洞庭山的禹期山、鼋山、龙洞山、石公山、三山等处，这一带是历史上太湖石、青石的主要产地，林屋洞也形成于这个时期的地层中；后半段升降交替，成陆时森林大量出现，沉降时森林被掩埋，形成西山至东山一带地下的煤田。

照片171　石灰岩及化石，2022

石灰岩中的生物化石说明其形成的初始环境在海洋，这些灰色的石灰质是水中的碳酸钙在海洋中沉淀而形成的。在傍晚的斜阳下，大谢姑山遗址石灰岩里的化石特别醒目。

石炭系分为上、中、下三统，下统高骊山组，中统黄龙组，上统船山组，主要分布在西山岛东部、南部及邻近的湖中岛山，形成较完整的石灰岩地层。

二叠系分为下、上两统，区域内横向差异相当明显，同一时期会形成不同岩相，其中，下二叠统又分为两组。

栖霞组为石灰岩，主要分布在凤凰山、阳东和玄墓山东坡等地。岩性可分下、上两段：下段为深灰色臭灰岩及灰色生物灰岩，其底部为深灰色页岩；上段为深灰、灰色厚层灰岩和含白云质灰岩，含不规则的燧石、泥质团块，其底部为硅质层。产䗴类化石及珊瑚化石。

堰桥组是苏南宜兴—江阴一线以东常见的地层，苏州西郊也有出露。因其较易风化，故其地表出露区域往往较小且零散，主要可见于西郊的阳山、凤凰山、蒸山、玉屏山、玄墓山、灵岩山等地。堰

照片 172　藏书砚瓦山泥页岩，2003

堰桥组、龙潭组地层中多含泥质岩，其中一些薄层的泥页岩受到后期岩浆活动带来的高温烘烤后硬度变大，成为制作砚台的优质材料。灵岩山古时也有“砚石山”之称，山之西旧有嶬村，所产之砚闻名一时。后因原料采竭，砚石开采和加工之地西移至藏书善人桥西北，依此山龙潭组地层的泥页岩为原料，现有山名即“砚瓦山”。

桥组依岩性可分三段：下段为厚层深灰色粉砂岩和泥岩互层；中段为深灰色细砂岩、粉砂岩和泥岩互层；上段为灰、浅灰色中粗粒长石石英砂岩，夹深灰色泥岩和砂质灰岩。产蜓类化石和腕足类化石。

上二叠统亦可分为两组。

龙潭组为含煤地层，主要分布在蒋墩山、玄墓山、玉屏山、马岗山、砚瓦山、五峰山、灵岩山和阳东等地。根据其岩性岩相、古生物等特点可分三段：浅灰、灰黑色中薄层泥岩、粉砂质泥岩，夹少量粉砂—细砂岩等，底部为陆相含煤沉积，产腕足类和植物化石；中段为一套浅海相地层，有浅灰、灰黑色中厚层状泥岩和粉砂质泥岩，局部见少量粉砂—细砂岩条带等，产腕足类和头足类化石；上段以灰白色细砂岩和深灰色粉砂岩为主，夹页岩、砂质页岩和煤层，产植物化石。

长兴组以灰岩为主，主要分布在玉屏山等处。岩性为灰、灰白色厚层状灰岩，下部含白云岩夹层，产蜓类化石、腕足类化石和珊瑚化石。西洞庭山的分支马石山局部也有长兴组出露，并有长兴灰岩和

照片 173　上二叠统龙潭组地层中的戟贝化石，2020

在藏书镇西北砚瓦山的上二叠统龙潭组地层中，含有不少化石。这里是相关人员在苏州进行相关研究、教学时寻找化石常去的地方。

后续的中下三叠统青龙群地层界面，是长兴在该地质历史时期国际“金钉子”剖面的辅助剖面，为太湖西山国家地质公园的主要遗迹点。

4. 2亿年前

在距今2亿年左右的中生代三叠纪（T）时期，苏州一带的地壳又一次相对下沉，出现第三次海侵，形成了浅海相的灰岩和泥质灰岩地层。而在距今1.5亿年左右的中生代侏罗纪晚期（J_3），由于发生了被称为“燕山运动”的剧烈地壳运动，苏州再次上升为陆地，强烈的地壳运动造成的挤压力使之前的地层出现弯曲褶皱和断裂错位，同时伴有大范围的岩浆侵入和喷出，天平山、天池山、灵岩山等处的花岗岩和虎丘、何山、阳山（北部）、南山（蟠螭山）的火山岩主要形成于这个时期。大规模的地壳运动使苏州志留纪、泥盆纪等时期的地层发生褶皱断裂和差异性升降，从而形成了苏州的山体分布等地貌的基本形态。

照片174　苏州花岗岩的长石、石英、云母三大矿物，2020

花岗岩是因酸性岩浆侵入地下深处而形成的深成侵入岩。由于岩浆冷却的速度非常缓慢，常见矿物都有可以比较从容地形成结晶的时间，因此，花岗岩的矿物颗粒粗大。花岗岩常见矿物有接近透明的石英、微红色至灰色的长石，以及黑色的云母。在苏州西郊丛山的中部，以天平山、天池山为中心的区域的山体均由花岗岩构成。

照片175　虎丘的火山岩，2011

虎丘有相当厚的火山岩。通过第三泉的断裂切割出的岩层剖面，我们可以看到岩石的结构和颜色有明显的分层，此即不同批次的火山活动形成的火山岩叠加现象。

照片 176　太湖泽山的火山流纹岩，2008

泽山上有火山喷出形成的流纹岩，岩石中可见岩浆在冷却前流动翻卷、气泡上浮形成气孔密集层等现象。

5. 300 万年以来

距今 300 万年以来，苏州一带受地壳升降运动，以及第四纪（Q）冰期、间冰期海平面升降等古气候变化的影响，海面发生多次相对升降，带来一定规模的海水进退，形成了厚约 160 米的滨海至湖沼相的泥沙、黏土沉积。在距今 1 万年左右时，苏州一带早已由海湾变成潟湖，再变成湖沼，最后成为陆地，此时已进入旧石器时代，如在太湖三山岛就发现有旧石器时代古人类活动的遗址。从此，苏州就一直处于陆地的环境下，太湖则在这块陆地上慢慢积水而成。

照片 177　三山岛的旧石器时代古文化遗址，2010

三山岛的旧石器时代古文化遗址，是太湖西山国家地质公园的重要组成部分。遗址的发现，说明在距今 1 万年前时，三山岛一带并非像现在一样是太湖中的岛山，而是有着比较广阔的森林和草原的陆地。这不仅进一步说明，那时还没有现在这样的太湖，还说明长江三角洲也是我国古文明的重要发源地。

二、构造运动和岩浆活动

1. 构造运动的基础

苏州所在地区的地质构造的形成和分布情况，受到相关地质历史时期大规模构造运动和大地演化史的影响。按照板块构造学说和传统的地槽–地台学说的相关理论，苏州地质构造的形成和演化过程大致可以分为地槽发育、地台形成和地台活化等阶段。

■ 构造运动

在震旦纪之前的地槽发育阶段，本区范围内形成系列地槽沉积物。大约在 8 亿年前，区内巨厚的地槽型堆积物经过多期构造变形和区域变质作用，形成了地壳的结晶基底。距今约 8 亿年至 1.6 亿年以前，自震旦纪至三叠纪，是准地台的发展阶段，地壳主要做垂直升降运动，海陆多次交替。

1.6 亿年以后，从晚三叠世至新生代，是地台活化阶段。在前期 1.6 亿年前至 0.65 亿年，为印支运动和燕山运动。随着太平洋的生成与扩展，太平洋板块向欧亚板块做北西向俯冲，地壳的水平运动形成巨大的挤压力，使古生代沉积的地层形成一系列的北东向短轴褶皱和北东向压性断裂，如木渎向斜。此时，岩浆沿断裂带侵入或喷出，形成了印支期的城隍山石英斑岩体、燕山期苏州花岗岩体、金墅闪长花岗岩体、亚子桥闪长玢岩体、望亭二长花岗岩体，以及阳山（北部）、虎丘山、何山、南山（石壁）等地的火山岩体。在北东向褶皱和断裂形成的同时和稍后，又形成了一系列与其配套的北西向、东西向张性断裂。有的断裂在古生代已初步形成，到中生代又再次活动和发展，并形成断续的构造–岩浆岩带，如湖苏断裂带上有时思、直塘、归庄、沙溪岩株或岩墙分布等。

从后期 0.65 亿年前至今，新生代的喜马拉雅运动主要表现为地壳的抬升和下降，湖苏断裂以西的地壳主要表现为抬升，使古生代地层和岩浆岩体形成高山，山体受长期外力作用而风化、剥蚀、搬运，逐渐被夷平为现今的低山丘陵；湖苏断裂以东的地壳主要表现为下降，沉积了超过 200 米的第三系和第四系地层。

苏州一带各历史时期的地质环境，也具有总体一致性和内部差异性。如从早古生代的寒武纪到晚古生代的泥盆纪，苏州的地质环境大势与整个长三角地区基本一致，只是局部的岩性特点及使用的岩石名称略有不同。随着研究的深入，学者们也对岩层对应的地质年代进行了局部修正，如原先一般认为早中泥盆世形成了“茅山群”，现在被修正为晚志留世，这意味着早中泥盆世的地层在本地区多有缺失，而在晚泥盆世时则普遍沉积了较大面积的五通组（D_3w）或官山组（D_3g）石英砂岩。

■ 推覆构造

推覆构造是苏州西郊一带的基本构造形式。20 世纪 80 年代，随着地质普查勘探工作的开展，在苏州西郊一带的山地区域发现了大量逆掩断层，以及由成组的逆掩断层组合而成的叠瓦状构造。在这些逆掩断层的前缘，发育了一批较老地层覆盖于较新地层之上的“飞来峰”[1]。这里的主要山体包括苏州最高的一批山体，如穹窿山、阳山、西洞庭山等，都是由此形成的。苏州的主要逆掩断层包括[2]：① 观山—阳山叠瓦状构造，此构造由一系列逆掩断层联合组成。其中，观山逆掩断层走向北 50° 西，倾向北东，上盘为上侏罗统英安质角砾熔岩和凝灰岩，下盘二叠、三叠系长兴组青龙灰岩及堰桥组；

[1] 蔡东升、施央申、卢华复、董火根：《苏州西南部的推覆和伸展构造》，《大地构造与成矿学》1993 年第 2 期。
[2] 韩克从、龚祖兴、王学孟：《苏州西部的逆掩断层和叠瓦构造》，《地质论评》1982 年第 4 期。

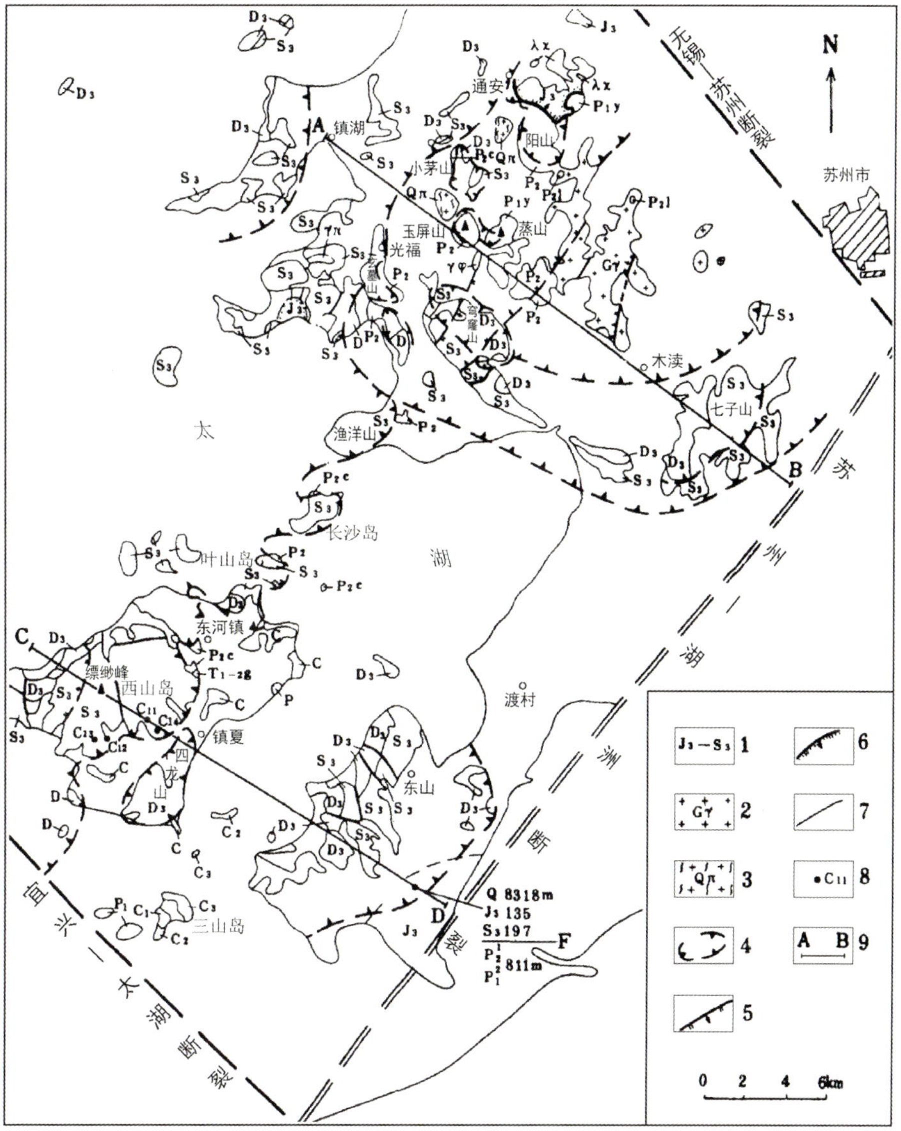

1-地层代号；2-花岗岩；3-石英斑岩；4-逆推断层；5-正断层；6-正断层与不整合面复合；
7-地层界线；8-钻孔及其代号；9-剖面位置

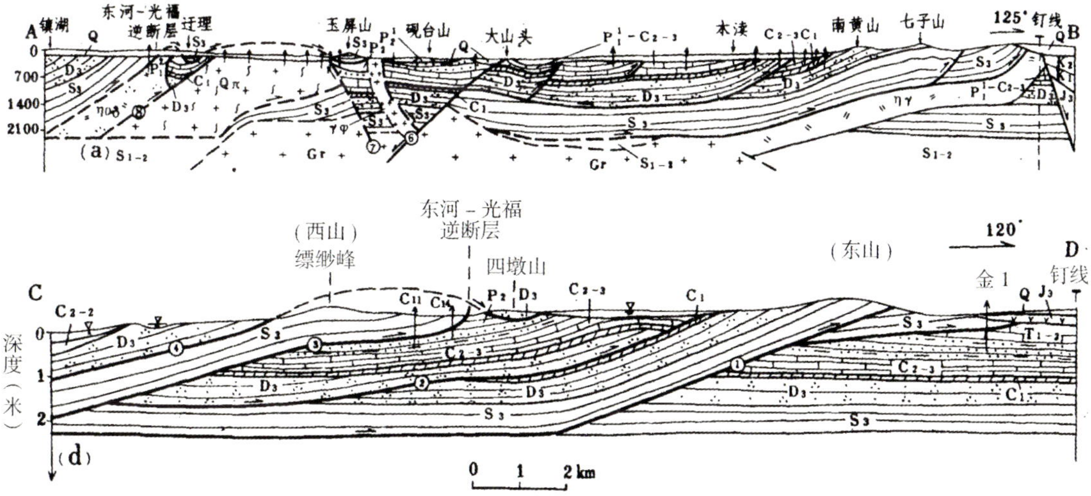

图 18　苏州西郊山地地质构造示意图[1]

[1] 蔡东升、施央申、卢华复、董火根：《苏州西南部的推覆和伸展构造》，《大地构造与成矿学》1993 年第 2 期。

米堆山逆掩断层，上盘为堰桥组，下盘为栖霞灰岩，走向北西，倾向北东，倾角 10°~15°；阳山逆掩断层，上盘为茅山群[1]和五通组，下盘为栖霞组和堰桥组，断面走向北 50°~60° 西，倾向北东，倾角 20°，前锋部位倾角 45° 或更大，上盘中还发育了几条北西向的冲断层，前锋部位出现两种张性断裂。② 玉屏山—蒸山逆掩断层，断层上盘为茅山群和五通组，下盘为龙潭组。③ 玄墓山逆掩断层，上盘为茅山群，发育北东向的缓波褶曲，下盘原地岩为二叠系龙潭组和堰桥组，上、下盘地层走向北西，倾向北东，倾角 20° 左右，南西缘的逆掩断面下的山坡上，出现了巨大的外来的栖霞灰岩和五通砂岩岩块，东缘断面附近的龙潭组粉砂岩经挤压揉皱而千枚岩化，其中包裹一大块船山灰岩，仅露头的就有十几米（这些石灰岩成为玄墓山南侧“真假山”的基础）。④ 穹窿山逆掩断层，上盘为泥盆系茅山群和五通组，下盘原地岩为堰桥组和栖霞组，上、下盘地层皆被近东西向的褶皱改造。⑤ 长沙岛北西向逆推断层，上、下盘皆为茅山砂岩，断面走向北 60° 西，倾向南西，倾角 50°。长沙岛的东侧为北东向逆推断层，上盘为茅山群，下盘为青龙灰岩、长兴灰岩和龙潭煤系，断面走向北东 30°，倾向北西，倾角 45°，此北东向逆推断层切割了北西向逆推断层。⑥ 叶山岛逆掩断层，上盘为茅山群，下盘为长兴灰岩，后者产中华古蜓。⑦ 西山缥缈峰逆掩断层，上盘为茅山群，地层走向北西，倾向南西，倾角 10°~25°，发育了几条因张性裂隙剥蚀而成的北西向冲沟，其中，马村冲沟已出露下盘原地岩，下盘原地岩主要有青龙灰岩、长兴灰岩、龙潭组、堰桥组、栖霞灰岩及黄龙灰岩。马石山二叠系原地岩上有泥盆系砂岩推覆体块体驼背山，是典型的“飞来峰”。此外，在第四系和上白垩统浦口组的掩盖下，还有东山煤田内的叠瓦状构造和范家桥—谈家桥叠瓦状构造等推覆体组合。

2. 岩浆活动概况

苏州西郊一带在燕山运动期间岩浆活动频繁，岩浆岩分布较广。其中，岩浆深成侵入形成的花岗岩，是长江三角洲唯一的一处较大规模出露区，主要出露区的中心位于苏州古城中心以西约 13 千米处，侵入体投影面积近 70 平方千米，基岩出露面积仅 10.2 平方千米，岩体沿垂直方向延伸，有近圆柱状的岩株产出，为由多次侵入过程形成的复式岩体。花岗岩体与二叠系及其以前的地层均为侵入接触。

■ 花岗岩侵入体

根据相关区域的地质调查和研究数据，苏州花岗岩的形成时代属于中生代的燕山期，包括燕山早期和晚期。如在天平山地区，花岗岩侵入体的形成时间在 1.55 亿年至 1.07 亿年。[2]

燕山早期花岗岩仅见于白鹤山，出露面积仅 0.7 平方千米。岩石为青灰色、块状构造、中 – 细粒似斑状结构，主要矿物成分为石英（20%~25%）、钾长石（30%~35%）、斜长石（25%~30%），深色矿物是角闪石（2%~3%）和黑云母（2%~3%）。含角闪石是此期花岗岩的第一个特点。岩浆侵入时，深部已结晶的矿物形成结晶明显的斑晶，而由于岩体规模小，岩浆侵入后与沉积岩接触冷却速度快，其他矿物颗粒结晶成基质。成斑状结构是此期花岗岩的第二个特点。

燕山晚期花岗岩又可分为不同阶段。第一阶段是花岗岩为主侵入阶段，岩浆温度高、规模大，与早期白鹤山侵入体的温差小，结晶过程较长，形成中粗粒结构和中粗粒似斑状结构的特点。此次侵入形成苏州花岗岩的主体，分布广泛，岩石相变较清楚。岩体中央为肉红色中至粗粒黑云母花岗岩，粒径 3~5 毫米，主要矿物为石英（30%）、钾长石（60%）和少量斜长石（7%），深色矿物是黑云母（3%），主要分布于天平山及灵岩山一带；边缘地带为肉红色似斑状花岗岩，斑晶主要由钾长石和石英组成，

[1] “茅山群”现已修正为“茅山组”，在此依原文，下同。

[2] 唐兴元、邹松梅、蒋为民：《苏州西部天平山花岗岩超单元的划分及特征》，《江苏地质》1994 年第 C1 期。

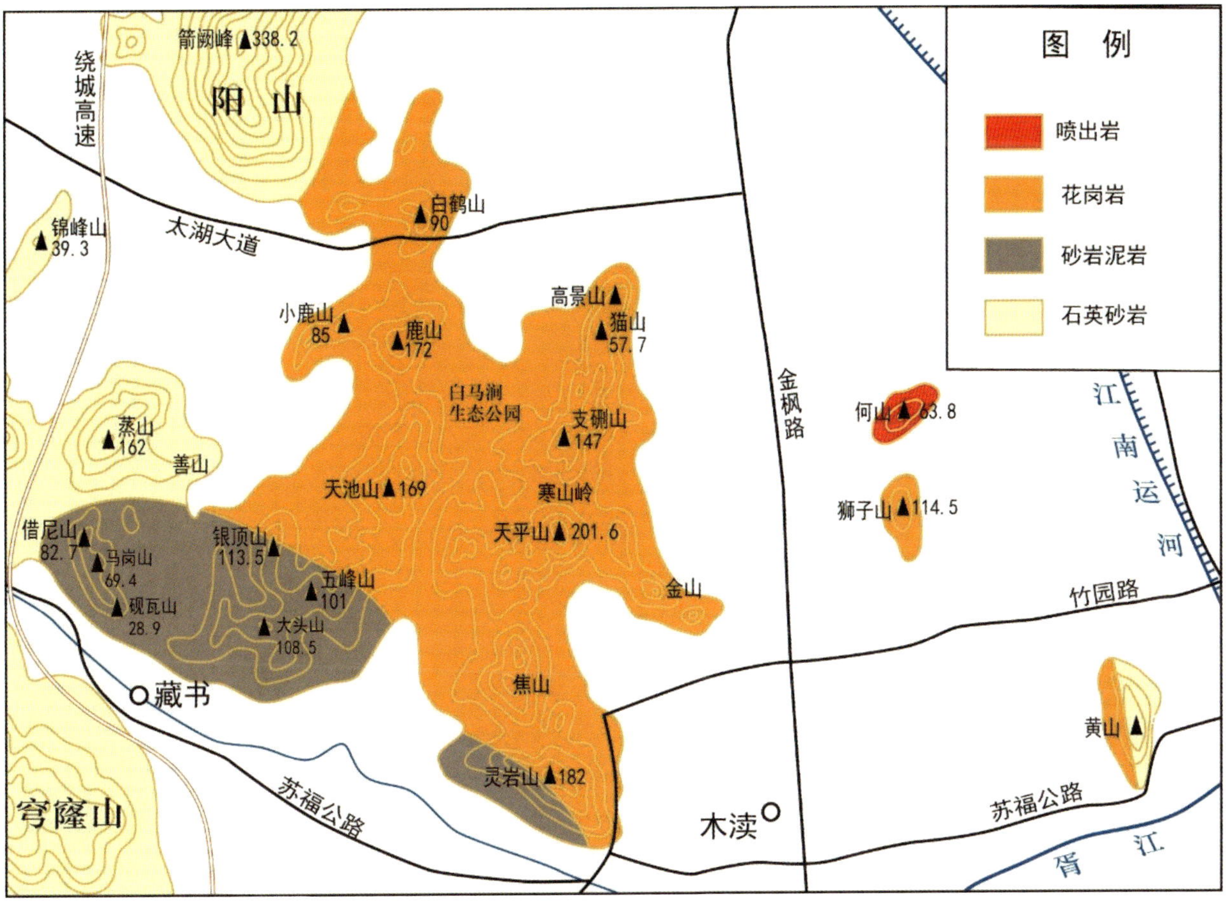

图 19　苏州花岗岩出露区分布示意图[1]

一般为 3~6 毫米，基质为中−细粒花岗岩结构，矿物成分同内部相岩石，主要分布于金山一带，与岩体中央岩相呈渐变过渡。这一阶段后基本奠定了苏州花岗岩核心分布区的格局。

第二阶段是花岗岩侵入仅见边缘相，为灰白色细粒至中粒花岗岩，局部含少量斑晶，主要矿物成分是石英（28%）、钾长石（60%）和斜长石（8%），黑云母（4%）极少。它们常呈脉状或不规则岩枝状穿入第一阶段岩石中，主要分布于横山、高景山、狮子山，以及灵岩山和天平山、观音山之间。天池山和索山的细粒结构特点比较明显。

此外，残余岩浆沿着早先形成的花岗岩侵入体与沉积岩的接触带，或岩体裂隙灌入，并吸收了沉积岩与早期侵入岩的铁、镁物质，造成黑云母相对富集，在横山形成了富含黑云母的特殊形态。

古火山活动

苏州的古火山活动在西郊一带也有一定的规模，相关调查工作圈定了阳山之北鸡笼山和光福小南山（光福南山）两个古火山机构，并推测了白洋湾、阳抱山、何山、城隍山及渔洋山东梅舍里等古火山口的分布情况。[2]岩浆喷出活动主要出现在晚侏罗世早期，沿北东向和北西向深大断裂，形成裂隙式为主的中性岩浆喷发，形成大面积的以安山岩、安山质角砾集块熔岩为主的火山岩层。晚侏罗世和早白垩世又有后续较小规模的喷出活动。阳山北部及其北鸡笼山、阳抱山、城隍山、虎丘、何山、小

[1] 张振雄：《苏州山水志》，广陵书社，2010，第 19 页。
[2] 唐兴元、邹松梅、钟华邦：《江苏苏州西部古火山机构的初步研究》，《江苏地质》1994 年第 C1 期。

南山等处都为火山岩出露分布区。太湖岛山，如泽山等也有局部火山岩的分布。

三、稳定的地质环境

总体而言，苏州具有较为稳定的地质环境，上亿年前曾经有过的断裂活动早已趋于稳定，历史上没有过大的破坏性地震的记录。

■ 断裂构造形成于1亿年前

在苏州西郊山地一带，虽然穹窿山、阳山、西洞庭山等主要山体在地质构造上属于因地壳挤压而形成的逆向断层的推覆体，但这些断层都是燕山运动时期构造运动的产物，其中，北西向逆掩断层发育于距今1.5亿年左右的燕山运动早期，北东向逆掩断层发育于约1亿年前燕山运动晚期的早白垩世。[1]这些逆掩断层及其叠瓦状构造组合，对苏州西郊一带岩浆岩及高岭土、多金属矿等的形成与分布起到控制作用，但对当代的断裂活动已无大的直接影响。

■ 历史上无大的破坏性地震

从有史以来苏州一带发生过的地震来看，基本没有大的破坏性地震。这些地震基本与1万年以来地质历史上全新世时期的断裂活动有关，且这类活动断裂的形成时期，基本就在燕山运动时期，因断层活动而引发的一些地震的位置，基本是在有大量第四纪沉积物覆盖的平原地带深处。自公元1500年以来，苏州市域范围内共发生8次破坏性地震，如吴淞江一带坳陷带的南界断裂有过2次4¾级和1次5级地震的记载；再如，太仓与常熟交界一带1990年曾发生过的5.1级地震，是苏州发生的最新也是最强的一次地震。这些总体上说明了苏州一带的地质环境是相当稳定的。

表2　自公元1500年以来苏州市域破坏性地震列表[2]

序号	年	月	日	震级	震中地点
1	1501	11	27	4¾	苏州市区
2	1524	03	19	5	吴中区太湖
3	1621	11	/	4¾	吴江区平望镇
4	1658	09	19	4¾	太仓市西北
5	1678	05	24	4¾	吴中区甪直镇
6	1731	11	/	5	昆山市南
7	1855	01	15	4¾	昆山青浦间
8	1990	02	10	5.1	常熟太仓间

注：表格中的分数，是按地方志等文字记载推测的地震震级；1990年的5.1级是由仪器测量并记录下的震级。

[1] 韩克从、龚祖兴、王学孟：《苏州西部的逆掩断层和叠瓦构造》，《地质论评》1982年第4期。
[2] 徐叔鹰、雷秋生、朱剑刚主编《苏州地理》，古吴轩出版社，2010，第36页。

第二节　地质地貌景观

一、断层景观

推覆体

苏州西部地带逆掩断层造成的推覆体，对这里的山地格局有比较明显的影响。现在苏州最高的一些山，包括穹窿山、阳山、西洞庭山等，主要是由茅山组、五通组的石英砂岩构成山的主体，以断层推覆体的形式覆盖于石炭纪和二叠纪时期的石灰岩等地层。石英砂岩的抗风化能力和推覆体的抬升作用，是苏州这些最高山体形成的主要原因。

从苏州三座超过300米的山体来看，同样是推覆体，具体情况却有较大差异。穹窿山山体比较完整，主要由茅山组、五通组石英砂岩构成，周边除了西北侧局部有石灰岩地层外，其他地层基本没有出露；穹窿山存在一些接近南北走向的断裂构造，断裂带中既有一些花岗斑岩等岩浆侵入迹象，也有以断裂为基础发育的谷地，但总体上断裂构造的分布并不太明显。阳山的岩层比较破碎且复杂，山地主体主要为茅山组、五通组砂岩，东麓有栖霞灰岩等石灰岩地层出现，但仅以出露地层判断其为推覆体的现象也还不甚明显；阳山山体的断裂现象非常明显，其最高处箭阙峰分布着大量角砾岩，与整个山体的断裂带一样，中间填充了大量脉状的火成岩，主要成分是二叠系的次英安斑岩，表明是中酸性岩浆的浅成侵入活动；阳山北部有较大面积的上侏罗统火山岩，与石英砂岩一起构成了阳山山体的重要骨架，而箭阙峰等主要山峰的构成还是以石英砂岩为主。西洞庭山的推覆构造现象最为明显，缥缈峰的推覆体规模巨大且易于观察。此推覆体的最佳观察位置在原西山古樟植物园，可观察其西侧的推覆体东部边缘，具体为西洞庭山边缘分支马石山和驼背山（此地名或被记为“杜背山”“大背山”，当是吴语“驼背山”音讹），其中，作为上盘推覆体的驼背山主体为与缥缈峰一体的茅山砂岩，下盘地块马石山有

照片178　驼背山和马石山，2021

照片中近处有不少灰白色的岩石裸露在山坡上的就是马石山，这些裸露的岩石就是石灰岩；高度明显高于马石山的为驼背山。驼背山和马石山之间有石英砂岩和石灰岩的交界处，本质上属于一个断层推覆体的断层滑动面。驼背山的茅山砂岩覆压在马石山的青龙灰岩、长兴灰岩等地层之上。

照片 179　玄墓山“真假山”，2021

玄墓山的主体是茅山砂岩，但在玄墓山南侧的圣恩寺，有个著名的景点“真假山”，其构成岩石为石灰岩，而且因受到外力风化流水侵蚀的影响，“真假山”具有比较明显的太湖石的外貌。这些石灰岩形成于相对比较年轻的 2.5 亿年前的二叠纪，而覆盖在上面的茅山砂岩则形成于约 4 亿年前的志留纪。

上二叠统的长兴灰岩（P_2c）和中下三叠统的青龙灰岩（$T_{1\text{-}2}qn$）等。

■　断层崖

在印支运动和燕山运动期间，苏州所在地区的地台有普遍的活化，典型现象是既形成了大量的断裂构造，也形成了以推覆体为代表的断层活动结果。但因长期的外力风化，目前在苏州西郊的山地上，要找到典型的断层现象已经相对困难，倒是在常熟虞山还能看到与断层活动直接相关的断层崖。由断裂而形成的局部景观则相当多见，如虎丘的剑池、试剑石、第三泉，多处“一线天”，以及常熟虞山的剑门等，都是与断裂直接有关的地貌现象。

二、石英砂岩

苏州山体的高度与所构成岩石的类型有很大的关系，最高的一批都是由石英砂岩构成的。这些石英砂岩的山体多数也具有推覆体的特征，断层活动抬升了它们的高度。原先在石英砂岩地层之上本还有更年轻的以石炭系为代表的石灰岩，但这些石灰岩地层在这些最高的山体的顶部都因风化侵蚀而缺失了，只在推覆体之下或向斜地带被保留下来。苏州以石英砂岩为主构成的山地，海拔一般在 300 多

照片 180　虞山剑门断层崖，2021

常熟虞山是一座因断层活动差异升降而形成的单面山，由于断层北面的虞山相对抬升，而断层南侧的尚湖相对下沉，因此，形成虞山和尚湖，以及二者之间的断层崖。

米，其中，穹窿山笠帽峰 341.7 米、阳山箭阙峰 338.2 米、西洞庭山缥缈峰 336.1 米，七子山主峰 294.8 米，东洞庭山莫厘峰 293.5 米，潭山 253.0 米，玄墓山 231.0 米，西碛山 231.0 米，虞山 261.1 米。与之相对，苏州由花岗岩组成的山体的海拔基本为 200 米左右，如天平山 201.6 米、大焦山 200.0 米、灵岩山 182.0 米、鹿山 172.0 米、天池山 169.0 米。苏州由石灰岩组成的山体的海拔则更低，如龙洞山 53.0 米、石公山 49.8 米。

形成这种差异的主要原因，是石英砂岩的硬度和抗风化能力明显强于石灰岩和花岗岩。石英砂岩是由石英砂沉积物胶结成岩的，虽然是沉积岩，但它的组成成分主要是岩浆冷却过程中形成的石英。石英作为自然界中常见的较硬的矿物，在“摩氏硬度计”中硬度为 7，比石英硬度更大的黄玉、刚玉、金刚石都已不多见。在地壳中，氧和硅两种化学元素占到 3/4，它们构成了地壳矿物中最常见的硅酸盐类矿物，而且也会以二氧化硅的成分单独出现，此即自然界中常见的石英。以花岗岩为例，其主要的造岩矿物为石英和长石、云母，后两者属于硅酸盐类矿物。在自然界岩石和矿物风化的过程中，长石、云母会随着自然的风化而分解，只有由纯粹的二氧化硅组合而成的石英，才会以不同大小的石英颗粒保存下来，也就是石英砾或石英砂。这些石英砂，在湖泊等环境下形成沉积物，再经过地下一定深度的压实胶结，形成以石英为主要组成物质的石英砂岩，因此，石英砂岩具有突出的抗风化能力。

照片 181　从七子山看西郊石英砂岩和花岗岩山地，2020

从照片中我们可以看到苏州西郊花岗岩山地和环绕在其周边的石英砂岩山地。最近处为七子山，右上角是阳山，中间最远处的是穹窿山，这些石英砂岩构成的山地的海拔都在 300 米左右。石英砂岩所环绕的是花岗岩山地，如天平山、大焦山、天池山、鹿山等，海拔在 200 米左右。显然，苏州西郊山地的高度和它们的岩石类型是直接相关的。

苏州西郊石英砂岩山体的顶部一般都比较平坦，常有建筑分布。如穹窿山笠帽峰一带山顶平广，历史上上贞观就曾建于此处；现西洞庭山缥缈峰建有缥缈阁；东洞庭山莫厘峰有慈云庵；等等。只有阳山箭阙峰不像笠帽峰、缥缈峰那样完整，虽然过去也建有浴日亭，但其岩石中可见棱角分明的砾石，角砾的成分为上志留统茅山砂岩。这些角砾因断裂活动、岩浆活动而破碎、胶结，主峰一带基本不见茅山砂岩的层理，加上采矿的影响，现在箭阙峰一带的山体显得比较破碎。

照片 182　穹窿山主峰笠帽峰，2021

穹窿山主峰笠帽峰海拔 341.7 米，是苏州第一高峰。此峰以形而名，但要见笠帽之形，须远观，近处只见平坦而广阔的山巅。若非这块垒叠在峰顶、刻有“吴中之巅”的磐石，人们很难意识到自己身处苏州最高处。磐石之下，才是穹窿山位置最高的山石，山体出露的是石英砂岩。

三、苏州花岗岩

苏州花岗岩是长江三角洲腹地典型的花岗岩出露区，分布于苏州市西南近郊，以天平山为中心，包括灵岩山、花山、天池山、金山、高景山、狮子山等，具有典型的花岗岩地貌。花岗岩原生的节理，尤其是垂直节理，以及由此经外力作用而形成的球状风化，奠定了花岗岩奇特景观的基础。同时，苏州花岗岩分布区有多处花岗岩体与围岩的接触带出露，侵入体与周边围岩的接触关系易于观察，如局部变质现象、捕虏体、析离体等，在苏州花岗岩体的周边接触带都可以观察到。

照片 183　阳山主峰箭阙峰，2021

箭阙峰海拔 338.2 米，是苏州第二高峰。组成箭阙峰的岩石也是抗风化能力强的石英砂岩，不同的是，阳山主峰一带地质历史上曾经受地壳运动的强烈挤压而破碎，同时伴有岩浆活动，形成了大量的角砾岩。箭阙峰也由这些石英角砾岩构成。现在的箭阙峰因为山体构造比较复杂、受采矿影响等，显得比较破碎，断裂广布。

照片 184　西洞庭山主峰缥缈峰，2020

西洞庭山主峰缥缈峰海拔 336.1 米，是苏州第三高峰。缥缈峰也由石英砂岩组成，在周边的山地中显得非常高耸。由于西洞庭山是太湖中的一个岛屿，缥缈峰在太湖各岛山中海拔最高，居“太湖七十二峰”之首，被称为“太湖第一峰”。

接触带

之所以说对苏州花岗岩的研究在科研和教学上具有重要的意义，其中一个原因是其侵入体出露范围并不是太大，这样不仅在其中心地带能看到花岗岩的典型特点，还能比较容易地寻找到花岗岩侵入体与围岩的接触带。在此接触带上，炽热的岩浆沿着断裂往地下侵入，与围岩接触，使围岩受到高温烘烤而变质。当岩浆冷却形成岩石后，在接触带就能看到岩浆岩边缘与原有围岩之间的过渡状态。这里岩浆岩既可能主动侵入围岩裂缝中穿插成岩脉，也可能有比较大团的岩浆包围了原岩或其他先期侵入的花岗岩，形成捕虏体，其中，其以保留了原有围岩层理等特点的捕虏体更为特别且引人注目。

垂直节理

花岗岩侵入体，是酸性岩浆从地下深处侵入后，缓慢冷却凝结而成的岩石。由于侵入体的体积足够大，因此，在岩浆冷却成岩的过程中，往往伴随着体积均匀的收缩，一般都会形成原生的节理，尤以垂直节理多见。花岗岩中的垂直节理有狭义和广义的理解：狭义的垂直节理就是指在垂直方向上伸

照片 185　灵岩山花岗岩侵入体边缘的捕虏体现象，2015

灵岩山处于苏州花岗岩侵入体的南部边缘，这里有多处可见花岗岩体与下二叠堰桥组泥页岩围岩的接触带。照片中下部和偏上两个位置可见典型的捕虏体现象，花岗岩侵入体侵入原有的围岩并将围岩包裹于其中，这形成了花岗岩中易被误认为是人为置入岩石的现象。

照片 186　灵岩山山顶的顶垂体，2016

顶垂体是花岗岩侵入上覆围岩时的一种岩脉穿插并引起围岩变质的现象。现在，在灵岩山山顶灵岩寺花园中能看到这种花岗岩侵入体和顶部围岩之间的关系，非常难得。

展的断裂节理；广义的垂直节理是指在花岗岩体中比较常见的，由于其均匀收缩而形成的两组垂线方向贯穿又相互垂直的节理，加上一组水平方向的节理。在三组节理的共同控制下，花岗岩岩体常会被切割成比较方正的立方体或长方体，这为后期沿着垂直节理的风化创造了基本的条件。

当花岗岩随着地壳运动被抬升到高处，围岩被外力侵蚀而使花岗岩体接近或露出地表以后，外力的风化破坏作用沿着节理逐步显现，特别是节理分布比较集中的地方受到的风化破坏就更严重。在苏

照片 187　天池山花岗岩垂直节理，2016

在天池山的山坡上可见风化的起始。在照片中可见花岗岩体中的两组节理，以及在节理上开始的风化和侵蚀现象。近处的臼穴显然处在两组节理的交会处，岩石更为破碎。

州花岗岩地区，我们可以看到外力风化作用下花岗岩垂直节理发育的各个典型时期，从而组合成一个系列：在刚开始风化的时候，能够看到垂直节理只是明显的裂缝；发展到比较成熟以后，可以看到穿透岩石甚至透光的裂缝；再发展下去，裂缝可以宽到能通过行人；到最后，或只能看到垂直节理旁边原有的岩石的残留，此时原来节理的模样已难见踪影，而花岗岩体往往已具明显的浑圆外廓——如此便形成不同的景观。

照片 188　花岗岩垂直节理顶部已有球状风化，2017

天平山回音谷附近，从花岗岩垂直节理的顶部来看，垂直节理切割下形成的岩块的风化状况已经出现明显的差异。

照片 189　花岗岩垂直节理形成的透光石隙，2015

在天平山“一线天”上方，可见一组垂直节理将山岩切穿，经风化而形成石隙透光的景象。

照片 190　花岗岩垂直节理形成的“一线天”，2015

“一线天”是苏州花岗岩核心分布区内天平山的典型景观，是在花岗岩垂直节理基础上经外力风化侵蚀发育而来的。游人拾级而行时只能侧身通过，抬头只见一线天光，有穿行于龙门的感觉。近处岩体中组成花岗岩的矿物颗粒清晰可见。

照片 191　天平山飞来石，2017

花岗岩垂直节理在风化侵蚀以后，裂隙变得越来越大，剩余的石块相对独立地矗立着。大量直立的花岗岩块组成了天平山独特的“万笏朝天”景观。飞来石也是众多直立岩块中的一个。

照片 192　花岗岩垂直节理形成的“石桌”，2015

天平山之南鸡笼山山顶附近，垂直节理大量发育形成奇观。其中，在垂直节理控制下花岗岩差异风化而形成的“石桌”最为著名。

球状风化

所谓“球状风化”是指岩石在外力的作用下，逐步形成棱角磨圆而整体接近圆球状的一种风化现象，常出现在花岗岩等山体的表面。花岗岩球状风化的形成与其岩性有很大的关系：一方面，因为花岗岩是酸性岩浆在地下深处经一定压力和高温逐渐冷却而形成的，有颗粒比较粗的石英、长石和云母的结晶，当它被抬升到地面后，环境条件有所改变，其中的云母、长石等矿物抵抗地表外力风化破坏的能力不太强，同时花岗岩中的长石、石英、云母等矿物的颜色差异比较大，在地表太阳光照、热胀冷缩的过程中，矿物间的差异比较明显，容易出现内部破坏现象，因此，花岗岩的抗风化能力并不如想象中的那么强；另一方面，因为在花岗岩中常发育着比较丰富的垂直节理，在这些垂直节理的控制下，花岗岩往往被切划成棱角分明的立方体。这些立方体的棱角在遇到外力风化时，块体的“棱”会承受两个方向的破坏力，而块体的“角”则会承受三个方向的破坏力。相比块体的“面”只承受一个方向的破坏力而言，块体的“棱”和“角”显然更容易受到风化破坏。如此，整体抗风化能力不太强的花岗岩在垂直节理切割形成块体的情况下，在地表环境里，其棱角很容易因风化而受侵蚀。这样，在一定的风化破坏积累后，这些花岗岩块体的外形就向球状发展。即使还没有成为球状，野外常见的花岗岩体的棱角基本也都是浑圆的，这也是经过自然风化以后花岗岩最明显的特点。

照片 193　天池山莲花峰的花岗岩球状风化，2011

花岗岩的球状风化使其棱角变圆。天池山主峰莲花峰因花岗岩棱角风化而呈花瓣形。

照片 194　天平山花岗岩球状风化形成的“石桃”，2011

天平山奇峰状如桃，球状风化明显，因其看似重心不稳而又被称为“摇摆石”。在其底部还可见花岗岩体原生的水平节理。

照片 195　灵岩山花岗岩的球状风化，2015

灵岩山的奇石多被赋予佛学相关的意蕴，传说山石因听多了佛法而有了灵气，山也因此而得名。花岗岩体的球状风化是这里形成奇石的最主要原因。

照片 196　花山球状风化中的花岗岩，2021

花山这一处花岗岩体虽不知名，但球状风化现象甚是典型，其间还有岩体球状风化过程中的层状剥落现象。

照片 197　天平山球状风化的花岗岩块堆积的石沟，2013

典型的球状风化形成的蛋状岩体，在重力等的作用下会聚于天平山的沟谷处，形成崎岖的滚石地貌。这里现在成了喜爱越野的年轻人的活动场所。

四、石灰岩景观

西山岛东部及湖上岛山是苏州石灰岩地层的主要分布地区。这里除了产出太湖石和可以做石阶、井栏等的青石外，还形成了与石灰岩构造和岩溶地貌相关的景观。

■　石灰岩构造

石灰岩形成于浅海较深处，是海水中碳酸钙等物质在饱和状态下絮凝沉积或石灰质碎屑沉积而形成的岩石。在石灰岩中，可以看到松卷螺、珊瑚和蜓类等化石，以及比较明显的层理层面等构造。如在石公山南侧面湖的石灰岩陡崖上，可见厚层的石灰岩层及其较为清晰的层理，更有山北明月坡超大面积的具有层间滑动特点的石灰岩层面。

照片 198　石公山的石灰岩层理，2011

在石公山断崖处，我们可以看到石灰岩的层理构造。这里的石灰岩厚度较大、颜色灰白、质地纯净，说明其形成于稳定的环境。

照片 199　石公山明月坡石灰岩层面（局部），2006

明月坡原是石灰岩的层面，其上又有岩石沿层面滑动的痕迹，是层面构造中独特的实例。层面上局部发育的沟槽虽是溶沟的雏形，但其形成过程中的时间尺度是难以用人们常用的时间衡量的。

照片 200　龙洞山石炭系石灰岩及化石，2019

化石是石灰岩中常见的沉积岩构造之一。在苏州的石灰岩中，我们通常可以见到松卷螺、珊瑚和蜓类化石。

溶沟、石芽

石灰岩体中的碳酸钙会与地表及地下水中溶解的二氧化碳，以及植物生长产生的有机酸，产生化学反应，变成溶于水的碳酸氢钙，从而溶蚀流失，或再变成局部的碳酸钙二次沉积，从而形成石灰岩岩溶地貌。如在龙洞山中，我们可以看到石灰岩初步溶蚀而成的溶沟，而溶沟之间剩余的石块倒像是长出来的“石芽”。溶沟和石芽是在岩溶发展的初始阶段就会出现的地貌现象。如果石灰岩岩层足够厚、岩溶的发育过程足够稳定并充分，还会出现峰丛、峰林等岩溶发育程度更进一步的地貌现象。从古籍的记载来看，西洞庭山东部原有的“如人形而立”的“石公”“石婆”等奇石，以及大谢姑、小谢姑等太湖石山体，这些矗立的景观即因石灰岩岩溶发育而形成的石峰，可惜都因采石而不复存在了。

照片 201　龙洞山上的石芽和溶沟，2011

溶沟和石芽一般形成于石灰岩山体的地表，是石灰岩岩层在地表水流等作用下风化溶蚀而产生的地貌现象，通常处于岩溶地貌发育的初期状态。溶沟分布状况与山体中的断裂有直接关系。

■ 溶洞

龙洞山山坡地带出现的一定规模的溶沟和石芽，与山体的断裂构造有关；而在其山体内部发育的林屋洞，也与断裂构造和岩溶有极大的关系。林屋洞的得名，在于其洞穴形态——“立石如林，顶平如屋”。所谓“立石如林”，是石灰岩被流水沿着裂缝侵蚀以后，剩下来的石块林立的现象；所谓“顶平如屋”，则是在洞穴形成过程中，顶棚岩石坍塌，而留下上一层石灰岩层面底部。从科学的角度来看，林屋洞是西山石灰岩受到太湖流水侵蚀以后形成的溶洞。此溶洞还处在发育的初期阶段，表现为沿着有石灰岩的溶解侵蚀的断裂带，形成洞穴空间，但洞穴内部因二次堆积而形成钟乳石、石笋和石柱的过程还不明显。

在富含石灰质的水流的迁移过程中，由于环境发生变化，水中所溶解的二氧化碳和大气之间进行气体交换，二氧化碳散逸，从而使水体溶解石灰质的能力下降，水中溶解着的石灰质就会出现饱和沉淀并堆积。这种二次堆积一般出现在溶洞中，因溶洞所在处通常为厚层石灰岩层，其上方石灰岩层中溶解的石灰质，随地下水沿着山体的裂缝向下迁移，往往在溶洞有断裂的地方形成洞顶滴水的现象，水中的石灰质会逐渐沉淀为洞顶的钟乳石，而地面对应处也会形成石灰质的堆积，即向上“生长”的石笋。当钟乳石和石笋堆积到足够的量，会连接在一起形成石柱。但在林屋洞中，基本没有成规模的石笋、石柱的发育。

照片 202　林屋洞的断裂构造，2017

龙洞山一带山体的断裂构造发育得相当密集。在这些成组的断裂控制下，形成了林屋洞石灰岩溶蚀的基本状态。林屋洞中的断裂和所在的龙洞山山坡上的断裂也是直接相关的。

■ 钙华瀑布

在西洞庭山北部分支徐宅山上，有一处石灰质堆积而成的钙华瀑布，这在苏州附近地区是难得一见的。这处钙华瀑布形成于溶洞之外，也就是在普通地表环境下，出现岩溶地貌中的石灰质二次堆积现象。其形成原理与溶洞内的钟乳石、石笋和石柱一样，所不同的是，该处钙华瀑布的形成并非在溶洞之中，这也与典型的钙华瀑布存在差异。

在一些岩溶地貌发育得比较好的地方，如四川的黄龙风景名胜区，由水流中所携带的石灰质在地表形成石灰质二次堆积的坝岸，围出了一个个不同颜色的水潭，水流从这些堤坝漫过的时候会形成像瀑布一样的景观，而那些沉积的石灰质本身也具有瀑布一样的外貌，因此，常被称为“钙华瀑布”。与之相近的，还有石灰岩洞穴中的“石幔”，就像是一块围幔遮在岩洞的洞壁之上，也属坡面上的石灰质二次堆积。

徐宅山上的钙华瀑布也是石灰质的二次堆积物，它产自一个老的采石坑边缘。石灰岩山体溶蚀出来的石灰质，在随着水流由高处向下流动时，渗出于山坡坡面，慢慢形成了与石幔相类似的钙华沉积，看似悬挂于山坡上的瀑布，因而也被视为钙华瀑布。由于在溶洞以外的石灰岩山体一般多为溶蚀环境，往往会形成溶沟、石芽和峰林等侵蚀类的地貌，少见石灰质二次堆积现象，因此，徐宅山的钙华瀑布在岩溶地貌中也属特殊。

照片 203　徐宅山钙华瀑布，2020

西山岛的这处钙华瀑布景观，分布在西洞庭山北部的徐宅山上，也为太湖西山国家地质公园的遗址点。在户外山坡能看到这样的石灰质二次堆积现象非常难得。

第三节　山林环境

苏州西部的群山，相对于平原地区的耕地和城镇、乡村的建筑而言，是受人为活动影响相对比较小、自然环境的面貌改变比较少的区域，也是自然状态保存得比较完好的地方。苏州西部的群山植被覆盖率高，环境清新宜人。西郊山丘的存在，使这一带江南水乡的自然环境多了些变化，带来了环境的多样性和差异性。从利用的角度来看，山林总体上形成一种特殊的环境资源，也有诸如矿产资源、农业资源等具体的应用类型。在自然环境的时空特征方面，山林也有其独特的属性。

一、气候、水文

地质和地貌条件的不同，带来局部自然条件的差异。在地质条件和地质地貌景观的基础之上，自然环境的其他要素，诸如气候、水文、植被和土壤等，都会表现出相应的不同，从而使得山林地区的自然环境变得丰富和多样。

■　山林气候

苏州山地的最高海拔仅 300 多米，山地高差对温度和湿度的影响几乎可以忽略。山林对气候的影响，主要体现在两个方面：一是由山坞等局部地形的分布带来的小气候的影响。如光福和东、西洞庭山等地，山地对冬季风的阻挡作用，使局部地区的冬季更偏暖和，光福官山岭能发育中亚热带典型的

常绿阔叶的木荷林；在东山的曹坞、俞坞、槎湾等山坞地带，会形成较有利于杨梅、枇杷等亚热带水果种植的小环境。但在大气层结相对稳定的冬季，辐射降温形成的冷空气在低处堆积，也会使山坞谷底一带的气温比山坡地带低 1~2℃。二是从更大的范围来看，苏州西郊的山林地带有濒太湖的山地，更有以东、西洞庭山为代表的一批太湖中的岛山，太湖水体巨大的热容量会相应地调节这里的气候环境，尤其是冬天会产生明显的增温增湿的作用，这使太湖中的岛山及冬季风下风方向的滨湖山地，在热量、水分条件方面有较明显的改善。

山林水文

从水文特征来看，苏州山林与苏州广阔的低洼水乡地区密布河湖的特点有极大的不同，这里是少有的河网密度比较小的地方。下雨时，山岭地带会较快地形成地表径流汇聚，雨后坡面汇集到沟谷的水流会明显变少。在苏州西郊山地的范围内，没有常年有水的径流。而在雨下得特别大的时候，山里会形成山洪，山谷里暴涨的洪水往往被称为“出蛟”，如穹窿山在 1984 年 8 月因暴雨“出蛟”十多处，2005 年七子山中“出蛟”冲毁过洄溪草堂的石刻，[1]《具区志》记载有“（明）成化十年甲午五月，东山产蛟，水暴涨，法海寺金刚漂出谷口”[2]。山林地区如果遇到经久不落雨的情况，往往会出现旱情，因此，山地的农业开发首先需要考虑的是灌溉。历史上，在苏州的山地灌溉系统中，最有名的要数穹窿山的“三堰二池五闸”灌溉系统，自宋代至明清，历代都有维护，声名远播。现在在东、西洞庭山等山地的水果种植中，农户也通过山坡上的集水系统来解决日常用水问题。

---

［1］ 张振雄：《苏州山水志》，广陵书社，2010，第 17 页。

［2］ 翁澍等：《金山志、具区志、京口山水志》，故宫珍本丛刊第 269 册：史部・地理・山水，海南出版社，2001，第 320 页。

照片 204　东洞庭山莫厘峰下翠峰坞（左）和纯阳坞（右），2022

背风而向阳的山坞，气候条件常常比较优越，植被茂密、环境清幽，这里不仅有寺观庙宇等建筑分布其中，还是人文活动比较集中的地方。照片中左侧的翠峰坞，在东山历史上比较有名。现在坞口的山麓地带遍布枇杷等果树，悟道泉等旧时的遗迹已被掩藏于山林之间。

照片 205　丰圻山山坡上的蓄水池，2021

从空中俯瞰丰圻山，可见山坡上方形、圆形的各式蓄水池。修建这些水池能有效解决在山坡上种植果树、茶树时遇到的灌溉问题。

照片 206　太湖边的抗旱，2016

出现连续高温少雨的伏旱天，是山林地带农业发展会遇到的主要困难之一。能够直接从太湖抽水进行浇灌，还是很让农户开心的。

对于山林地带的开发，水源是一个极为重要的因素。在有关山地的古籍记载中，通常会强调山上泉水的分布情况。如穹窿山上比较有名的泉水有双膝泉、半山泉、乌龙泉、凤眼泉、品泉、百丈泉、拄杖泉、梅泉、法雨泉、鹤来泉等，阳山上有云泉、仙泉、龙湫泉、一壶泉、茶坡泉、瀑布泉、龙井泉；[1] 西洞庭山上有无碍泉、毛公泉、石井泉、鹿饮泉、惠泉、军坑泉、龙山泉、黄公泉、华山泉，东洞庭山上有海眼泉、柳毅井、灵源泉、青白泉、悟道泉等；[2] 光福诸山有七宝泉、玉泉、墨泉、观音泉、箬帽泉、喜鹊泉等。[3] 各处山林的泉水分布各有特点，但这些旧时名泉的影响力如今已大打折扣，现在还能为人们所关注的泉水大约有两种：一是出水量比较大、品质比较好的，如阳山西南

[1] 有关穹窿山、阳山泉水的内容见张振雄：《苏州山水志》，广陵书社，2010，第 3、7 页。

[2] 有关东、西洞庭山泉与井的内容见王鏊等：《震泽编》，卷二“泉”，吴中珍籍，江苏凤凰电子音像出版社，2014，第 40–41 页。

[3] 光福泉水的内容见徐傅编，王金庸补辑《光福志》，卷三“水”，成文出版社有限公司，清光绪二十六年（1900）修，1929 年重印本，第 116–117 页。

照片 207　丰圻山海眼泉，2022

海眼泉在东洞庭山莫厘峰北丰圻山，《震泽编》称“东洞庭丰圻之顶，曰海眼泉（山顶有巨石，上有二穴，涓涓如人目，冬夏不盈不竭，其深不测）”[1]，之后一般都沿用“山顶”之说。但山顶的地下水无法补给，如何成泉？海眼泉所在之处，是在半山逐渐显现出来，并下延为丰圻嘴的山脊，上方有比较开阔的区域可以用来集水。海眼泉实际位于此山脊的中部，总体看则是在整个山坡近湖一端的四分之一处，山脊岩石之中的裂隙可以将高处的地下水导入海眼泉中，海眼泉从而冬夏不竭。

的菖蒲泉等；二是本身具有特殊性的，如柳毅井以柳毅传书而闻名，天平山白云泉以白居易的诗而闻名，虎丘的第三泉与古代江河井泉之水的排名有关，东山海眼泉以其所在山梁的特殊的地形位置而闻名，等等。

二、植被、土壤

植被和土壤是自然环境中一对相互支撑、相互影响的因素。植物在生长过程中除了要进行光合作用外，其所需要的营养物质基本都是通过土壤来获取的；而土壤形成过程中的有机质积累，也需要在其上生长的植物来提供。一般情况下，植被类型和土壤类型都有对应的关系，如苏州山林一带成熟的自然植被和黄棕壤直接相关，而在一些山地顶部土壤发育较不成熟之处，基本也就是灌丛、草丛等简单植被。若一些山上种植林果，则其对土壤的要求更高。

[1] 王鏊等：《震泽编》，吴中珍籍，江苏凤凰电子音像出版社，2014，第 43 页。

山林土壤

山地上的土壤，如果所在处岩石风化较明显，风化物、沉积物比较完整，土壤发育时间又比较长，往往就可能与地带性自然植被有一个比较好的匹配，形成地带性土壤。如光福官山岭木荷自然保护区，就是地带性植被发育得比较充分、完好的群落，有足够长的时间让自然生态系统得以发展，形成具有地带性属性的黄棕壤。

照片 208　东洞庭山山顶附近的粗骨土，2009

一般在山体的顶部，土层非常瘠薄，并无成熟土壤的形成，难以有效供给植物生长所需的水分和养料。粗骨土就是这种环境下土壤发育的雏形。照片中东洞庭山山顶部位的剖面上主要是基岩及其风化物，真正有黏土、腐殖质积聚的只有地表上极薄的一层。

换个角度来看，并不是山林地带都有形成土壤的理想条件，包括地形部位、母质类型、发育时间等，都可能会成为“短板”，也就是整个环境的状态可能无法形成成熟的土壤。一般在山体的顶部或山脊地带，如东洞庭山的山顶，其土壤发育缺少风化沉积物，还处在原始的粗骨土阶段，因此，山顶上既无法种水果，也不易生长耐贫瘠的马尾松等，一般只生长灌木丛。只有经过人为改造，如在山顶部位修筑梯田，通过添加外来泥土和有机质等，营造一种新的土壤环境，才可以种植茶树等植物。

照片 209　东洞庭山前的山林果园，2009

山麓地带风化物深厚，土壤发育完善。从照片中果树及林下茶树的生长情况可以推断，这里的土壤是深厚且肥沃的。

生物资源

照片 210　满树红橘，2017

柑橘在宋代就被种植于东、西洞庭山一带，明清时期成为太湖岛山最重要的农产品。柑橘是这里亚热带水果的代表。

照片 211　老梅树，2014

杨梅也是种植于苏州西郊山林一带的主要果树，宋代在光福一带就很有名，后来被引入东、西洞庭山一带。现在东、西洞庭山一带的杨梅树以老树为多，在某种程度上也反映了水果种植的一种走向。

照片 212　东洞庭山梅雨天的茶园，2017

产于东、西洞庭山的碧螺春茶具有千年的历史，是这里的优质生物资源。“洞庭山碧螺春”是江苏首个地理标志商标。近些年，东、西洞庭山一带碧螺春茶的种植面积越来越大，发展很快。

三、矿产资源

1. 矿产类型

苏州西郊山林地带是苏州矿产资源比较丰富的地区，有金属矿如有色金属铜、铅、锌，以及贵金属银等；非金属矿如用于制硫的黄铁矿，用于制作陶瓷等的具有多种用途的高岭土，用于制作玻璃等的石英砂岩，用于制作水泥等的具有多种用途的石灰石，还有存在一定储量并被开采过的煤矿，生活中直接可用的矿泉水，等等。除此之外，还有历史上就非常有名的，产自石灰岩地区的太湖石、用作碑材阶础的青石、产于花岗岩的花岗石、产于石英砂岩中的黄石、用于制作砚台的砚石等。

这些矿产的分布，与苏州西郊的地质环境密切相关。多金属矿和黄铁矿主要为矽卡岩型矿床，分布在燕山期酸性岩浆侵入活动形成的苏州花岗岩体、城隍山石英斑岩体与石炭系、二叠系碳酸盐岩地层接触带上，如光福潭山、迂里等地；非金属矿的代表高岭土主要为中低温热液蚀变型矿床，分布在阳山一带的侏罗系火山岩与逆掩断层分布地区；煤矿主要分布在渡村、东山和西山的上二叠统龙潭组地层分布区。阳山的高岭土、金山的花岗石、鼋山的青石及太湖西洞庭山东部地带的太湖石等，都是苏州非常有名的矿产。

2. 著名矿产

■ 传统建材

青石是苏州一带出产的主要石材，于明代被大量开采使用，在太湖塘浦体系及苏州一带河岸、桥梁、道路、房屋及山林纪念建筑等的构筑中，是一类重要的建材和碑材，以“鼋山石”品质最佳；花岗石在元代就有开采，并在天池山有代表性建筑寂鉴寺，其大量开采主要在清代以后，尤以金山所产花岗岩最为著名，故又称“金山石”。上海外滩、南京中山陵的构筑大量使用了金山石，清代苏州和周边古镇建设桥梁、道路、驳岸时大量使用了花岗石。

■ 奇异赏石

太湖石赏石之风主要形成于唐代，其大量开采主要在宋代。历史上有名的太湖石代表作，多采自宋代太湖西洞庭山东部地带。经过大量开采后，太湖石中的上品——由太湖波浪水流直接冲蚀雕凿而成的“水石”，已经非常难觅。古籍中还记载有太湖石中的“旱石”经人为加工后被充当上等太湖石的现象。[1]同为著名观赏石的，还有产自昆山的昆石，其与太湖石一起，为我国四大观赏石之一。（有关“观赏石”的内容见本书第三部分）

■ 工业原料

阳山的高岭土在唐宋时曾经被作为贡品“石脂”，现在是苏州工业化开采的矿产中最重要、最著名的一种，曾占全国总产量的二成，阳山也因此成为我国著名的建筑工业与陶瓷工业的重要原料基地。20 世纪 80 年代开采的潭山硫铁矿，也曾是苏州有名的矿产。近些年停采及进行的矿山环境整治工作，对潭山硫铁矿所在的光福司徒庙、香雪海一带的环境修复起到了积极作用，被保留下来的一些矿山设施也成为户外活动者喜闻乐见之所在。与潭山硫铁矿相似的还有东渚铜矿、迂里多金属矿，它们也是

[1] 范成大：《吴郡志》，陆振岳点校，江苏古籍出版社，1999，第 425 页。

苏州西郊一带实施开采的主要矿产。同时，西山岛东部一带的石灰岩在 20 世纪下半叶也是重要的产出矿物。

照片 213　西山涵村老村里的青石板，2017

西山涵村老村里有一块巨大的青石板，记载着古村和石料采用的历史。

照片 214　“涵村店铺”的青石柱础，2017

西山“涵村店铺”是江苏省文物保护单位，它传递着古代西洞庭山地区经济和商业发展的信息。店铺的石阶和柱础都是青石，是西洞庭山本地采石活动和明代建筑构件特色的见证。

照片 215　老宅门口的青石构件，2012

照片中为西洞庭山堂里古村的一处老宅门口的青石构件。石灰岩细腻的质地为其精细的雕刻提供了可能。

照片 216　甪直古镇的金山石和青石，2013

甪直古镇市河两岸的驳岸及石桥的主体都是金山石，古桥的拱券则是更为古老的青石。

照片 217　花岗石桥梁构件，2021

在常熟沙家浜风景区，有一块清乾隆五十三年（1788）的“天寿桥”桥板。这个桥板的石刻应该算是刻得非常深的，但在 230 多年后的今天看来，风化已经相当明显，文字的可辨识度比较差。这与花岗岩由颗粒较粗的石英、长石及云母等矿物组成有关。这些矿物颗粒性状差异比较明显，在外力侵蚀过程中较易形成差异风化，从而影响其抗风化能力，因此，在石刻的精致性和传承性方面会受影响。花岗岩地区的摩崖石刻也存在同样的问题。

第四节　山林时空

大自然发展变化的时间节律和分布组合的空间差异，在自然山林上有着很好的体现。山林能较好地反映苏州的自然环境特征，尤其是作为自然环境“镜子”的山林植被，比耕地等更能反映出苏州的亚热带季风气候特征，以及山体本身的岩石类型、不同的地形部位风化物的堆积情况和土壤的发育状况等。

一、时间变化

年际变化

在较大尺度的时间变化方面，如气候的年际变化、灾害性天气的发生等，有关山林地区丰富的古籍记载，能让我们看到一些特殊的实例。太湖专志《震泽编》《具区志》等古籍中都有关于太湖一带灾异的记载，其中包括给柑橘种植带来毁灭性破坏的冻害的记载，如：“（北宋）政和元年辛卯冬，大寒，积雪丈余，洞庭山橘皆冻死，明年伐而为薪。”“（元）天历二年己巳冬，大雨雪，太湖冰厚数尺，人履冰如平地，洞庭柑橘悉冻死。”“（明）弘治十五年壬戌、十六年癸亥，连大雪，积四五尺，东西两山橘柚尽毙无遗。”[1]

山林四季

在苏州所在的亚热带季风气候区，气温与降水有明显的季节变化，与之相关的山林的外貌也可见春、夏、秋、冬四时的景色。千百年来在人为活动的影响下，逐渐形成了能代表四季的典型景观地，在山林之间也时常能看到让人惊喜的四季景象。甚至，在西郊某处并不起眼的石英砂岩的山地或花岗岩丘陵，

照片 218　山林梅花春天盛开，2020

梅花是山林四季中春季“发布”的第一条信息。在西郊光福一带，人们早在宋代就养成了种梅的习惯。春天梅花盛开时，上自帝王，下至百姓，都愿来此赏梅。至今，香雪海仍是市民春季观光的常选之地。

［1］ 翁澍等：《金山志、具区志、京口山水志》，故宫珍本丛刊第 269 册：史部 · 地理 · 山水，海南出版社，2001，第 319–320 页。

照片 219　秋日的山林红叶，2018

在灵岩山后，一条并不起眼的山道上，有一两株山间的红叶，传递着秋天的信息。这条山道也是市民户外活动的常选线路，串联起春秋时吴国的离宫故址和明清时文人的隐居之地，还有曾被大量开采过花岗石的山体，以及为人所熟知的风景名胜地。

也往往能看到一处真正的自然山林。它的四季景色跟城市的环境或以耕地为主的乡村，有相当大的区别，不仅显现出山林在自然环境上独特的一面，还体现出山林在整个环境中的价值。

二、垂直分带

苏州山地的海拔高度和相对高度都无法形成自然环境垂直分异，即既不可能出现由亚热带到温带的温度带差异，也不可能出现由湿润到半湿润等的干湿带差异。但在这些山体上，植被分布的垂直带状现象还是存在的，其主要原因是山体不同部位的风化沉积物的厚度不同，土壤中所含的水分、养分条件不同。对于不同的植物种类，尤其是林果品种而言，这种差异多表现在不同树种的种植和分布上。

如果整体分析丰圻山整个山体上的果树、茶树和松树的分布，我们就能发现它们在垂直方向上的分布是有一定规律的。这种差异和气温直减率[1]应该没有太大的关系，这里的山体高度不到 300 米，这种随着山体的升高而下降的气温幅度不会特别明显，对植被分布的影响基本可以忽略。形成这种差异的最主要的因素是地形部位及在地形影响下的土壤情况。

在山体的不同高度位置存在三个分带，造成这种现象的最主要的因素是山体上风化物堆积的厚度，它随地形部位的差异而有明显不同。在重力和流水的作用下，山体上的风化物及土壤物质有一个自上向下移动的过程，因此，在山麓地带，沉积层总体上比较深厚，而在山顶或者山脊线附近，风化物和土壤物质积累得相对比较少，迁移掉的比较多，土壤层比较瘠薄。同时，土壤深厚的地方，容纳水分的能力也比较强，供应给植物的水分和养分会比较多，种植条件比较优越。在丰圻山上我们可以看到，山坡近山麓地带主要是种植枇杷树的果园，这些果树需要比较多的水分、养分和人工管理，因而集中在山体下部的 1/3 左右的区域。与之相对，山顶附近多石英砂岩的出露，这个区域土壤厚度小，也比较贫瘠，因此，基本不能种植果树，而是以种植亚热带山体的先锋植物，如耐酸性强、耐贫瘠的马尾松为主，再于马尾松下种植一些茶树。山腰地带，在当地果农、茶农的常年开垦种植和管理下，分布着比较大片的茶树。丰圻山，乃至整个东洞庭山上，茶树的分布范围很广，在有的区域单独连片成为茶园，

[1] 气温直减率是指气温随着海拔的升高而降低的比率，一般海拔每升高 1 千米，气温下降 6℃左右。

图 20　东山丰圻山林果植被垂直分带及相关要素示意图

从丰圻山的航拍图中，我们可以看到山坡上的植被分布在不同的高度存在一定的差异。图中红色的两条线大致区分了山麓、山腰和近山顶三个地带，三个地带的植被各有不同。山麓地带主要种植枇杷，林下有茶树；山顶主要为马尾松，间有茶树；山腰以茶树为主。黄色的两条线是山体上局部的山脊分支。用浅色圈出来的是山体上植被覆盖比较少，既有岩石裸露又有比较集中的灌溉用水池的区域。

在有的区域则会跟山麓的果树或者近山顶的马尾松混杂种植。人们常言，碧螺春茶因种在果树下，茶叶多带有花果的香味。在靠近山顶的部位，我们可以看到不少新开垦出来的茶园，有的茶田还在开垦中，这是当地的人们在扩大茶树的种植范围，折射出这里的茶叶生产还有更大的发展空间。

总体来看，丰圻山的土壤条件还是比较优越的，马尾松在山顶一带可以连片成林。在东洞庭山的有些地方，山顶的石英砂岩裸露面积比较大，整个山顶的风化物堆积非常有限，因此，很难保存住植物生长所需要的水分。这些区域的山顶上就没有树，甚至有的连灌木也没有，只有一些茅草在此生长。山顶主要以裸露的岩石为主。

基于同样的原因，在丰圻山山腰到山麓地带的一些山坡上局部凸起的区域，土壤层很薄且存不住水，因此，和周边种满枇杷树的情况相比，就有很大的不同，这里基本不能种植果树，甚至连茶树也不能很好地自然生长。而与这些地方相对的是，在山坡面的凹部，也就是沉积物相对比较深厚、土壤相对比较肥沃的区域，我们可以看到集中种植的果树，密度很大。

在正常的年份，东洞庭山上的果树靠自然降水，基本可以满足自身生长的需要，但靠天“吃饭”的农业总是有风险的，尤其是遇上持续时间比较长的降水缺乏，往往会出现旱情。解决旱情最直接的措施是灌溉，灌溉需要水源，而在山上是无法使用水乡地区常用的灌溉方式的。好在东山的果农、茶农已经有比较好的传统解决方法，那就是在山坡上修建各式蓄水池。他们建好蓄水池，通过简易的集水装置，把下雨时山坡上的坡面径流汇聚到池中，这样就可以在果树需要灌溉的情况下有效使用。

不同地形部位的土壤存水情况有比较大的差异，在土壤比较深厚的坡面凹处，用水的矛盾会小些；而在山顶、山脊这些土层比较薄的区域，果树就特别容易遭遇旱情，茶树也一样。山坡上的蓄水池往往也能满足这种需要，但在不同地形部位，蓄水池的密度是不一样的。蓄水池建造得特别密集的地方就是靠近山麓的果树种植带，同时又是坡面上相对凸起的小山脊区域。此外，在果树生长得比较好的区域也建有蓄水池，有的修得还比较大，但总体上，这里的蓄水池密度要比山脊或者坡上凸起的地方要小得多，也说明它的用水环境要安全得多。

三、岩石差异

不同的岩石所组成的山体，其自然环境的特点总是各有不同。王鏊在正德《姑苏志》中有对东、西洞庭山之间岩石及其环境差异的记述，称东、西洞庭山之间“所不同者，西石清而润，东石黄而燥；西宜梨，东宜枇杷；西有兔无雉，东有雉无兔耳”[1]。王鏊在这里提到的青、黄两种石头，便是苏州地区最常见的两种岩石，其中，尤以东、西洞庭山之间隔着太湖两岸的对比更为强烈。前者是石炭系、二叠系的石灰岩，主要成分是碳酸钙，岩石的主要组成矿物为方解石，硬度比较小，抗风化能力比较弱，

照片 220　马石山断层两侧的植被差异，2021

照片所示为驼背山与马石山之间断层推覆体的交界处，即地表断层线穿过的区域。左侧是石英砂岩的风化堆积物，右侧是石灰岩山体，还可看到裸露的石灰岩。枇杷树作为对土壤适应能力较强的树种，在两侧都有分布；种植在左侧石英砂岩区域明显呈垄状的茶树，延伸至照片中部的枇杷树下，但在右侧石灰岩区域没有出现。这个现象明显说明断层两侧土壤存在差异，以及茶树对酸性土壤有较严格的需求。

[1] 林世远、王鏊等：正德《姑苏志》，北京图书馆古籍珍本丛刊：26，书目文献出版社，2000，第 178 页。

不仅容易被风化溶蚀，还比较容易为人们所开采，出产青石。同时，石灰岩的风化物一般都会略呈碱性，并不十分适合普通植物的生长，适应性强的梨树恰恰能够生长在这些地区。后者是志留系和泥盆系的石英砂岩，颜色偏黄，主要成分是二氧化硅，岩石的组成矿物是石英，因此，质地坚硬，抗风化能力比较强，所产为黄石。石英砂岩风化物呈酸性，在山麓地带土壤比较厚实的地方，适宜种植各种果树。其实，正德《姑苏志》中提及的梨树和枇杷树，都属于对土壤的适应能力较强的树种，比如，在西洞庭山有石灰岩出露的马石山一带就种植了不少枇杷树。倒是东、西洞庭山一带分布极为普遍的茶树，因其生长需要酸性环境，不能在石灰岩的山丘之上较好地生长，因而在马石山的石灰岩地带没有分布。

苏州的山林岩石主要有三类——石英砂岩、石灰岩和花岗岩，这三类岩石在形成的地貌景观，以及在其风化物上生长的自然植被方面，都有比较明显的差异。石英砂岩在地貌上往往没有奇特的地方；石灰岩则往往形成崎岖的地表，多山岩裸露、地面沟谷等，甚至有岩溶的洞穴；花岗岩地区往往有岩石的裸露，以及以垂直节理和球状风化为代表的花岗岩地貌类型。从植被的类型来看，石英砂岩和花岗岩风化物多呈酸性，只要山坡有风化物堆积层，有土壤的发育，一般的植物都能较好地生长；而在石灰岩地区，由于其风化物往往呈碱性，普通植物不宜生长，山上植被往往也显得比较矮小。目前，从林果类植物的种植情况来看，有在石灰岩山地种植枇杷树的情况，这与当初王鏊在正德《姑苏志》中记述的东山与西山的差异现象又有了某种不同。

照片 221　玄墓山上的铁芒萁，2021

玄墓山林间生长的铁芒萁指示着这里的土壤为酸性，这是石英砂岩风化物的主要特性，适合多数植物生长。

照片 222　林间花岗岩上生长的苔藓，2016

天池山林间的花岗岩，在地表外力的长期破坏下，风化明显。林下苔藓广布。这种花岗岩在某种情况下易被风化的特点，也正是花山 / 天池山植被生长得茂密的主要原因。

照片 223　大焦山北坡的花岗岩风化物，2017

大焦山也是苏州主要的花岗岩分布区，其北坡局部地带虽然坡度较陡，但风化物堆积深厚，自然植被生长良好。这个区域是户外线路“灵白线”上少有的没有岩石出露而以泥沙为主的路段，雨天穿行多有不易。

第三部分

山林人文

人类对山林经历了认识和改造、归纳和总结的过程。这不仅表现在历代的地方志中，即对苏州山地有着明显的从简单到全面的认识过程；对那些影响人们生产和生活的自然与文化环境及其相关因素，也在较长的历史时期里进行着探索、归纳和积累，其结果表现在山林地名的变化上。苏州的山林，承载着人们的追求，留存着各个历史时期的文物和古迹。现在，苏州的农村地区有一批国家历史文化名镇、名村，城市也有追求山水环境所形成的“城市山林”。

第一节　山林的人文归纳

一、古籍纵览

纵览诸多古代文献，可见记述苏州山地的覆盖面逐渐完整，内容逐渐丰富。在这个丰富的过程中，我们可以看到人们对山林的了解与认识逐步加深，这意味着人们对山地的开发和利用日渐深入。同时，不同时代的地方志中记载的山体名称的变化，以及山地排名顺序的差异，也反映了当时人们对山林的认同情况。

《越绝书》集中记述山地的篇幅中，小批量地出现了吴地的一些山体名称，以及它们的入选理由。如“由钟、穹隆山者，古赤松子所取赤石脂也，去县二十里”[1]，这里所说苏州海拔最高的穹窿山的出现与道教的传说有关；再如“莋碓山：故为鹤阜山。禹游天下，引湖中柯山，置之鹤阜，更名莋碓”[2]，这里所说现在的狮子山的出现与大禹治水的传说有关；“秦余杭山者，越王栖吴夫差山也，去县五十里”[3]，有关现在阳山的传说又与吴越争霸直接相关。此外，《越绝书》还记载有高颈山、虎丘、虞山、放山、抚侯山、石城、蒸山、白石山、土山，以及浙江、无锡等处的山体，其中，高颈山即高景山，石城即灵岩山。有些山名与后来山名无对应，也有些则仅为起冢之处。

唐代的《吴地记》中记述的西郊山林共有 8 处，具体为虎邱山（虎丘山，避唐太祖讳，改为武邱山，又名“海涌山”）、花山、支硎山、峠嵝山、余杭山、横山[4]、鸡笼山[5]、卑犹山。其中，“花山”条目正文中有“东二里有馆娃宫……今灵岩山是也”[6]，以及山有石鼓，“晋隆安二年，贼孙恩作乱，鼓鸣”[7]的记述，后世方志中有关灵岩山石鼓和天池山 / 花山石鼓的记述与此相同；卑犹山记载在阳山西北，对应今名不详，学界有卑犹山即今真山或树山等不同的观点。同时，《吴地记》在“太湖”条目中有“包山”的记述，称“中有包山”，“下有洞庭穴，人潜行水底，无所不通，号为地脉”，[8]详细记录了前人对太湖中西洞庭山及林屋洞的认识。注释中还涉及了太湖中的大雷山、小雷山。[9]

北宋的《吴郡图经续记》共记山体条目 14 个，其中，关于苏州本地山体的有 12 个，具体为虎丘、横山、姑苏山（连横山之北，或曰“姑胥”，或曰“姑余”）、胥山（或曰“姑苏山”，一名“胥山”）、峠嵝山、报恩山（一名“支硎山”）、砚石山（亦名“石鼓山”）、阳山（一名“秦余杭山”，一名“四飞山”）、花山、天平山、穹窿山、包山及大雷山、小雷山、三山，以及崑山（昆山）、海隅山（虞山）。其中，有“包山”等条目，并称“旧传震泽有七十二山，唯洞庭最巨耳”[10]，这是本地志书中首涉太

---

[1] 袁康、吴平：《越绝书》，徐儒宗点校，浙江古籍出版社，2013，第 12 页。
[2] 袁康、吴平：《越绝书》，徐儒宗点校，浙江古籍出版社，2013，第 12 页。
[3] 袁康、吴平：《越绝书》，徐儒宗点校，浙江古籍出版社，2013，第 14 页。
[4] 古籍中山名为“横山”者均指今七子山。
[5] 现树山鸡笼山。
[6] 陆广微：《吴地记》，曹林娣校注，江苏古籍出版社，1999，第 67 页。
[7] 陆广微：《吴地记》，曹林娣校注，江苏古籍出版社，1999，第 67 页。
[8] 陆广微：《吴地记》，曹林娣校注，江苏古籍出版社，1999，第 78 页。
[9] 陆广微：《吴地记》，曹林娣校注，江苏古籍出版社，1999，第 78 页。
[10] 朱长文：《吴郡图经续记》，宋元方志丛刊：第 1 册，中华书局，1990，第 663 页。

湖岛山并提出“七十二山”概念之处，为后来形成“太湖七十二峰”的概念打下了基础；而有关姑苏台的信息则采用了兼收之策，并现于“姑苏山”和“胥山”两个相邻的条目中。[1]

南宋时的《吴郡志》所记之山共两卷，其中，关于姑苏山等25处山体的记载在第十五卷，虎丘一山单独列第十六卷，这主要是因为有关虎丘的记载及历代文字相当丰富，当然由此也可见其重要性。《吴郡志》中，山的顺序有些混乱，其中，第1—7处为西郊名山，依次为姑苏山（一名“姑胥”，一名“姑余”）、灵岩山（即古“石鼓山”，又名“砚石山”）、天平山、香山、胥山、穹窿山、花山，第8—11处为太湖中的岛山洞庭包山（洞庭山）、鼋头山（一名“鼋山”）、禹期山、思夫山，第12—13处为踞湖山（横山）、秦余杭山（阳山），第15—16处是太湖中的相传春秋时吴王所置的东狱、西狱的两岛，第19—20处为虞山和鹤阜山（亦名“岝㟧山”），而其中第14、17、18、21—25处等8处山名——鲵山、栗山、会骸山、胥女山（又名“白石山”）、小鸡山、陆山、故治山、长檣山是目前用得比较少的或者难以对应的山名，原作的记述中多为有一二古迹或传说之所在。《吴郡志》所记之山的第26处为虎丘，单独成卷十六。上述《吴郡志》中对苏州西郊山体的记述，若按现今所认识的空间位置，逻辑并不是太明晰。如关于“洞庭包山”条目的篇幅较多、内容较详细，其中另含的林屋馆、崦里、石板等名胜的条目层级与“洞庭包山”相同，却没有被统计为同级条目。再如，在记述的顺序方面，城郊地带的踞湖山跟在几处太湖岛山之后，鹤阜山跟在常熟虞山之后，等等。[2]

明代以后，地方志中有关苏州西郊山地的记述日渐完整。《洪武志》“卷第二”专门为“山”的篇目，其开篇之语称，“郡城之山皆在西，惟洞庭两山最为高广而在太湖之中，西山有林屋洞天，世称为福地，皆属吴县。而长洲、昆山、常熟之山仅余四十若。川泽洲荡之名则不可胜纪，而数倍于山，今详录以备考焉”[3]。该书“卷第二”中记录的山地总数达181个，其中，吴县范围内记载有灵岩山、天平山、莫厘山、包山等141处，有长洲的虎丘山、凤凰山、秦余杭山等13处，有常熟周边（含现张家港、太仓部分区域）的虞山、常熟山（铜官山）、穿山等15处，有昆山及其分治的华亭县的马鞍山、昆山等12处，苏州范围内以西郊为主的山地名录由此大为增加。此外，还列有绰墩、千墩等11处土墩，以及太仓冈身等沿江高地。[4]可以说，《洪武志》对苏州山体的记述是具有突破性的，山体的收录数较之前方志有了大量增加，记录的覆盖面已经比较广泛，对山体的信息，包括历代山体所用名称等记录得相当详尽。如对于位列名录第一的“灵岩山”，记述中说明其名称“即砚石山，又名石城山，又名石鼓山”[5]，名录汇总相当全面。《洪武志》记录的山体，基本以各县治为基准，一般按距离由近至远进行编排，当然也有例外，如近苏州城的岝㟧山列于包山之后，似为第二批由近及远排列记述的山体的开始；基本记述格式为名录加里程，对山地间相对位置等的具体描述及相关内容的记述，总体较粗浅，如光福山、凤凰山、虫头山、鸡山、石牌山、至理山、吕山、虎山、玄墓山等均为“在县西南七十里”，对相近的地点用同一个距离的约数进行记录，而无相对位置关系的描述；有较详细记述的主要有包山，即西洞庭山，前后共涉及6个页面，而灵岩山、天平山、胥山、岝㟧山、横山、支硎山、穹窿山、鼋头山，都在1个页面，只有300字左右。

王鏊等编写的正德《姑苏志》以宋代《吴郡志》和明代《洪武志》为基础编撰而成，志中对山体的名称在《洪武志》的基础上加以优选，完善其逻辑关系。正德《姑苏志》“卷第八，山（上）”部

[1] 朱长文：《吴郡图经续记》卷中，宋元方志丛刊：第1册，中华书局，1990，第661-664页。

[2] 范成大：《吴郡志》，陆振岳点校，江苏古籍出版社，1999，第208-235页。

[3] 卢熊：洪武《苏州府志》，成文出版社有限公司，1983，第123页。

[4] 卢熊：洪武《苏州府志》，成文出版社有限公司，1983，第123-166页。

[5] 卢熊：洪武《苏州府志》，成文出版社有限公司，1983，第123页。

 分，列出了虎丘山、阳山、花山、支硎山、定山、高景山、天平山、金山、秦台山、仰天山（马鞍山）、灵岩山、玉遮山、小白阳山、锦峰山、邓尉山、铜坑山、玄墓山、法华山等18处。[1]这些山体的记述内容有详有略，其中，对虎丘山的记述共有11个页面，是最为翔实丰富的。不少山体的条目下还有次一级山体名称，如光福“邓尉山”条目下还列举了次一层次的名称，其正文为：“邓尉山在光福里，俗名光福山，在锦峰西南，与玄墓、铜坑诸山联属。其东有虎山、凤鸣冈，至理山；北有龟峰，光福寺在焉。其相连诸山有上崦[2]，有安山、聚坞山、朝士坞、蟠螭山、西碛山。弹山，即小鸡山，在湖滨，土阜也。竺山、观山、茶山、吾家山、茆冈山、石帆山、褚山、邢山、游城山、长山，皆附邓尉山。”[3]由此例可见，当时所记山体之名称至今还在大量使用，山体的名录已大致成型，只是从具体所列的山体体系来看，局部还存在空间上的跳跃错位等现象，如将西碛山附于邓尉山，但同时又把二者之间的铜坑山（铜井山）单独列为一个标题，这或与作者所认为的山体重要程度不同有关。

正德《姑苏志》“卷第九，山（下）”部分，涉及穹窿山、香山、胥山、姑苏山、横山、楞伽山、白石山（在浒墅关北）、黄山、岝崿山、何山等10处西郊山体。[4]其中，相邻的岝崿山、何山两山都有名为“鹤阜山”的表述，这个现象也说明了山体名称在传承上有难度。从第11处“洞庭山”开始，至“石牌山”止，正德《姑苏志》较详尽地记述了太湖中大大小小的岛山，并有“已（以）上七十二山并在太湖中”的结语，这是王鏊在正德《姑苏志》与同期的《震泽编》中提出的几乎通用的“太湖七十二山”名录，也是后来众所周知的“太湖七十二峰”。实际上，正德《姑苏志》此处共列太湖岛山73处，其中，“舍山”经考证为重复者[5]，在《震泽编》中没有被列出，因此，《震泽编》的“七十二山”成为最为后世所公认的“太湖七十二峰”名录的方案。此后又列出了昆山的秦柱山、千墩，常熟的虞山、常熟山，从原先常熟分出的现张家港河阳山、太仓穿山，以及无锡宛山、江阴顾山等苏州周边山体和土墩共24个条目，不少条目中还有次一级的山体等的名称。

对正德《姑苏志》中的山名与现今山名进行对照分析，我们可以发现，苏州范围内的山体名称基本被收录，人们对自然山林的人文归纳在山体名录方面有了基本确定的方案。在后世的进一步研究和记述中，如在康熙《苏州府志》、乾隆《苏州府志》、同治《苏州府志》，同时期的县志如乾隆《吴县志》，以及其后的民国《吴县志》等古籍中，以苏州西郊为主的山林地带，其山地的名称基本已没有规模性更新，有的主要是对山林内容的充实和局部的完善。在乡镇志如《光福志》《木渎小志》《香山小志》，山志如《穹窿山志》《阳山志》《灵岩山志》《天平山志》《尧峰山志》《寒山志》《金山杂志》，以及寺院志如《邓尉圣恩寺志》等中，都可以梳理出自然山林与人文活动的相关信息。历史上著名的四部太湖专志（《震泽编》《具区志》《太湖备考》，以及已经佚失但内容见诸其他专志并脱胎出《震泽编》的《太湖志》）更是对太湖岛山及滨湖山地的自然环境、开发利用情况和人文内涵有着递进式的记述和归纳，成为太湖山水文化发展的重要成果。

二、“太湖七十二峰”

太湖山水既是苏州自然山林中的一个特殊类型，也是山林自然与人文思想的一个代表性载体。作为长江三角洲中心地带最大的湖泊，太湖及其水系和周边陆地的关系是长三角自然环境形成演化的核

[1] 林世远、王鏊等：正德《姑苏志》，北京图书馆古籍珍本丛刊：26，书目文献出版社，2000，第161–174页。

[2] 上崦为水体名。

[3] 林世远、王鏊等：正德《姑苏志》，北京图书馆古籍珍本丛刊：26，书目文献出版社，2000，第173页。

[4] 林世远、王鏊等：正德《姑苏志》，北京图书馆古籍珍本丛刊：26，书目文献出版社，2000，第175–183页。

[5] 翁澍等：《金山志、具区志、京口山水志》，故宫珍本丛刊第269册：史部·地理·山水，海南出版社，2001，第187页。

照片 224 “太湖七十二峰”之首缥缈峰，2011

西洞庭山的缥缈峰向来被认为是“太湖七十二峰”之首，因为其海拔最高，所在的西山岛又是太湖中最大的岛屿且位于旧时太湖最中间的位置，周边的岛群最为集中。

照片 225 琴山，2021

琴山也是“太湖七十二峰”之一，现已跟西山岛连在一起。“琴山听涛”是当下人们最喜欢去的西山岛“网红”景点之一。

照片 226　西山岛北端群岛区，2021

西山岛北端是石英砂岩山体和岛山最集中的分布区，照片中从右向左有西山本岛的大庭山、渡渚山、金铎山，湖中近处岛屿从右向左有小庭山、叶山、阴山、绍山、大干山、横山，还有中部天际线上的岛屿漫山等。庭山、渡渚山原先也为湖中岛屿，后经泥沙沉积而与西山本岛相连。太湖大桥的建成与开通改变了西山岛、长沙岛、叶山岛等“太湖七十二峰”名录中岛屿的属性。

心要素，是以太湖为中心的江南文化核心区形成和发展的重要源泉，而以“太湖七十二峰”为代表的太湖岛山地区，正是这种人与自然关系的最直接的写照。有关“七十二峰”的说法，在国内名山中，如衡山、武当山、“五岳归来不看山”的黄山等处都有，但基本都是以“峰海”的形式出现的，只有“太湖七十二峰”是以太湖为基本范围，将太湖中的岛山等自然体进行归纳以后形成的名录，其最大的特点是水与山相映衬、自然环境与人文追求相统一。同时，除了“太湖七十二峰”以外，还有以西洞庭山为主体，对其山峰进行归纳、总结后提出的“洞庭七十二峰”，甚至明清时期，人们还特别关注西洞庭山的消夏湾龙头山南面的一处奇石，上面可见七十二峰，名“小洞庭”。这在王鏊的《震泽编》卷二“石”一节[1]及王维德的《林屋民风》一书中都有记述。[2]如此看来，太湖一地的“太湖七十二峰”可分全太湖、西洞庭山和“小洞庭”三个层次，足见当时人们对此说法的认同程度之高、研究归纳之充分。

“太湖七十二峰”先是以“湖中有七十二

［1］王鏊等：《震泽编》，吴中珍籍，江苏凤凰电子音像出版社，2014，第 39 页。

［2］王维德：《林屋民风》，中国风土志丛刊，广陵书社，2003，第 145 页。“小洞庭”石现已不存，20 世纪 60 年代毁于开山采石过程中（据《西山镇志》第 83 页）。

山”的提法出现的，文字先出现在唐代的太湖诗歌中，到宋代用得越来越多，到明代就正式出现“七十二山”的名录方案，并经过不断的完善，一直到王鏊的《震泽编》以“七十二山”为篇目提出了为后世所公认的名录。其实，在王鏊研究、提出“七十二山”名录方案的时候，“七十二峰”的提法同时出现且与其互用，如在《震泽编》“卷一”有关“七十二山”的条目中，起首的文字为“山之在水面者，其景最胜，若夫以七十二峰之苍翠，矗立于三万六千顷之波涛，其为胜何如也”[1]。这里“七十二山”的条目名和“七十二峰”的表述文字，指的同为太湖中的岛山等自然体。相对来说，当时的志书在条目的名称中基本用“山”或“七十二山”的表述；而在诗、词、赋等文学作品中，则常常用“七十二峰”，甚至还有将太湖区域用“七十二峰”来代称的，如清代吴定璋就专门收集了太湖区域内历代文人的作品，著有《七十二峰足征集》。也就是说，“山”字多用于客观和写实的记录中，而“峰”字则更多用于抒情和写意的创作中。清代初期，有关“七十二山”和“七十二

[1] 王鏊等：《震泽编》，吴中珍籍，江苏凤凰电子音像出版社，2014，第 22 页。

照片 227　光福冲山等岛屿已成为半岛，2020

“太湖七十二峰”，是民间惯用的对太湖岛山的统称。照片中左侧的冲山和漫山等是“太湖七十二峰”名录中的山体，而右侧的潭山、西碛山、南山等则是滨湖山体。现冲山、长浮、癞头浮等岛屿已经因围湖造田而成为与湖外陆地相连的半岛，而最左侧的漫山仍是湖中的岛屿。

峰”的实用研究和归纳总结得到发展，但总的趋势是“七十二峰”逐渐替代“七十二山”的提法，如到民国时期，《吴县志》中所能检索到的“七十二”之说的相关文字共28处，其中的27处记为“七十二峰”，只有在以极端实务为核心的“兵防考”的相关提法中才用了“七十二山”之说。现今说到太湖的自然和人文环境时，一般也都只用“太湖七十二峰”的表述。

“太湖七十二峰”之说专用以指代整个太湖内的岛山、岛浮等自然体，也就是说，它们都是湖中的岛屿。湖外的山体，如紧邻太湖的渔洋山、米堆山、潭山、南山、西碛山等都不在此列，而穹窿山、阳山等海拔较高且现在也属于太湖风景区的山，因在湖外，自然也在名录之外。《太湖备考》还专门设有“滨湖山”一篇，较详细地记述了沿太湖的山体，而作为“太湖七十二峰”主体的湖内岛山等自然体则被收录于“湖中山”部分，凡湖中岛屿与湖外陆地相连的，如无锡和宜兴的两处竹山都被移出“湖中山”的名录，如果当时东洞庭山、武山已有如今的态势，在渡村、横泾一带与湖外陆地相连的话，恐怕也会对《太湖备考》全书的构成产生很大的影响。被归入“太湖七十二峰”名录的，除了西洞庭山、东洞庭山及无锡的马迹山等岛山是以“山”来命名的外，还有一批以“浮”“洲”“矶”等来命名的。“浮”是指看似漂浮于湖面之上的不大也不高的岛状区域，如“箬浮”“疃浮”（也称“疃里浮”）等。现在看来，疃里浮更像是漂浮于太湖湖面上的芦苇丛。“浮”在吴语中也会音讹为“壶”或“湖”，如东洞庭山陆巷寒山外的北箭浮有时会被写成“北箭壶”，西洞庭山消夏湾南侧的东南浮有时会被写成

照片228　疃里浮，2021

“太湖七十二峰”名录包含若干太湖水面附近的甚至是若隐若浮的小洲。疃里浮是其中目前可见的最小的一个岛浮。

照片 229　鼋山宕口，2021

鼋山是“太湖七十二峰”之一，因组成的岩石是石灰岩，故而早在宋代就有开采青石做碑材和建材的传统。现已被开采殆尽。

“东南湖”，等等。所谓“洲”，《震泽编》称“水中沙碛，芦荻生之，谓之洲”[1]，即指由泥沙沉积而成的湖中较为平坦的陆地，一般比浮大，也会有由岩石构成的情况，如消夏湾中的众安洲（瓦山）就是一处在湖湾中由岩石构成的小岛，被列入“太湖七十二峰”的 “杜圻洲”也是湖中的石岛，现称“平台山”。“矶”是指太湖中的中小型岩礁或岩滩等裸露的基岩，如太湖西部的“兰座矶”，现太湖西部浙江吴兴与江苏宜兴交界处的“大兰嘴”“小兰嘴”，即兰座矶附近由陆地伸向太湖的基岩的山嘴。有意思的是，“矶”字的繁体为“磯”，而“太湖七十二峰”名录中竟有无锡三山岛北面的“大屼”和“小屼”两个岩岛（其中，“屼”字的部件用的是“儿”）。

其实，太湖中的岛山、岛浮等自然体不止 72 个，如《太湖备考》中有名录的湖中自然体就达到 91 个。因此，从这些自然体中选出 “太湖七十二峰”的名录，自然是按一定的规则，将这些岛屿以重要性的高低来排列的。用“七十二”这个数字，一方面，很符合人们的文化习惯，诸如“孔子七十二弟子”“孙悟空七十二变”等，是表现多且有敬意的虚数；另一方面，此数字又比较接近太湖中自然体的实际个数，而且有一定的选择余地。因此，“太湖七十二峰”名录在本质上可以被看成是一个“榜单”，具有一定的竞争、排列的属性，能反映人们对太湖岛屿的山水风光、开发利用、历史发展和文化传承等方面的综合认识，是一种很好的人文归纳。从实际的名录构成来看，这里考虑的因素主要有太湖岛山的自然村落、居住人口等人类活动情况，如《震泽编》的“七十二山”一篇中，先具体说明了马迹山区域有 14 个岛，西洞庭山区域有 41 个岛，东洞庭山区域有 17 个岛，由三大主岛和周边岛屿一起构成了“七十二”这个数，在三大主岛之后记有周边有日常村落、人为活动的岛屿，在第三层次再排其

[1] 王鏊等：《震泽编》，吴中珍籍，江苏凤凰电子音像出版社，2014，第 157 页。

他岛屿。当然，存在不同版本的“七十二峰”名录，如蔡昇的《太湖志》与王鏊的《震泽编》就有区别，虽然现在已无法详细知晓《太湖志》的“太湖七十二峰”名录是如何构成的，但《具区志》在“凡例”第四条称“七十二峰之名诸书互异：《震泽编》与《太湖志》不类……”[1]，这足以说明《太湖志》中已经提出“七十二峰”的具体名录，而且与现在公认的《震泽编》的方案是有差异的。非但如此，就是同出自王鏊之手的不同书籍和文章，如《震泽编》中的“七十二山”、正德《姑苏志》中的“七十二山”（实际列 73 个山名），[2] 以及《太湖诸山记》和后世引用较多的《太湖七十二峰记》之间，都有些微的差异，足以看出王鏊在研究“太湖七十二峰”名录时的修正过程。

“太湖七十二峰”是太湖山水文化中有关自然与文化的综合集成，是一种自然山林和人文山林相

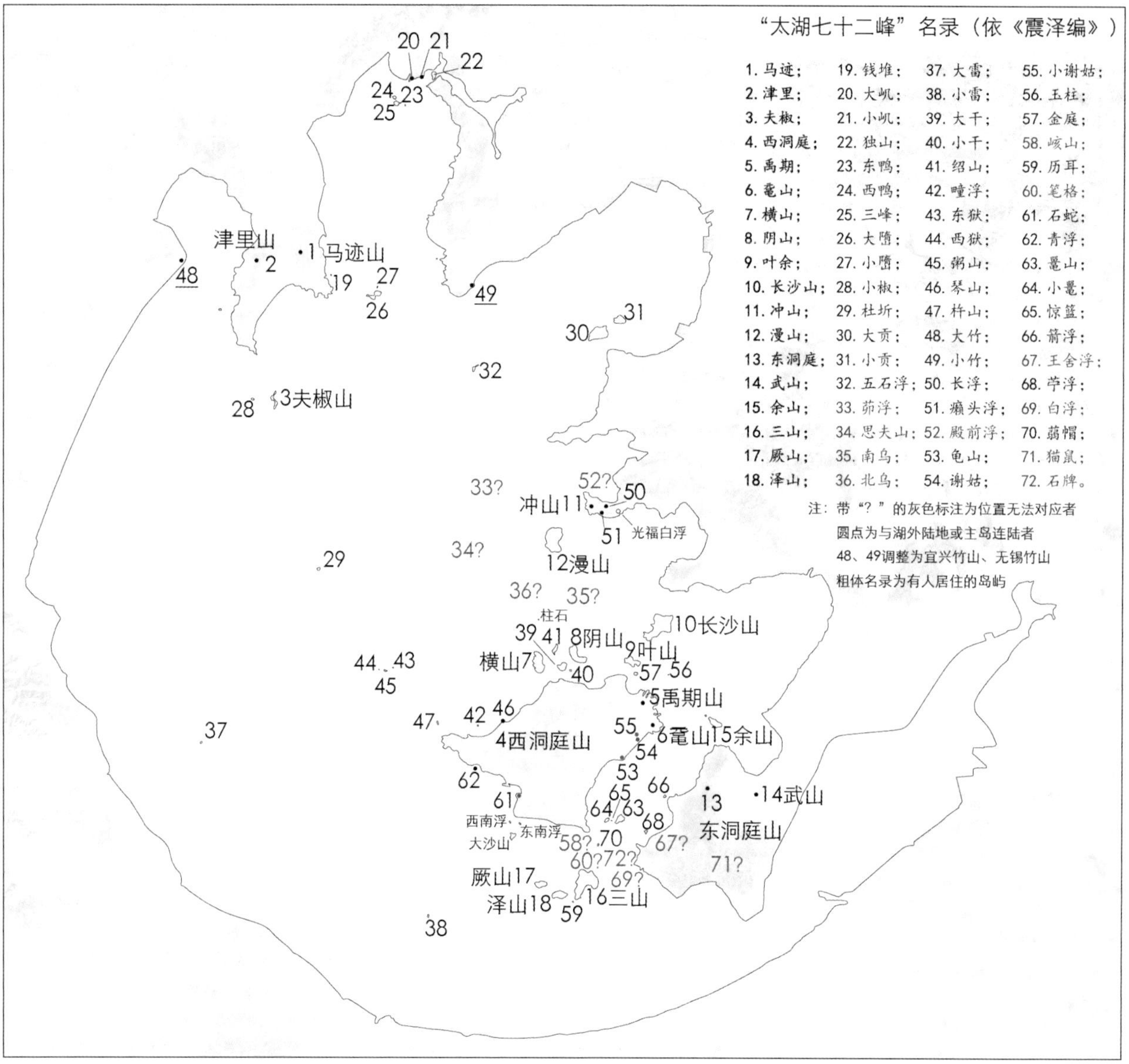

图 21 “太湖七十二峰”分布示意图[3]

[1] 翁澍等：《金山志、具区志、京口山水志》，故宫珍本丛刊第 269 册：史部・地理・山水，海南出版社，2001，第 150 页。

[2] 林世远、王鏊等：正德《姑苏志》，北京图书馆古籍珍本丛刊：26，书目文献出版社，2000，第 180 页。

[3] 图中名录完全依《震泽编》“七十二山”正文之记述，见王鏊等：《震泽编》，吴中珍籍，江苏凤凰电子音像出版社，2014，第 22–27 页。

结合的经典。有关吴地记载的古籍中很早就有对西洞庭山的记述，最早时还被称为“包山”，这与太湖所包围的湖中最高的山峰、最大的岛屿及最神秘的洞穴都有直接的关系。当人们惊奇于龙洞山的溶洞奇观时，“天下第九洞天”的仙道传说和排行，就成为基于当地环境和当时条件的非常有力的说法，而由包山洞庭穴“潜行水底，无所不通，号为地脉”[1]的记述也足见人们对大自然的好奇和猜测。皮日休《缥缈峰》中“头戴华阳帽，手拄大夏筇。清晨陪道侣，来上缥缈峰。带露嗅药蔓，和云寻鹿踪。时惊鼯鼪鼠，飞上千丈松”[2]所描述的身穿道家服、手持登山杖、有道友相伴往登“太湖七十二峰”首峰缥缈峰的场景，很能传达作者寄情于自然山水的精神追求。这些都表现出“太湖七十二峰”所代表的自然和文化的经典与魅力所在。

王鏊《震泽编》“七十二山”篇目中的名录是目前最为公认的“太湖七十二峰”名录方案，具体为：1. 马迹；2. 津里；3. 夫椒；4. 西洞庭；5. 禹期；6. 鼋山；7. 横山；8. 阴山；9. 叶余；10. 长沙山；11. 冲山；12. 漫山；13. 东洞庭；14. 武山；15. 余山；16. 三山；17. 厥山；18. 泽山；19. 钱堆；20. 大屼；21. 小屼；22. 独山；23. 东鸭；24. 西鸭；25. 三峰；26. 大隮；27. 小隮；28. 小椒；29. 杜圻；30. 大贡；31. 小贡；32. 五石浮；33. 茆浮；34. 思夫山；35. 南乌；36. 北乌；37. 大雷；38. 小雷；39. 大干；40. 小干；41. 绍山；42. 疃浮；43. 东狱；44. 西狱；45. 粥山；46. 琴山；47. 杵山；48. 大竹；49. 小竹；50. 长浮；51. 癞头浮；52. 殿前浮；53. 龟山；54. 谢姑；55. 小谢姑；56. 玉柱；57. 金庭；58. 峐山；59. 历耳；60. 笔格；61. 石蛇；62. 青浮；63. 鼍山；64. 小鼍；65. 惊篮；66. 箭浮；67. 王舍浮；68. 苧浮；69. 白浮；70. 蒻帽；71. 猫鼠；72. 石牌。[3]

从目前的情况来看，由于太湖岛屿之间、太湖岛屿与湖外陆地之间既有因泥沙的自然沉积和围湖造田而造成的岛屿连陆过程，也有岛山受到湖流冲蚀和人为采石的影响而消失的现象，加上旧时对岛山位置描述得不详尽，“太湖七十二峰”名录的地名与岛山自然体已无法全部对应。在古今地名考辨的基础上，“太湖七十二峰”名录成员现今的状态为：原“太湖七十二峰”名录中，仍为太湖中岛屿的有42个，其中，与湖外有桥梁相通的7个，无桥梁相通的35个；因陆地相连而成为半岛或不再是独立岛屿的有22个，其中，西洞庭山吸纳了禹期山等8处岛屿融为西山岛的组成部分，东洞庭山、马迹山、冲山及其周边14个岛屿已经与湖外完全相连而成为半岛；另有茆浮等8个地名无法与实际自然体完全对应（见图21中灰色且标有“？”者）。

三、山林地名

地名往往具有很强的文化属性，能够反映当地的自然环境、历史发展和文化传承，苏州山林的地名更是如此。作为江南水乡背景下自然环境的特殊存在，山林因其数量少而尤为珍贵。历代对山林都有不少的关注、利用和文化积累，但山林在发展中也会有相对强化或弱化的状态，表现在地名上就会有不断完善、丰富或逐渐模糊、失传的不同状态。故山林地名对于研究苏州的自然、历史和文化具有相当高的价值。

■ 山林地名的归纳

山林地名的形成和应用历经一个漫长的历史过程，而这一过程的源头往往与人们对自然环境、历史事件等的认识和与其的互动有关。

［1］陆广微：《吴地记》，曹林娣校注，江苏古籍出版社，1999，第78页。

［2］王鏊等：《震泽编》，吴中珍籍，江苏凤凰电子音像出版社，2014，第192-193页。

［3］此名录同“图21 ‘太湖七十二峰’分布示意图”中的名录信息。

有些山地的名称来自对山体外形的观感。如现在的七子山，其分支山岭上方山、吴山、尧峰山、姑苏山，分别向东北、东南、西南和西北四个方向延伸展布出来，让人无论从哪个方向看它，总是一脉横亘于眼前，因此，自古一直被称为“横山”；阳山因其高峻，让人望之有飞动之势，《阳山志》称“又以其势四面飞动，名曰四飞”[1]。在次一级的山地或主要山地的分支山岭的名称中，以外形定名的现象更为普遍，如以“笠帽”为名者在穹窿山、东洞庭山、西洞庭山和太湖岛浮中多处出现，甚至在同一山体上变称，出现“笠帽山”“笠帽顶”等名称。同样的，苏州也有为数不少被称为“凤凰山”的山体。[2]

照片 230　冲山南侧的笠帽浮，2019

在冲山南侧有一个岛浮，很像过去的雨具“笠帽”，故以此为名。在苏州的山林地带，有不少被称为“笠帽”的山峰、山体或岛浮。缥缈峰西北 1.2 千米处，堂里与涵村之间有笠帽山，[3] 海拔 212.8 米；石公山南太湖中也有笠帽山。“笠帽山”“笠帽浮”，都是按外形给山体或湖上的岛屿取的名字。

有些山地的名称来自其综合环境的提炼。比如，西洞庭山以东的石灰岩地区，由于受到外力风化的影响及石灰岩本身抗风化能力比较弱，表现出来的山体总体比较低缓，外形比较圆润，再加上石色青灰，山体又临近太湖水面，因此，人们在命名这些山体时，以水乡地区多见的爬行动物为名，比较

[1] 岳岱：《阳山志》，吴中小志丛刊，广陵书社，2004，第 183 页。

[2] 张振雄：《苏州山水补记》，广陵书社，2019，第 60–65 页。

[3] 苏州市吴中区《西山镇志》编纂委员会编《西山镇志》，苏州大学出版社，2001，第 38 页。

照片 231　光福凤凰山，2021

苏州有不少山叫作“凤凰山”。比如，照片中这座山，因山的形态两侧有峰，其峰被想象成凤凰的两翼，故被称为“凤凰山”。

典型的如鼋山、龟山、大鼍山、小鼍山、蛇山、龙洞山。这些地名既兼顾了山体的外形，又反映了有关人士对水乡环境的考虑。

特殊地名举例，如“岭”“浮”

“岭”是苏州西郊山地命名中比较特别的一类，既在地名上作为同类进行合并，又从本质上反映出人们对自然环境的归纳、对人地关系的认识。“岭”字在字典中一般有三种释义：一是指顶上有路可通行的山；二是指高大的山脉；三是特指大庾岭等五岭，如岭南等。苏州的山地名称中的“岭”，当与第一释义相当，但似更多地被用于命名道路穿越横亘着的山岭的垭口，也就是用于命名地形的马鞍形部位，那里的道路是沟通山岭两侧的陆上交通的捷径所在，因此，常有寺院、路亭等建筑。比较有名的山岭如下：

照片 232　贺九岭全景，2021

贺九岭位于天池山和鹿山之间南北方向延伸的山脊鞍部，也是这里东西方向的交通要道。照片中左中部为鹿山，右侧为天池山北延山脊。

照片 233　贺九岭东石关，2021

旧时在贺九岭建有东、西两道石关，目前均保存完好，东石关还踞守在跨越山岭的道路之上。贺九岭石关现为苏州市文物保护单位。

贺九岭，位于天池山与鹿山之间，沟通藏书北部和白马涧方向，有普济道院。

寒山岭，位于天平山与支硎山之间，沟通白马涧和金山浜方向，有寒山石刻遗址、法螺寺。

羊肠岭，位于天平山南秦台山与马鞍山（仰天山）之间，沟通五峰与上沙方向。

叆叇岭，位于七子山之尧峰山与凤凰山之间，沟通木渎与越溪方向，旧有唐免水院。

金芝岭，位于阳山东北的良连山和东山之间，沟通树山村与浒墅关方向。

白礳岭，位于阳山主体与良连山之间，沟通树山村与阳东方向。

柴庄岭，位于玄墓山与米堆山之间，沟通圣恩寺和穹窿山方向（现因开通公路，垭口状地形已不甚明显）。

平岭，位于东洞庭山主峰莫厘峰（大尖顶）与白沙岭之间，连通东山前山与后山，旧有真胜庵等，现有亭。

《阳山志》称“山之岭，南曰耙石，西曰青山、曰寒山，北曰金芝，东曰白礳，岭上悉有路以通山行”[1]。类似的情况还有东洞庭山东南的干山岭等，不一而足。另如西洞庭山的竹坞岭、东洞庭山的虾蟆岭等，略具鞍状的地形，可见在山道交通上沿山梁的沟通功能也甚为重要。

“太湖七十二峰”中所述的“浮”字，也是与苏州山林有关的一个特有的地名类型，用于命名太湖上体量较小的自然体，即面积和高程都比较小的岛屿，也即岛浮一类。被列入《震泽编》“七十二山”名录的有五石浮、茆浮、疃浮、长浮、癞头浮、殿前浮、青浮、箭浮、王舍浮、苧浮、白浮，加上蒻帽山，此山虽然没有以“浮”命名，却有“泽厥之间，有若笠浮水面者蒻帽山”[2]的专门说明，计12处，约占总数（72）的17%，未被列入“太湖七十二峰”名录的还有唐浮、甑盖浮、小浮子山等。

地名的衍讹

传统的山林地名与当代所用地名之间的关联，很大程度上关系着山林文脉的承续，但在实际中，这种承续需要面对一些问题。比如，古籍中有关的地名与实际的山体之间的对应，如果没有地形标志物，或缺少建筑等标识，经过若干时间后，这些信息就可能会湮灭。这种自然山体及其所处的环境、历史文物存在的状态，以及古籍中相关的记载，三者之间相互印证、相互依存的关系，也正是三者的文化价值之所在。山林地名在民间实际使用的过程中，往往与日常生活有关，书本上的名称常常不敌“前山”“后山”“东山”“南山”之类通俗的称呼，即使是很形象的或很有历史厚重感的地名，在人们日常的口口相传之间，也难免会有信息的损失和走样；山林地名通过地图来呈现，是旧时地名记述和传承中的一个弱项，而相关信息在转呈于地图时，还需要大量的田野工作，中间又会面临地名收

[1] 岳岱：《阳山志》，吴中小志丛刊，广陵书社，2004，第183页。

[2] 王鏊等：《震泽编》，吴中珍籍，江苏凤凰电子音像出版社，2014，第26–27页。

录工作人员与当地地名生态之间兼容度的问题，如因语言不通，只能用普通话来记述吴语中的地名等，势必出现各种发音相近而文字完全没有相关性的音讹现象。有时，这种音讹可能是有意为之的，如当繁体字或山体古名笔画很多而不便使用时，于是在实际运用中进行了简化。

西洞庭山古樟园西侧的驼背山，可以作为山林地名的一个实例来加以分析。驼背山在古籍中并无记载，旧时志书中记述附近山体有“攒云峰”等名称，但缺少直接关联的实证。驼背山之名，当是从东面看西洞庭山的山岭分支时，在现古樟园后与马石山连接的南侧有一山峰，其山坡和山脊线的轮廓就如一个背上有罗锅（吴语称“驼背”）的人俯卧的样子。因此，此山的外形是这个地名的核心内涵。这里需要注意的是，只有在山麓东部仰看此山体时才能收到最为形象的效果。由此可见，那些以形为名的地名往往是有观察视角限定的。再者，要说明的是，驼背山在现今的一些地图上或文章中，所用名称还有“杜背山”或“大背山”，这显然是将吴语“驼背山”转换成文字时的讹用。

在苏州的山林中，有关地名的讹用现象，有时会比较明显。以西山岛东部石灰岩岛山的名称为例，旧名与现名的对照情况如下：鼋山—元山，龜（龟）山—居山（也有标为“归山”），蛇山—佘山，鼍山—大山，小鼍山—小大山。这里比较明显的有两个因素的影响：一是与吴语的发音有关，二是与书写趋向简化的需要有关。此外，还有山林地名衍讹的实例，如旧时的“弹山”现注为“潭山”，而“潭”字之义的核心来源是在光福查山附近曾经有过的梅花潭，因而左近有“潭东村”“潭西村”，现“潭”字被“挪用”为潭东村再往东北的山体名称后，潭东、潭西两村的地名就成了无本之木；再如阳山之南的玉屏山，也称“玉遮山”“遮山”，其与吴语发音相关而被称为“查山”的，如果仅依字面意思，这二者的关系就显得无从说起。

第二节　山林的人文追求

一、洞天福地

西洞庭山深处，于浩渺太湖之中，山水相互依存，风光典型，还有东部沿湖地带及湖上的石灰岩小岛，尤以龙洞山中的石灰岩溶洞——林屋洞景色奇异。林屋洞在道家“十大洞天”中被列为“天下第九洞天”，毛公坛则在“七十二福地”中被列为“第四十九福地”。[1]这样的山水风光与道教圣地的组合，在苏州西部的山林景观中极具特色。这体现了当时人们对太湖山水风光及其环境的认同，也让西洞庭山成为太湖区域受道教影响最大的地方。唐代皮日休的太湖诗中多透射出这种“仙风道骨”的意境。再如，在《吴郡图经续记》中，有关道教的宫观建筑记载共有七处，除两处在当时的苏州郡城，另一处位于常熟，还有一处被迁去当时的都城外，西洞庭山就有三处，为灵佑观、洞真观和上真观，由此可见西洞庭山

照片 234　林屋洞的洞府景观，2017

林屋洞中的岩层基本呈水平状产出，与地下水对岩石的侵蚀痕迹基本一致。照片场景中以流水侵蚀为主，水平展布的天幕和石台光洁度高，更增添了神仙洞府的氛围。

[1] 王鏊等：《震泽编》，吴中珍籍，江苏凤凰电子音像出版社，2014，第 51–52 页。

在道教中的影响力。《洪武志》卷二“山”的开卷引言中也说：“郡城之山皆在西，惟洞庭两山最为高广而在太湖之中。西山有林屋洞天，世称为福地。”[1]

林屋洞的“天下第九洞天”之名，也见载于《吴地记》所引《扬州记》：“太湖一名震泽，一名洞庭。今湖中包山有石穴，其深莫知其极。即十大洞天之第九，林屋洞天也。”[2]《吴地记》中所记林屋洞的传说较为详细，其引《洞庭山记》所述称：“洞庭有二穴，东南入洞，幽邃莫测。昔阖闾使令（灵）威丈人寻洞，秉烛昼夜而行，继七十日，不穷而返。启王曰：‘初入，洞口狭隘，伛偻而入。约数里，忽遇一石室，可高二丈，常垂津液。’内有石床枕砚，石几上有素书三卷，持回，上于阖闾，不识，乃请孔子辨之。孔子曰：‘此夏禹之书，并神仙之事，言大道也。’王又令再入，经二十日却返。云：‘不似前也，唯上闻风水波涛，又有异虫，挠人扑火，石燕蝙蝠大如鸟，前去不得。’丈人姓毛名苌，号曰毛公。今洞庭有毛公宅，石室并坛存焉。”[3]这里记载的是吴王阖闾两次派灵威丈人入林屋洞探险的情况。按照记录，我们可以感受到的是地下溶洞中水流溶蚀等现象，而“素书三卷”“请孔子辨之”“二十日却返”等，在后人看来多为传说。至于传说中的林屋洞“潜行水底，无所不通”，显然是人们的想象。

在古人无法科学解释林屋洞成因时，往往就形成了带有神秘色彩的说法，从而诞生了“洞府”的传说。加上林屋洞所在的西洞庭山正处于太湖各岛群的中心地带，在三万六千顷的太湖之中有此场景，就形成了湖光山色与神仙洞府难得的组合。有关西洞庭山和林屋洞洞天的记载早已有之，如北魏《水经注》称西洞庭山“有洞室入地潜行，北通琅邪东武县，俗谓之洞庭”[4]，《西洞庭志》引用《寰宇记》的记载，称“洞中有五门，东通王屋，西达峨嵋，南即罗浮，北连岱岳”[5]，这些带有明显的想象色彩的推演也是古人对自然难解之谜的一种探索。林屋洞还与当年大禹治水的传说有关，称大禹治水以后将三卷素书藏于林屋洞，春秋时吴王阖闾遣灵威丈人入洞寻书，这成为古老的太湖文化的组成部分。历代文人为林屋洞留下了不少诗文，如明代蔡羽的《游林屋洞记》，将当年游林屋洞，在山外望太湖，沿途“五步一石”“十步一潭”的景色，洞中探访“金庭”“玉柱”“石楼神钲”的过程记述得很是传神，[6]皮日休、陆龟蒙、范成大、王鏊等人都有关于林屋洞的诗作。林屋洞的洞口也留有“天下第九洞天”“林屋洞”“仙府”等历代摩崖石刻，其中尤以宋代李弥大的《无碍居士道隐园记》为珍贵。

然则目前所见林屋洞洞口的《无碍居士道隐园记》石刻全文，与《具区志》等所引的《无碍居士自撰道隐园记》全文有多处出入。虽然二者文字的主旨并无二致，但从古籍文字及石灰岩石刻的记载来看，个中缘由值得注意。二者比较后的文字如下：

林屋洞山之西麓（“西”在石刻中为“南”），土沃以饶，奇石附之以错峙。东南面太湖，远山翼而环之，盖湖之极观也。莽草丛卉（石刻中为“草莽丛株”），未有过而问者。无碍居士尝散策游（“游”在石刻中为“以游”），乃约工费助道家而圃之。西则苍壁数仞（“西”在石刻中为“其西”），洞穴呀然，南向者曰丙洞。洞东北跻攀而上有石室（“洞东北”在石刻中为“自洞之东北”），窈以深者曰旸谷洞。缘山而东，乱石如犀、象、牛、羊，起伏蹲卧乎左右前后者（“犀”在石刻中为“群犀”），曰齐物观。又其东有大石，中通小径，曲而又曲，曰曲岩。居士思晦而明齐，不齐以致其曲而未能也（“其

[1] 卢熊：洪武《苏州府志》，成文出版社有限公司，1983，第123页。

[2] 陆广微：《吴地记》，曹林娣校注，江苏古籍出版社，1999，第78页。

[3] 陆广微：《吴地记》，曹林娣校注，江苏古籍出版社，1999，第78–79页。

[4] 郦道元：《水经注》，陈桥驿注释，浙江古籍出版社，2000，第458页。

[5] 王廷瑚：《西洞庭志》，吴中小志丛刊，广陵书社，2004，第282页。

[6] 翁澍等：《金山志、具区志、京口山水志》，故宫珍本丛刊第269册：史部·地理·山水，海南出版社，2001，第238–239页。

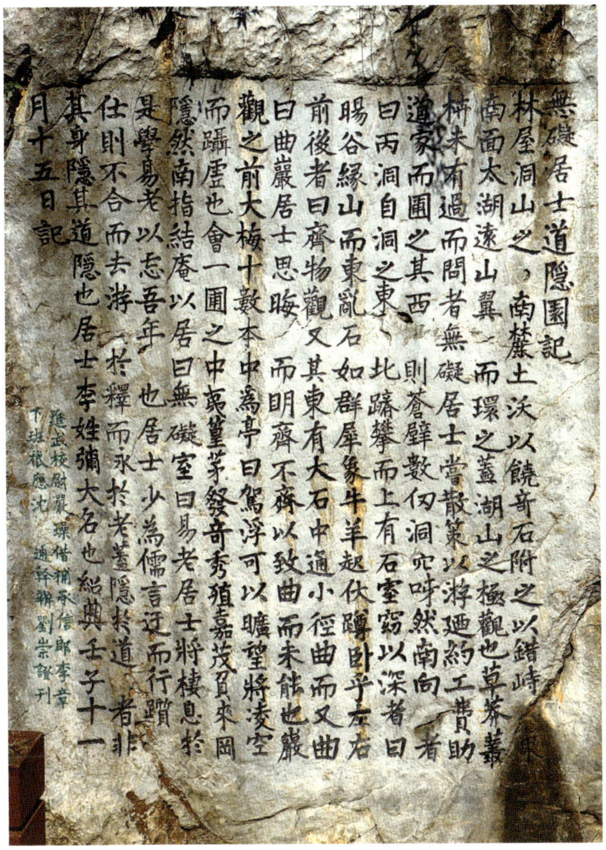

■ 石刻全文

■ 石刻局部

照片 235　《无碍居士道隐园记》石刻，2022

《无碍居士道隐园记》刻于林屋洞之旸谷洞口，描述了南宋时林屋洞所在山体的周边情况及相关的开发利用情况，具有很高的史料价值。林屋洞所在龙洞山的摩崖石刻等古迹为江苏省文物保护单位。

曲”在石刻中为“曲”）。岩、观之前，大梅十数本，中为亭，曰驾浮，可以旷望，将驾浮云而凌虚也（此句在石刻中为“将凌空而蹑虚也”）。会一圃之中，诛茅夷蔓发（“诛茅夷蔓发”在石刻中为“蒐篁茅发”），奇秀殖嘉茂。结庵以居，曰无碍，室曰易老（“结庵”之前石刻中有“负来岗隐然，南指”七字）。且将栖息于兹（此句在石刻中为“居士将栖息于是”），学易老以忘吾年（石刻句末有“也”字）。吾少尝为儒（此句在石刻中为“居士少为儒”），言迂而行踬，仕不合而去（“仕”在石刻中为“仕则”），游于释而泳于老。盖隐于道者，非身隐（石刻中为“非其身隐”），其道隐也。居士李姓，弥大名，似矩字也（此句在石刻中为“居士李姓弥大名也”）。绍兴壬子十一月十五日记。[1]

《具区志》所引的《无碍居士自撰道隐园记》，与旸谷洞口的摩崖石刻相对照，出入之处还是不少，其原因或是收录进志书的文稿与镌刻于山岩上的稿本源流不同，个中缘由难在此间求证。唯此摩崖石刻中有一句“游于释而泳于老”，其中，“泳”字的“氵”偏旁正好没描绘出来，照片中可见此石刻在近千年之后，经自然风化而导致漫漶的现状——这倒不失为石灰岩山石上刻石状态风化演变的一个实例。

［1］翁澍等：《金山志、具区志、京口山水志》，故宫珍本丛刊第 269 册：史部・地理・山水，海南出版社，2001，第 283 页。

照片 236　龙洞山石刻“林屋晚烟”，2011

历代文人墨客在林屋洞留下不少摩崖石刻。“林屋晚烟”是旧时西洞庭山“十景”之一。

历史上还有不少关于林屋洞的诗文歌赋，如《具区志》收录的就有陈代沈炯的《林屋馆铭》，明代瞿祐的《林屋图跋》、蔡羽和姚希孟的两篇《游林屋洞记》，以及唐代皮日休、陆龟蒙，宋代范成大，元代倪瓒，明代王鏊、徐祯、文徵明等 17 人的诗作，多为“洞天福地”“仙经神迹”的主题。

二、皇家宫苑

有关苏州西郊山林的地名和古迹中，有不少春秋吴国时期的传说。《震泽编》卷二中专门有“故国之墟十”[1]，实际描述了西洞庭山马城（吴王阖闾于此筑城养马）、鹿城（阖闾于此豢鹿）、马税城（梁左金吾将军屯军处）、可盘湾（吴王游湖……此亦可盘桓也）、明月湾（吴王尝玩月于此）、消夏湾（吴王阖闾避暑于此）、练渎（旧传吴王开以练兵）等七处，东洞庭山虎山（吴王于此山筑阱养虎，后避唐讳曰武山）、射鹗山（昔吴王于此山筑城养鸡）、厩里（吴王于此养马）等三处，以及马迹山避暑宫（世传吴王阖闾构宫于此避暑）等，总共十一处旧迹，其中，十处都与春秋吴国的旧迹和传说有关。

从历史上人们对山林环境的看重和开发应用来看，春秋吴国时的长洲苑、姑苏台、馆娃宫等三处有文字记载和相关传说的所在，可以算是最早见诸文字的实例。《越绝书》越绝卷第二“越绝外传记

[1] 王鏊等：《震泽编》，吴中珍籍，江苏凤凰电子音像出版社，2014，第 61 页。

之吴地传第三”中称，阖闾“秋冬治城中，春夏治姑胥之台；旦食于纽山，昼游于胥母，射于鸥陂，驰于游台，兴乐石城，走犬长洲”[1]，就涉及上述三处旧迹；元代金信的《洞庭曲十首》中，其九为“湖上望苏台，水与青天远。长风送飞帆，忽到长洲苑”[2]，也记述有其中两处。

■ 长洲苑

长洲苑是最早见于相关古籍记载的皇家园林，位于太湖之北、苏州城南或西南。对于长洲苑究竟在何处，只有粗略的记载，而无精准的定位，这也给后世留下了悬念。《越绝书》中有关长洲苑的最早记载，只有其名其事，没有具体地点。

《越绝书》记载了吴王的工作起居、日常休闲等活动，以及与季节和地点相关的一些信息。其中，记载有吴王在一年中不同季节的办公之地，以及秋冬在城中、春夏在姑胥之台（姑苏台）的迁移情况，同时还提到了“食”“游”“射”“驰”等在现代人看来跟游猎休闲等相关的活动。所谓“走犬长洲”的记录，是最早的有关“长洲”一词的记述之一，而根据“先有长洲苑，后有长洲县”的明确的说法，此处所谓的“走犬长洲”指的应该是长洲苑。

《吴地记》中述长洲县时，亦有相关的信息。“长洲县望在郡下，贞观七年，分吴县界，以苑为名。地名茂苑，水名仙山乡”[3]，很明确地提出了唐代所设的长洲县的名称来自长洲苑。《吴郡图经续记》“往迹”的第一条记述的就是长洲苑，称“长洲苑，吴故苑名，在郡界。昔枚乘谏吴王云，汉修治上林，杂以离宫，积聚玩好，圈守禽兽，不如长洲之苑”[4]。这里映射了长洲苑的规模，但还是没有说明长洲苑的具体位置。

在《吴郡志》卷八“古迹”一篇中，有“长洲”和“长洲苑”两个条目：“长洲，在姑苏南太湖北岸，阖闾所游猎处也。吴主遣徐详至魏，魏太祖谓详曰：‘孤比老愿越横江之津，与孙将军游姑苏之上，猎长洲之苑，吾志足矣。’”“长洲苑，《旧经》云在县西南七十里。孟康曰：‘以江水洲为苑。’韦昭云：‘长洲在吴东。’”[5]这里虽是两条略有不同的条目，但所列举的这些主要来自三国时期的记述，总体上倒也传递了长洲苑大致位置的信息。将“长洲在吴东”这个大的空间概念放在一边，则长洲苑在姑苏之南（姑苏山之南），在县西南七十里，在太湖北岸，在江水洲，等等，都是有用的信息。在这些信息中，“县西南七十里”这个数据可能会带来比较多的困惑：这到底有多远？其实，受古代的技术条件的影响，出现距离、方向的误差是很常见的。通过分析《吴郡志》前后时期的主流方志中的相关距离数据，我们就可以尽可能地消除这种误差，从而有所发现。

比如，《吴郡图经续记》中记载砚石山（灵岩山）在吴县西二十一里，花山在吴县西六十里，天平山在吴县西二十里，穹窿山在吴县西六十里，等等；[6]再如，《洪武志》记载灵岩山在县西北二十一里，天平山在县西二十里，花山在县西六十三里，莫厘山在县西七十里，包山在县西一百二十里，横山（七子山）在县西南二十五里，穹窿山在县西南六十里，长沙山在县西南六十里，等等。[7]《吴郡图经续记》和《洪武志》的数据比较，可以说明以下这些情况：一是两书之间的数据基本是一致的，也就是相同的山体的距离数据没有大的出入，《洪武志》收录的山体更为全面；二是天平山二十里而

[1] 袁康、吴平：《越绝书》，徐儒宗点校，浙江古籍出版社，2013，第8页。

[2] 王鏊等：《震泽编》，吴中珍籍，江苏凤凰电子音像出版社，2014，第226页。

[3] 陆广微：《吴地记》，曹林娣校注，江苏古籍出版社，1999，第45页。

[4] 朱长文：《吴郡图经续记》卷中，宋元方志丛刊：第1册，中华书局，1990，第669页。

[5] 范成大：《吴郡志》，陆振岳点校，江苏古籍出版社，1999，第106-107页。

[6] 朱长文：《吴郡图经续记》卷中，宋元方志丛刊：第1册，中华书局，1990，第662-663页。

[7] 卢熊：洪武《苏州府志》，成文出版社有限公司，1983，第123-139页。

相邻的花山要六十里，莫厘山（东洞庭）七十里而包山（西洞庭）一百二十里，这样的距离数值在如今看来误差显然是巨大的；三是有一个关键的数据值得注意，那就是对于两书中都有记录的穹窿山，一说在县西六十里，一说在县西南六十里，方向的偏差在可容的范围内，若以此数据来比照‘长洲苑在县南七十里’之说，可以得到“长洲苑的位置在穹窿山略远处”的结论。将前述的几个关键信息叠加在一起，长洲苑的位置即在姑苏山之南，比穹窿山的位置略远的太湖北岸一带，也即在古时没有与东山岛相连的现横泾一带的江水之洲，也就是在东太湖之北七子山、尧峰山、皋峰山一线南侧的滨湖区域。

照片 237　姑苏山和清明山，2021

照片中近处为姑苏山，中远处为清明山，远处为太湖，天际可见东洞庭山（左）和西洞庭山（右）。姑苏山和清明山是古籍记载中有关春秋时期吴国姑苏台建筑位置之所在的两种不同说法的所在地。需要特别注意的是，照片左侧，姑苏山、清明山之南，与左侧远处的东洞庭山之间，在古代也都为太湖的湖面。清明山东段高处为皋峰山，西段临近胥口的位置为胥山。

姑苏台

姑苏山和清明山是古籍记载中有关春秋时期吴国姑苏台建筑位置之所在的两种不同说法的所在地。在两种说法中，认为姑苏台建于姑苏山的观点相对比较早，唐宋时的志书中所记的主要是这个版本，如《吴地记》称“姑苏台在吴县西南三十五里（《史记正义》云：‘在吴县西南三十里横山西北麓姑苏山上。’），阖闾造，经营九年始成。其台高三百丈，望见三百里外，作九曲路以登之”[1]；《吴郡图经续记》称“姑苏山，在吴县西三十五里，连横山之北，或曰姑胥，或曰姑余，其实一也。传言阖闾作姑苏台，一曰夫差也”[2]。《吴郡志》在“姑苏台”条目中引用祥符《州县图经》《吴郡图经续记》《史记正义》等古籍所记位置里程，均为三十里至三十五里，[3]且姑苏台在横山西北的姑苏山上；也有认为姑苏台在皋峰山，也就是清明山的，认为姑苏山体量小，造百丈高台显然是一个问题，而皋峰山山体相对比较高，用九曲路来登台更好理解，况且山顶有大型的古建筑遗址，又更近太湖，在这个位置找姑苏台似乎更可信，如《水经注》称“胥山上今有坛石，长老云：胥神所治也，下有九折路，南出太湖，阖闾造以游姑胥之台，以望太湖也”[4]。《吴郡图经续记》引述了《水经注》的观点，并有“或曰姑苏山，一名胥山”[5]之说（但同时有横山姑苏山的记述）；《太湖备考》在引用《水经注》上述内容后，还称“或云即姑苏山，姑苏台在其上”[6]。

其实有关姑苏台的位置，《越绝书》中有一

[1] 陆广微：《吴地记》，曹林娣校注，江苏古籍出版社，1999，第 38 页。

[2] 朱长文：《吴郡图经续记》卷中，宋元方志丛刊：第 1 册，中华书局，1990，第 661 页。

[3] 范成大：《吴郡志》，陆振岳点校，江苏古籍出版社，1999，第 100 页。

[4] 郦道元：《水经注》，陈桥驿注释，浙江古籍出版社，2000，第 459 页。

[5] 朱长文：《吴郡图经续记》卷中，宋元方志丛刊：第 1 册，中华书局，1990，第 662 页。

[6] 金友理：《太湖备考》卷五，薛正兴校点，江苏古籍出版社，1998，第 105 页。

个关键信息似乎没有引起学者们足够的注意。《越绝书》对姑苏台的位置和作用的描述是比较清晰的，称“胥门外有九曲路：阖闾造，以游姑苏之台，以望太湖，中窥百姓。去县三十里”[1]，这里的“胥门外有九曲路”条目，以姑苏台为目标，将此道路的两处端点间的距离，与其他古籍中的记载做了印证，言明九曲路是从古城到姑苏台的专门道路，这与后来将九曲路理解为登姑苏台的山路显然是不一样的。而到姑苏台的目的，一是望太湖，既能看风光，也能探吴越之间的军情；二是窥百姓，可以把握民间百姓的动向。至于吴越之间对峙的前线，是在自太湖的夫椒山（西洞庭山），经踞湖山（七子山）之南的东太湖，再至笠泽（吴淞江）一线。基于这些因素，将姑苏台设于位于苏州古城、灵岩山行宫和吴越对峙的太湖之间的七子山，也是完全有可能的。姑苏台据说三年聚材、五年（或说九年）乃成，从规模上来看，可能不是一个古塔状的建筑，而是依山而建的一个建筑群。再者，高三百丈，按周、秦时代的度量，也要六七百米的高度，不只建在高 60 米的姑苏山上不可能，在苏州哪座山上建造都是不可能的，因此，姑苏台的高度一定是相当夸张的，其总高度或为连姑苏台所在的山体一起的高程。姑苏山于姑苏台而言，或可理解为这个建筑群的入口处，而整个建筑可以依山而至山巅。《太湖备考》在“胥山”条目下辩证姑苏台时，称“《洞冥记》所云‘横亘五里’也”[2]，认为尧峰山山麓小紫石山（姑苏山）无此广袤，很可能是忽略了整个横山（七子山）的体量。《吴郡志》的“姑苏台”条目下，也引用了《洞冥记》的记述，除上述“横亘五里”等内容外，还有“崇饰土木，殚耗人力……造千石酒钟，又作天池。池中造青龙舟……”[3]的描述，虽然必有夸张的成分，但如此规模倒是胥山所难为的了。在崔鶠访横山（七子山）而作的《姑苏台赋》中，有古台“荒基峻级，高切云间”之说，而且访古时“抵其山之绝顶，快四面之遐观。南望洞庭夫椒之山，湖水澄澈，其名销夏湾者，吴王避暑之所也；北望灵岩馆娃之宫，廊曰响屧，径曰采香者，吴之别馆，西子之遗踪也；其东吴城射台巍巍，其西胥山九曲之逵”[4]也是对当年姑苏台所处位置及后世对九曲路等复杂情况认识的一个佐证。

馆娃宫

照片 238　灵岩山玩花池，2007

灵岩山上现有玩花池、玩月池、吴王井等古迹，但都是后世参照古籍的记载而重建的。

[1] 袁康、吴平：《越绝书》，徐儒宗点校，浙江古籍出版社，2013，第 11 页。

[2] 金友理：《太湖备考》卷五，薛正兴校点，江苏古籍出版社，1998，第 105 页。

[3] 范成大：《吴郡志》，陆振岳点校，江苏古籍出版社，1999，第 100 页。

[4] 姜顺蛟等：乾隆《吴县志》，吴中珍籍，江苏凤凰电子音像出版社，2014，第 3882–3883 页。

相较于长洲苑和姑苏台在湮没于历史后对于其所在位置的认定出现争议的情况，同为春秋吴国时所建的馆娃宫倒一向被认定在灵岩山，别无二处。《越绝书》称“石城者，吴王阖闾所置美人离城也”[1]；《吴郡图经续记》在“砚石山”条目中称“砚石山……《越绝书》云吴人于砚石置馆娃宫”[2]；《吴郡志》卷十五“山”的第二条目为灵岩山，条目下征引信息丰富，并称“在吴县西三十里，上有吴馆娃宫、琴台、响屧廊。山上有西施洞、砚池、玩月池”[3]。如此，在灵岩山以馆娃宫为代表的古迹的定位上，古籍中都认为其是春秋吴国时的离宫，便也有了“离城”之名。

三、观赏石

从古籍的记载来看，太湖石的观赏始于唐代甚至更早时期，但全面记述观赏石的类型、产地，分析其质地、特征等观赏属性的书籍，当以宋代“云林居士”杜绾的《云林石谱》为第一部专著。该书的序称：“云林居士杜季阳，盖尝采其瑰异，第其流品，载都邑之所出，而润燥者有别，秀质者有辨，书于简编，其谱宜可传也。”[4]在《云林石谱》中，我国目前较为公认的四大观赏石均列前几位，其中，列于第 4 位的太湖石和列于第 6 位的昆石均为苏州山林所产之奇石。

昆石

据嘉靖《昆山县志》卷一“土产”记述，“玲珑石，出马鞍山中，多窍，可植蒲草，宋志云，止安陈先生恐伤山脉，尝立碑禁凿取，后为好事者重价购之，山民竞以此射利。又名巧石，他方人又名昆山石”[5]。由此可见，昆石在宋代已经成为可观赏之石，同时又是山民竞相逐利的土产。志中还载有元代诗人张雨《得昆山石》诗，“昆丘尺壁惊人眼，眼底都无蒿华苍。隐若连环蜕仙骨，重于沉水辟

照片 239　白云岩中的石英填充是形成昆石的主要原料，2020

昆石产自距今 5 亿多年前形成的早古生代寒武纪地层，母岩是富含可溶的碳酸钙和碳酸镁的石灰岩、白云岩，中间穿插有石英脉。成品的昆石仅由石英构成，主要成分为二氧化硅。

[1] 袁康、吴平：《越绝书》，徐儒宗点校，浙江古籍出版社，2013，第 12 页。“石城”为灵岩山旧称。

[2] 朱长文：《吴郡图经续记》卷中，宋元方志丛刊：第 1 册，中华书局，1990，第 662 页。“砚石山”亦为灵岩山旧称。

[3] 范成大：《吴郡志》，陆振岳点校，江苏古籍出版社，1999，第 209 页。

[4] 杜绾：《云林石谱》，丛书集成初编 · 云林石谱及其他二种，商务印书馆，1936，第 1 页。

[5] 嘉靖《昆山县志》卷一，天一阁藏明代方志选刊，第 15 页。

寒香。孤根立雪依琴荐，小朵生云润笔床。与作先生怪石供，袖作东海若为藏”[1]。相对于太湖石而言，昆石的体量比较小，过去一般是置于案几之上，种些菖蒲。相对于该志中有关办学和治水题材的大量记述而言，“玲珑石”（昆石）的记载并不算厚实，仅是“土产”卷中的一个条目，同时被收录进集文、集诗的有关昆石的诗文，也仅有南宋曾几和元代张雨的两首诗，这说明当时的昆石还是相当小众的。

昆石作为我国四大观赏石之一，产自昆山的玉峰山。昆石形成于5亿多年前的早古生代寒武纪地层，这是苏州地区所见最古老的地层。

寒武纪地层的岩石，是以碳酸钙和碳酸镁为主要成分的石灰岩、白云岩，而我们所见的昆石的主要成分则是二氧化硅。这类碳酸盐岩石和二氧化硅之间的关系，就是形成昆石的一个关键，这主要涉及三个环节。第一，石灰岩、白云岩是沉积岩的一种，沉积始于当时的海水环境，主要成分是碳酸钙和碳酸镁，形成岩石后自身的硬度和抗风化能力相对都比较弱，在自然环境下具有一定的可溶解性质；第二，苏州地区最古老的地层在形成后受地壳运动的影响相对比较大，加之石灰岩、白云岩本身强度较弱，在受到地壳运动各种引力的影响下，容易出现各种各样的裂缝；第三，这些在石灰岩、白云岩岩层中的裂缝在后期为二氧化硅物质所填充，由于二氧化硅硬度比较大，是自然界中抗风化能力最强的常见矿物，在填充后反而成了岩石中最坚硬的部分。随着自然的风化分解作用，原来的碳酸钙石灰质和碳酸镁白云质逐渐被溶解，而填充在裂缝当中的二氧化硅倒是以各种各样的脉络形式得以保存下来。甚至在昆石的采制过程中，还有专门用酸性物质来溶解昆石石料中的碳酸钙、碳酸镁的做法。现在的昆石类型，如鸡骨峰、海蜇峰、杨梅峰等，实际是寒武纪地层碳酸盐岩中裂缝的形态。显然，在昆石的形成过程中，5亿多年前的寒武纪地层起到了至关重要的作用：一是它的成分是可溶的石灰岩和白云岩，二是它形成的历史非常悠久，在后续的地壳运动过程中形成各种裂缝，为二氧化硅的填充提供了机会。以上二者是昆石形成的一个基础。

■ 太湖石

太湖石，专指产自太湖西山一带，由石灰岩经过太湖波浪流水等冲击溶蚀以后，形成的靥窝孔穴。皱、瘦、透、漏的巧石，小巧者可置案几上观赏，大者能独石成峰，或被堆砌为假山，是苏式园林建造的常用观赏石，也是我国四大观赏石之一。太湖石欣赏品鉴的流行，一般认为始于唐代。唐会昌三年（843）白居易的《太湖石记》是第一篇有关太湖石收藏、赏鉴及记载相关故事的散文作品，从中能读到作者与晚唐宰相牛僧孺以石会友的故事。历史上牛僧孺、白居易、刘禹锡、皮日休、陆龟蒙等都有吟咏太湖石的诗作。[2]《吴郡图经续记》将太湖石称为“太湖之怪石”[3]，是吴中著名的物产之一。而北宋末年皇室修建艮岳，朱勔载太湖石进京得宠，终又“以之杀身”，北宋“以之亡国”。[4]运送这些石料的花石纲，成为历史上一个沉重的话题。至今不少江南园林中还可见太湖石的构件，有的被认为是花石纲的遗迹，如瑞云峰等。

在《吴郡志》卷二十九“土物”篇中，专门有关于“太湖石”的条目，对太湖石的成因、开采及分类品鉴等有专门的记述。“太湖石，出洞庭西山，以生水中者为贵。石在水中，岁久为波涛所冲撞，皆成嵌空。石面鳞鳞作靥，名弹窝，亦水痕也。没人缒下凿取，极不易得。石性温润奇巧，扣之铿然

[1] 嘉靖《昆山县志》卷十六，天一阁藏明代方志选刊，第4–5页。

[2] 范成大：《吴郡志》，陆振岳点校，江苏古籍出版社，1999，第425–430页。

[3] 朱长文：《吴郡图经续记》卷中，宋元方志丛刊：第1册，中华书局，1990，第644页。

[4] 王鏊等：《震泽编》，吴中珍籍，江苏凤凰电子音像出版社，2014，第37页。

如钟磬。自唐以来，贵之。其在山上者，名旱石，亦奇巧。枯而不润，不甚贵重。”[1]太湖石分为水石和旱石两种。水石是在太湖边长期受到太湖波浪等的直接侵蚀，在太湖石灰岩岛屿等沿岸，或者是湖底形成的，其最大的特点是表面光洁润泽；旱石则是产自山上，或在为山坡泥沙所掩埋的情况下，靠地表水或泥沙中的地下水等对石灰岩产生的侵蚀而形成的，看上去大致也具有太湖石奇巧的外貌，只是既没有水石那样通透，又没有湖水波浪直接冲刷的光洁，显得比较毛糙。真正好的水石需要潜到水下或以围堰抽干湖水后开采，其获取极为不易。因此，后来有人对旱石进行一定的“斧凿”，比如，把“弹窝”做得像一点，把孔洞做得好看些，再浸入太湖中，让波浪冲刷得光滑一点，以期卖个好价钱。但加工的旱石总是不及天然的水石来得自然灵巧，人为的孔洞往往显得生硬，没有那种自然的婉转曲折。这些在《吴郡志》的“太湖石”条目中也有记载。

四、笔架山

苏州既是人文荟萃之地，也是崇文重教之乡，因而人们历来对文房用品具有特殊的情感。比如，对于苏州人文历史最厚重的山地之一灵岩山，《吴郡图经续记》就称其为“砚石山”，“山相连属有巙村，其山出石可以为砚，盖砚石之名不虚也”[2]。巙村砚也曾名闻一时。其实，古人还有一个习惯，就是会把山林间那些外形为中高而周低的山体，想象成用来搁笔的笔架，并称之为“笔架山”或“笔格山”。

[1] 范成大：《吴郡志》，陆振岳点校，江苏古籍出版社，1999，第 425 页。
[2] 朱长文：《吴郡图经续记》卷中，宋元方志丛刊：第 1 册，中华书局，1990，第 662 页。

照片 240　自石公山看三山、泽山和厥山，2011

过去，人们日常写字用毛笔时需要用搁笔的笔架，也即笔格，因而看到山的外形凡为中间山峰高而两边山峰低的，就会将其想象成笔格。苏州不少地方的山会让人联想到笔格，西洞庭之南“太湖七十二峰”名录中的笔格山现无从对应，但从石公山看到的三山（左）、泽山和厥山倒是有笔格的模样。

照片 241　横山，2021

横塘的横山古称“黄山”，也因为中间的山峰高而两边的山峰低被称为“笔格山”。“笔格山”之说源自人们对山的外形的观察，以及将其和日常用品的形状相关联。山名与文房四宝有关，更显重文的意味。

在《震泽编》“七十二山”所列的“太湖七十二峰”名录中，排名第60位的即“中高而旁下者笔格”[1]，《具区志》亦称“笔格山，一名笔架山，在洞庭山南”[2]。虽然现在已无法找到这座笔格山对应的山体，但人们发现，如果从西洞庭山的石公山向南看太湖之上的三山、泽山和厥山，这三座岛山所构成的形象，倒是极像一具搁笔的笔架。苏州第二处被称为“笔格山”的是古称黄山的横山，正德《姑苏志》称“黄山在茶磨山北四里，胥塘之北。诸峰高下相连，俗称笔格山”[3]。同样的，我们从渔洋山看光福诸山时，也能看到如蓬莱仙岛般的笔架山。[4]

[1] 王鏊等：《震泽编》，吴中珍籍，江苏凤凰电子音像出版社，2014，第 26 页。

[2] 翁澍等：《金山志、具区志、京口山水志》，故宫珍本丛刊第 269 册：史部 · 地理 · 山水，海南出版社，2001，第 182 页。

[3] 林世远、王鏊等：正德《姑苏志》，北京图书馆古籍珍本丛刊：26，书目文献出版社，2000，第 177 页。

[4] 杜国玲：《吴山点点幽》，上海文艺出版社，2008，第 201 页。

照片 242　从渔洋山看光福诸山，2021

从渔洋山看光福诸山，尖顶的是潭山，平顶的是西碛山。近湖面从左向右的小山为冲山（局部）、白浮、南山（蟠螭山）、小潭山、霍山、竺山，这些山也形似“笔架山”。

第三节 山林中的文物遗迹

苏州山林一带，因为其独特而多样的自然环境，形成了复杂而丰富的文化遗迹。从苏州市内的全国重点文物保护单位和省、市级文物保护单位的分布来看，虽然低山和丘陵只占全苏州面积的 2.7%，但与山林环境直接有关，或者与人们为追求与自然山水的融合而构筑的园林等间接相关的文物保护单位，竟占总量的三分之一。在苏州 61 处全国重点文物保护单位中，与山林有关的，如虎丘的云岩寺塔，与虞山相关的崇教兴福寺塔（方塔），东山的轩辕宫正殿、春在楼和杨湾的古民居，镇湖西华的万佛石塔等古建筑，绰墩、东山村、赵陵山、草鞋山等山麓和水乡土墩一带的古文化遗址，以及拙政园、留园、网师园、环秀山庄、耦园、沧浪亭、狮子林、艺圃等园林中注重叠山理水的“城市山林”，东山紫金庵的罗汉塑像、天池山寂鉴寺的花岗岩石殿等，总共 20 处。而在苏州近百处省级文物保护单位和近三百处市级文物保护单位中，与山林相关的也各占三分之一左右。不到 3% 的面积的山丘与超过 30% 的各级文物直接或间接相关，这体现出山林对苏州历史和文化的影响是非常大的。

一、山林建筑

山林建筑是人们对山地自然环境的适应、开发过程的呈现，也与山林文化的提炼和传承直接相关。如在苏州被列入全国重点文物保护单位的古建筑名录中，虎丘的云岩寺塔是苏州的象征；常熟的崇教兴福寺塔，与“十里青山半入城”的古城环境完美融合；东洞庭山罕有的高密度全国重点文物保护单位，如唐代始建的轩辕宫正殿、俗称“雕花楼”的春在楼、杨湾两处古民居，以及紫金庵罗汉塑像，记录了东洞庭山地区的开发历史、经济发展的成就、文化底蕴、建筑的艺术水平及文化保护的成果等；

照片 243 虎丘二山门断梁殿，2017

虎丘二山门建于元（后）至元四年（1338），大殿主梁以双木接合而成，故称“断梁殿”。1961 年，与云岩寺塔（虎丘塔）一起被列为全国重点文物保护单位。[1] 照片中“大吴胜壤”匾额为清光绪年间依南朝顾野王手迹补全而制。

[1] 苏州市园林和绿化管理局编《虎丘山志》，文汇出版社，2014，第 47 页。

照片 244　虎丘“千顷云”，2015

虎丘山虽然不高，但当山顶有“阁外云千顷”时，一种超然的境界会油然而生，古人对山林的追求由此可见。

■ 轩辕宫正殿全景

■ 轩辕宫正殿周边环境

照片 245　轩辕宫正殿，2021

轩辕宫位于杨陆古道中段近杨湾，黄家山下，当地人称“杨湾庙”。曾为胥王庙，唐代称“灵顺宫”，民国时期正殿改祀东岳大帝，殿名改为“轩辕宫”。轩辕宫正殿现为全国重点文物保护单位。

照片 246　东山杨湾村怀荫堂，2021

怀荫堂位于东山杨湾古村，为保存较完整的明代建筑，现为全国重点文物保护单位。

用于“镇湖”的万佛石塔，以及天池山就地取花岗岩石材构筑的寂鉴寺石殿，不仅让人们看到古建筑的技术和艺术水准，还让人们看到古代人与自然山水环境之间的关系。

被列入江苏省文物保护单位名录的古建筑，主要有上方山上的楞伽寺塔、光福龟山上的光福寺塔，横山脚下原横塘古镇的横塘驿站，东洞庭山的绍德堂、瑞霭堂、务本堂、会老堂、遂高堂、楠木厅，西洞庭山的敬修堂、栖贤巷门、徐家祠堂、仁本堂（西山雕花楼），以及木渎榜眼府第冯桂芬故居、东山诸公井亭、西山“涵村店铺”，等等。在市级文物保护单位的古建筑中，有虎丘拥翠山庄、东山启园、三山岛师俭堂、光福石嵝庵、贺九岭石关等计 37 处。

■ 东山紫金庵罗汉塑像文物保护单位石碑

■ 东山紫金庵塑像（局部）

■ 东山紫金庵罗汉塑像

照片 247　东山紫金庵罗汉塑像，2020

东山紫金庵位于俞坞口的西坞，以罗汉塑像与佛像神态之逼真闻名于世。相传为南宋雕塑名手雷潮夫妇避祸东山时所塑。[1] 紫金庵罗汉塑像现为全国重点文物保护单位。

［1］《东山镇志》编纂委员会编《东山镇志》，东南大学出版社，2002，第 165 页。

照片 248　东山老街诸公井亭，2015

诸公井是在明嘉靖二十四年（1545）大旱时，为解水荒，由当地父老倡议募金挖井而成的，之后一直作生活和消防取水之用。清代时，加建井亭。诸公井亭现为江苏省文物保护单位。[1]

照片 249　贺九岭西石关，2021

贺九岭石关建于明代，作为天池山与鹿山相连处的东西交通隘口，建有东、西两道石关。西关的青石拱券刻制尤为精美。

[1] 《东山镇志》编纂委员会编《东山镇志》，东南大学出版社，2002，第 189、225 页。

二、山林摩崖

山林间的摩崖石刻，有的是古代文人在游历山水时用来咏物抒情的，有的是用来郑重记述某个事件、某种想法的。摩崖石刻的题字或书写往往出自当时的名人之手，题诗题字、书法刻石相组合，共同形成了一种综合性的文化承载形式。因此，摩崖石刻对我们了解当时的文学、书法甚至历史都有相当重要的文物价值。

在苏州山林的摩崖石刻中，作为全国重点文物保护单位的有天池山寂鉴寺石殿，作为江苏省文物保护单位的有光福司徒庙《楞严经》石刻、虎丘剑池摩崖石刻、小王山摩崖石刻、林屋山摩崖题刻，作为苏州市文物保护单位的有穹窿山上真观碑、西洞庭山罗汉寺童子面石雕造像，以及大石山（及其摩崖石刻）、石壁永慧禅寺（及其摩崖石刻）、华山摩崖石刻、回溪摩崖石刻、寒山岭摩崖石刻、观山摩崖石刻、穹窿山摩崖题刻。

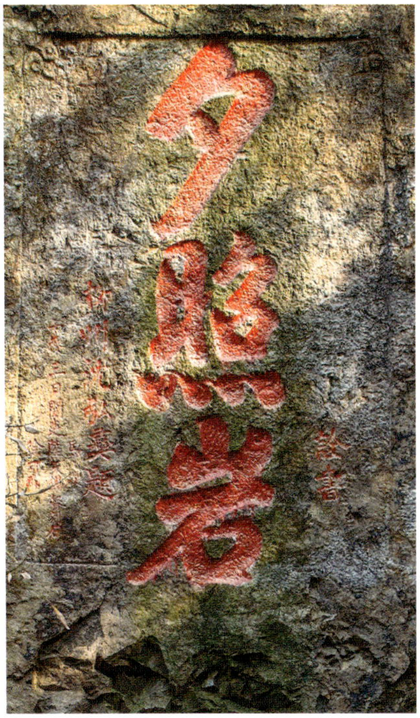

照片 250　大石山摩崖石刻“夕照岩”（局部），2021

大石山的岩石为晚侏罗世火山岩，与南山石壁相类似，但这方石刻年代更早，暴露于自然的程度更高，题刻的风化现象更为明显。

值得注意的是，随着时日的推移，自然风化常使摩崖石刻遭受剥蚀，如果缺乏明确的记载，就会给后世的辨识带来困难，最终也会使这些古文物的价值与石刻一起消失于自然的风化和侵蚀之中。如“夕照岩”“来鹤峰”[1]的题写者明嘉靖十一年（1532）进士沈弘彝，曾经先为常熟县令，后做浒墅关榷官，他在常熟虞山还留下了“剑门”“三台石”“读书台”等著名的摩崖石刻。他的书法作品的落款多为“河南陈（或陈州）人柳川沈弘彝”。但因大石山一带的山岩为抗自然风化能力并不十分强的火山岩，其石刻距今也有近 500 年历史，流传到今天多有被自然风化的迹象。20 世纪 20 年代李根源到大石山的时候，“夕照岩”石刻的落款已经变得模糊不清。李根源在《吴郡西山访古记》中记述的落款为“尤弘彝”[2]。今天大石山的“夕照岩”摩崖石刻的落款中已无法辨认题刻的年份，同时石刻经过描红处理，将题刻者标为“柳州沈弘彝”——摩崖石刻中的历史与文化的信息伴随着岩石的风化正在逐渐淡去。

摩崖石刻的自然风化程度，既与所刻之处的岩石类型有关，也与局部小环境有关。一般而言，形成于地球表层部位的岩石类型，如石灰岩、石英砂岩等沉积岩，甚至是火山凝灰岩，对近地表的环境相对比较适应，因此，在成岩后再抬升至地表时，外力的风化对其造成的影响相对较小。倒是原先形成于地下深处的，以花岗岩为代表的深成侵入的岩石类型，由于出露地表以后所处环境与原先的形成环境差异较大，地表的物理风化和化学风化对岩石本身的破坏就比较明显。在苏州的摩崖石刻中，花岗岩地区的石刻风化得比较严重是较普遍的现象，其中，以寒山岭摩崖石刻的风化现象尤为明显。摩崖石刻的风化情况，也与其存在的小环境和人为保护有关。有建筑保护之处，或能避免风雨直接侵蚀山崖部位等，其摩崖石刻的保存情况就比较好。由于工业化的发展，大气中的酸性物质增加，这在一

[1]“来鹤峰”落款显示其题刻于明嘉靖二十一年（1542），据苏州高新区文化体育和旅游局、苏州高新区地方文化研究会编著《勒石为记：苏州高新区摩崖石刻石碑拓片选粹》，苏州大学出版社，2019，第 4–5 页。

[2] 李根源：《吴郡西山访古记》，吴中珍籍，江苏凤凰电子音像出版社，2014，第 91 页。

定程度上加速了山岭摩崖石刻的风化。在对摩崖石刻进行保护时，这些是需要综合考量的。

最适合制作摩崖石刻的岩石类型，是比较纯净的石灰岩；制作精良的碑刻更需要产自石灰岩的优质的青石。一是因为比较纯净的厚层石灰岩的质地比较均匀，并较少破碎，可以形成面积比较大的刻制摩崖的区域。这使得石灰岩中出产的青石，在古代（主要是明代）就作为制作石碑的主要材料而被开采。二是因为石灰岩是海相地层的化学沉积岩，质地极为细腻，产出的青石中没有石英砂岩甚至花岗岩那样明显的颗粒，能够被雕刻出极为细腻、传神的线条。三是因为石灰岩均匀的质地使其很少出现胀缩破坏，虽然由碳酸钙组成的石灰岩会被含有二氧化碳的水流溶解、侵蚀，但只要保护得当，是可以较好地避免这种破坏的。在苏州的摩崖石刻中，林屋洞旸谷洞口有一方北宋李弥大的《无碍居士道隐园记》石刻，历史最为悠久，只是从现场的实勘情况来看，近千年的自然风化对此石刻产生的影响还是很明显的。

然而，由于摩崖石刻本就存在于户外的环境中，难以避免自然的风化破坏，加之还可能受一些人为因素的影响，因此，发现、掌握摩崖石刻的分布并复制其具体信息是基础且重要的保护形式，在条件合适之处就近恢复、更新摩崖石刻也是一种传承形式。民国时期李根源遍访苏州西郊诸山时，于诸山间留下众多题刻，这便为后人的寻访留下了路标，而李根源寻访、记录过的一些古迹如今已不存在，这是山林文化传承中值得我们反思的一个现象。

照片 251　林屋洞旸谷洞口的宋代石刻，2022

林屋洞旸谷洞口有宋代李弥大所作的《无碍居士道隐园记》石刻，还有范成大等人游林屋洞的题记石刻。林屋山摩崖题刻现为江苏省文物保护单位。

照片 252　小王山摩崖石刻，2020

小王山摩崖石刻为江苏省文物保护单位，位于穹窿山东小王山上，是民国时期李根源寓居苏州时，为其母阙太夫人守墓而留下的一百多条现代名人题刻。照片中为国民党元老于右任所书“与穹窿不朽”等题刻。

照片 253　阳山大石山，2021

阳山大石山，包括其摩崖石刻等古迹在内，现为苏州市文物保护单位。大石山一带山岩为侏罗纪的火山岩，其上的历代题刻在自然环境下风化得比较严重。有些石刻的落款在实地已经难以辨认。

照片 254　阳山大石山摩崖石刻“拜石”“唯和呈喜”，2021

阳山大石山摩崖石刻中有一些结构特殊作品，其中，“唯和呈喜”以团状布局，四字共用中间一“口”而令人称奇。

照片 255　阳山大石山摩崖石刻“仙桥”“大块文章”，2021

阳山大石山摩崖石刻“大块文章”为吴荫培题，李根源书。“仙桥”在李根源到访时已经存在，因山石风化已无法辨认其落款内容。

照片256　回溪摩崖石刻，2020

回溪摩崖石刻位于七子山南上金湾中的松毛坞，是依清代名医徐大椿的洄溪草堂的相关活动而形成的石刻群。回溪摩崖石刻现为苏州市文物保护单位。

照片257　南山石壁永慧禅寺石刻，2021

南山一带为火山岩分布地，山之南段石壁永慧禅寺现为苏州市文物保护单位。寺东侧火山岩山体悬崖陡峭，多清末与民国时期的摩崖石刻，石壁也因此出名。近处三方摩崖分别为清道光庚子年（1840）文学家韩崇、清同治九年（1870）过云楼楼主顾文彬、民国丙寅年（1926）李根源等探梅、游览时所题刻的。这几处题刻都在山崖内拗之处，可避风雨的直接侵蚀，题刻时间也不算十分久远，故而风化现象尚不明显。

照片 258　华山摩崖石刻，2016

花山（旧称“华山”）的摩崖石刻现有 40 多处。[1] 华山摩崖石刻现为苏州市文物保护单位。

照片 259　花山花岗岩的球状风化，2016

华山摩崖石刻所在的花山一带，花岗岩表面的球状风化现象颇为明显，对石刻的保护与传承带来一定的影响。

---

［1］ 张振雄：《苏州山水志》，广陵书社，2010，第 28 页。

照片 260　寒山岭明代摩崖石刻，2017

寒山岭上的第一批摩崖石刻诞生在明万历年间，留有赵宧光置景所作“千尺雪”题刻，以及文人往来的一批题刻。《拂水岩》诗句“奔泉静注千寻壑，飞瀑晴回万仞峰”为王穉登所书刻。

照片 261　寒山岭清代摩崖石刻，2010

寒山岭上的第二批摩崖石刻诞生在清乾隆年间。乾隆皇帝六次下江南时在寒山岭留下了不少诗篇和石刻，其于乾隆十六年（1751）御笔手书的《题寒山千尺雪长句》题刻为代表作。寒山岭摩崖石刻现为苏州市文物保护单位。这里花岗岩的自然风化对其石刻的影响比较明显。

照片 262　天平山摩崖石刻，2021

天平山上有不少精美的摩崖石刻，只是原有题刻大多在花岗岩的自然风化中湮灭，也有些在20世纪60年代时受到人为的毁坏。照片中的“护山奇石”“青峰”，以及附近的“一线天”等题刻，基本于20世纪80年代所恢复。[1]

[1] 苏州市园林和绿化管理局编《天平山志》，文汇出版社，2015，第159页。

■ 东山灵源寺后碧螺峰下的“碧螺春晓”石刻，2021

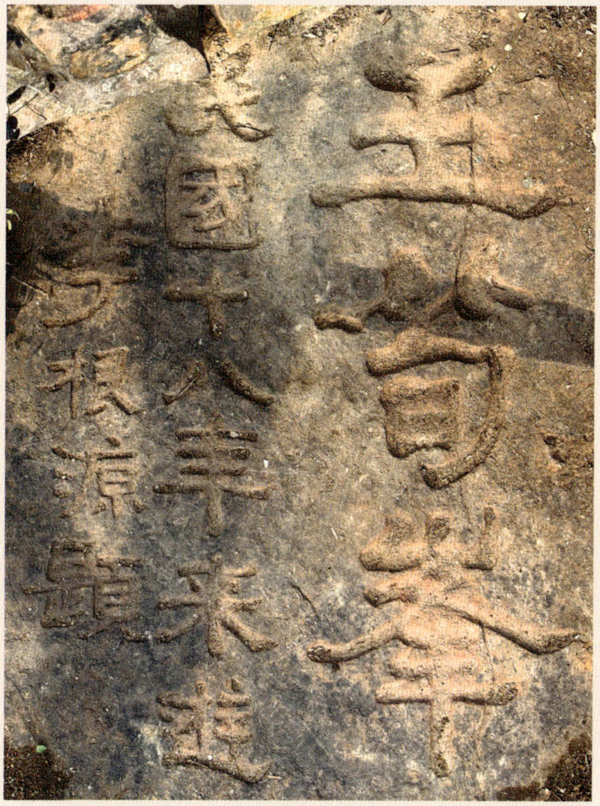

■ 东山槎湾玉笋峰的“玉笋峰”石刻，2022

■ 西碛山黄茅石壁的“西碛”石刻，2022

■ 常熟虞山北坡的“联珠洞”石刻，2021

照片 263　民国时期李根源的石刻

李根源遍访苏州诸山时留下了不少石刻。以上四处除“联珠洞”石刻是在山路边有标识的景点外，余者都是要做足功课、细心访寻方能得见真容的。

照片 264　难觅古迹的玉笋峰遗址（局部），2021

玉笋峰在东山槎湾村后，原有古代摩崖石刻，[1]现均不存。这里的石英砂岩产状尚属自然，也有梯田构筑中就地利用的现象，只是这些石头的表面有受到自然风化，甚至可能是人为破坏的迹象。此照片中的山石表面也是异常的新，全无古迹的斑驳。历史上的石刻痕迹已无从找寻，只在一块被人为捆绑覆盖的巨石上可判断其中尚有石刻。民国时期李根源到访玉笋峰时留下的石刻还可一观概貌。

三、山林归宿

山林自古以来被人们视为一种归宿之地。苏州的山林又多分布在西部，正与传统上人们追求“人生结局向西”的观念相一致，因此，苏州西郊的山林地带历来多有各阶层人士等选定的归宿之地。西郊山地也多历代名人的墓葬，历代文献对此多有记载，不少地方志中一般都设有专门的章节来记述这些古迹的分布，如乾隆《吴县志》卷八十五，民国《吴县志》卷四十、卷四十一，都是有关历代墓冢的专卷。

民国时期李根源寓居苏州时，足迹遍布苏州西郊山林地带，其中，他的一项主要工作就是寻访和保护这些古迹，还在1915年成立的吴中保墓会及所定章程的基础上，促成由苏常道尹李崧圃制定并颁布专门保墓简章八条，说明“苏常各属，古为人文蔚起之邦，历代名贤邱墓如林”[2]，又陈“惟代远

[1] 曹允源、李根源：民国《吴县志》，吴中珍籍，江苏凤凰电子音像出版社，2014，第4059页。

[2] 李根源：《吴郡西山访古记》，吴中珍籍，江苏凤凰电子音像出版社，2014，第124页。

年湮……祭扫久缺，不法土豪棍徒遂存觊觎，或盗卖坟地，或窃伐树木，甚至毁碑掘墓……盗售新主”[1]的困境，并由苏常道尹“订定章程八条，责成县警所，督同经保，切实负责保护”[2]。详细记录这些寻访活动的《吴郡西山访古记》，是记载当时苏州西部山地开发、交通格局、寺观建筑、摩崖石刻、墓葬古迹的重要文献资料。李根源在西郊访古时留下的“大块文章”“西碛”“碧螺春晓”“玉笋峰”等摩崖石刻，也是现今文人追寻的旧迹。李根源在小王山为其母阙氏守墓期间，将国民党元老和社会名流到山探望的题字刻于山石上，此石刻群现为江苏省文物保护单位。1965年，李根源在北京去世后归葬于小王山。

目前，被列入苏州市文物保护单位及以上级别的古墓葬，主要分布在苏州西郊山林地带，其中，被列为苏州市文物保护单位的28处墓葬，除几处在斜塘、角直和香山太湖边外，有24处在西郊山林地带。直到现在，苏州西部还是整个苏州乃至长三角地区比较稀有的“归宿地”，墓葬在某种程度上也成为苏州西郊山地在地貌和景观上的一个特殊存在。

［1］ 李根源：《吴郡西山访古记》，吴中珍籍，江苏凤凰电子音像出版社，2014，第124页。

［2］ 李根源：《吴郡西山访古记》，吴中珍籍，江苏凤凰电子音像出版社，2014，第125页。

照片265　小王山附近环境，2020

小王山位于穹窿山的东部，为穹窿山北支山体向东南延伸的余脉。远处山谷为穹窿山茅篷坞。

被列为苏州市文物保护单位及以上级别的墓葬及相关文物保护单位

江苏省文物保护单位

申时行墓（七子山吴山岭东麓）
韩世忠墓（灵岩山西南麓）
虎丘剑池及摩崖石刻（剑池有关阖闾墓等）
小王山摩崖石刻（穹窿山东小王山）
范文正公忠烈庙（天平山）

苏州市文物保护单位

钱处士墓（虎丘山）
陈去病墓（虎丘山）
魏了翁墓（高景山金盆坞）
章涣墓（枫桥章家山）
顾野王墓（越溪七子山吴山岭东苏州国际教育园区内）
钱元璙墓（木渎七子山九龙坞）
张永夫墓（木渎灵岩山南麓）
徐枋墓（光福潭山北珍珠坞）
徐学谟墓（光福潭山上天井）
董份墓（光福潭山青芝山北）
虚谷上人墓（光福蟠螭山南坡）
惠栋墓（光福潭山北倪巷）
冯桂芬墓（藏书天池山南北竹坞）
金圣叹墓（藏书五峰山学士坞）
毛珵墓（藏书天池山天池上）
董其昌墓（渔洋山渔洋坞）
秦仪墓（西山秦家堡村）
诸稽郢墓（西山秉汇村）
高定子、高斯道墓（西山包山寺后）
王鏊墓（东山陆巷村）
真山吴楚墓葬群（浒墅关真山）
大休上人墓（天平山南天马山）
英雄冢（藏书马岗山南麓）
吴县烈士墓（光福卧龙山东麓香窑路口）

第四节　山林与村镇

苏州山林一带的开发主要是在唐宋以后，从村落的形成与产业的发展上，我们可以看到山林地带发展的两个方面。因地制宜的产业，在山林地带以种植经济植物为主，比较典型的为种植柑橘、杨梅等，由此也带来了春天梅花盛开的风景及相关的人文活动；村落的发展，在山林地带主要考虑地形因素，如各处山坞及太湖边的港渎等。交通位置比较特别、产业发展比较好或有较大的家族聚居的区域，往往会形成规模比较大的聚落，进而会形成市镇，如木渎、东山、光福等地。在一定的区域，我们还可以看到不同层次的市集，如东洞庭山区域有前山的东山镇，也形成了次一级如杨湾、陆巷等旧时就有市集的地方。

明清时期经济的快速发展，使山林地带出现地少人多的现象。除花果种植等传统种植业外，从事商业和水运，以及水运的辅助行业如制篷等，也是西郊山林地带，尤其是太湖岛山地区人们常有的选择。洞庭商帮也是在这样的背景下逐渐形成的。《震泽编》在记述湖中诸山风俗时，有这样的记载："以商贾为生：土狭民稠，民生十七八，即挟赀出商。楚卫齐鲁，靡远不到，有数年不归者；以舟楫为艺：出入江湖，动必以舟，故老稚皆善操舟，又能泅水。"[1]在《太湖备考》对湖中岛屿的记述中，除东洞庭山"居民二万余家"、西洞庭山"居民一万五千余家"，当有综合程度较高的产业组合外，还有对较小而有人居住的岛屿的记述，如三山岛"居民五百余家，多服贾"，鼋山"居民二百余家，业采石"，叶余山（叶山岛）"居民百余家，以桑麻花果为业"，横山（七子山）"居民三百余家"，阴山"居民百余家，以舟贩为业，与横山同"，余山"居民二百余家，无田，以舟楫为业，熟行湖湘"，漫山"居民百余家，以造篷为业"，冲山"居民百余家，业同漫山"，泽山"居民数十家，以花果为业"，厥山"居民六七十家，以花果为业"，[2]详细记录了这些较小的湖中岛山的居民从事石料开采、花果种植、商贩水运及相关辅助行业的情况，这些大多是因地制宜或向外发展的类型，对当地的自然地理环境没有太大的影响，代表了苏州西郊山林地带产业和村镇发展的总体格局。

虽然运输业、商业的从业者主要在外地做生意，读书做官者也多在全国各地从政，但其生活的根基还是在木渎、光福和东洞庭山、西洞庭山一带原有的集镇、古村之中。衣锦还乡并在山林村镇营建住宅也是历代的传统。如此也留下了不少不可移动的文物资源，使苏州西郊山林地带的市镇和村落，成为苏州文化传承较具代表性的区域。苏州西郊山林地带，分布着多个国家认定的历史文化名镇和名村，保留了丰富的文物资源，集中体现了人们认识和开发自然环境、发展和保护历史文化的状态，也展现了山林地带的古镇、古村与水乡地区所不同的格局。其实，那些没有被列为国家历史文化名镇、名村的传统市镇与村落，或许在历史建筑的集中程度、典型程度和完好程度等方面存在某种不足，但不可否认的是，它们在某些方面也非常有特色，能体现山林地带市镇、村落的发展，以及其与环境之间的相关性。

从山林地带的产业分布来看，《太湖备考》中记述过的桑麻种植已不多见，比较典型的是枇杷、杨梅和柑橘等水果的种植，以及茶的种植和生产。山林地带，不同于水乡地区的河网稠密，往往水系

[1] 王鏊等：《震泽编》，吴中珍籍，江苏凤凰电子音像出版社，2014，第 85 页。
[2] 金友理：《太湖备考》卷五，薛正兴校点，江苏古籍出版社，1998，第 193-200 页。

 密度小，河川径流的时间变化明显，因此，历史上曾经有过的山地灌溉系统也体现了苏州西郊山林地带农业发展的成就，体现了经济发展与环境协调等方面的文化属性。

一、山林与古镇

苏州西郊山林地带被列入中国历史文化名镇名录的有木渎镇（第二批）、东山镇（第五批）和光福镇（第七批）。它们的共同特征包括三个方面：一是与山林自然环境和谐共处，并有因地制宜的发展；二是有悠久的历史和丰富的文化积累；三是文化遗迹丰富，并注重保护传承。

照片 266　木渎古镇，2019

木渎古镇位于灵岩山下、胥江之畔。照片中右上角处为灵岩山、大焦山等花岗岩山体；左上方的大河是自太湖方向来的胥江新河道。胥江故道与来自灵岩山方向的香溪在古镇交汇。

木渎的历史非常悠久，其发展的起点在春秋吴王阖闾和夫差时期，与建姑苏台和灵岩山行宫有关。当时这里是一个重要的水运节点，因汇聚了大量建造灵岩山行宫的木材，“木塞于渎”，故有了这用了 2 500 多年的地名。如此山麓地带的位置，就成了古镇发展的基础。木渎本身的特征也深受附近山地的影响，木渎与苏州东部湖荡区极典型的水乡古镇明显不同，它的河网密度不大，主要河流有沟通苏州古城胥门与太湖胥口、经过木渎的胥江，以及从木渎连接光福于灵岩山脚下经过的香溪。木渎历来是苏州与太湖航运之间的重要节点，也是以灵岩山为代表的花岗岩地区观光活动的集散地。木渎本身也是人文荟萃之地，历史上出过不少名人，他们为木渎留下了深厚的文化资源。

照片 267　香溪之畔木渎的山塘街，2019

木渎的山塘街是古镇最临近灵岩山的地方，古迹众多，是现在木渎—灵岩一带文化旅游的热门地。香溪河自木渎胥江通向光福等地，以水路沟通了西郊两大古镇。

东山镇所在的东洞庭山原是太湖中的大岛。春秋时，东洞庭山在吴越交战的前沿地带，也是吴国的采集、游猎和养殖之地，邻近江、浙的交会点；南北朝时，其人口和经济发展就有一定的基础；宋室南渡时，东洞庭山一带改隶于浙江湖州的乌程，北方的官宦和仕商之家南迁落户于东山，人口大增，经济和文化也随之得到较快的发展；明清时，成为太湖一带的经济、文化重心。东山自然条件优越，山地的花果茶叶、山麓平原的粮食和全境的水产，成为这里经济发展的助推力。在地少人多的环境下，商业、运输业的发展成为东山的又一特色。东山历来重视教育，人才辈出，文化底蕴深厚，文物古迹众多。前山的东山镇自宋元之后成为区域中心；老街西街自诸公井亭起，沿山麓外两三百米向东北经响水洞等处至东街古紫藤棚，长千余米的石板古街集中了30余处明清古建筑，其中，诸公井亭、念勤堂楠木厅、绍德堂、瑞霭堂、务本堂（秋官第）为江苏省文物保护单位，镇东南的春在楼为全国重点文物保护单位。东山镇成为苏州西郊太湖岛山中人地关系和谐、经济发展充分、文化积累丰富的代表，并在南北方向的水运交通、山前山后的客流会集方面起到了重要的作用。

照片268　东山和东山镇，2019

东山镇位于东洞庭山的东部，这里原先还有同为太湖岛山的武山，后来因泥沙沉积而相连，进而还与太湖外苏州方向的陆地相连而形成半岛，成为东、西洞庭山地区交通最方便、发展最明显的区域。

照片 269　东山响水涧，2015

响水涧位于东山镇西街，源自东洞庭山深处的山地汇水，晴、雨之时水量变化较大，往往在大雨之后水势上涨，水声响亮。平时居民常在响水涧旁的水池中浣衣。

照片 270　沿响水涧的水井，2015

相比水位变化明显的涧水，街畔的水井是稳定而优质的传统水源。

光福镇虽然被列为国家历史文化名镇的时间较晚，但其最迟在唐代就已经形成了市集，清康熙年间更以市集闻名。清康熙皇帝在第二次南巡时曾驻跸圣恩寺，这是继明洪武之后，最高当政者对此自然环境与人文历史的再次肯定。清乾隆皇帝更是在六次下江南时都曾到达。民国时期，周边环境已经多有颓败与不稳，但这里仍然是交通集散地和区域经济中心“光福市”（市集）[1]。光福镇最大的特征是其处于西濒太湖的山林地带，既是种梅植桂的代表性地区，又是难得的观光之地，因此，这里的圣恩寺和历史上的七十二峰阁、六浮阁，及香雪海、西崦湖等，都是自然风光和人文风情方面的经典。

[1] 如从李根源西郊访古的行程安排中，可见“光福市”的集散作用，见《吴郡西山访古记》第 28、39、117 页。

照片 271　东山雕花楼的孩儿莲，2021

孩儿莲本为南方树木，阔叶常绿，花色鲜嫩，繁殖只能靠分枝移栽，殊为不易。据《东山镇志》称，清代吴中仅剩苏州城内和东洞庭山各一株孩儿莲。现今东山雕花楼内有一株孩儿莲，高 7 米多，胸径约 40 厘米，枝冠覆盖面达 4 平方米，被称为吴中独有奇异花木，也是东山古建筑历史底蕴深厚的一个侧影。

照片272　玄墓山圣恩寺古柏，2022

2004年农林部门所立的古树名木保护碑显示，圣恩寺大雄宝殿东南的这株古树为圆柏，树龄达1 500年，保护级别为1级。

二、山林与古村

苏州的国家级历史文化名村全部分布于苏州西郊山林地带，其中，东山陆巷村和西山明月湾村是我国第三批历史文化名村，西山的东村、东山的杨湾及隶属于东山的太湖三山村为第六批历史文化名村。这些历史文化名村最主要的特点有三：一是充分利用当地的自然环境，甚至有些借助的是不利的自然

照片 273 东山陆巷古村，2021

陆巷在宋代就已经形成了村落，村中有大量明清时的建筑，古迹众多。纪念王鏊高中解元、会元和探花的三个牌坊，已在旧时石柱的基础上得到了修复，成为陆巷古村的标志。

照片 274　东山杨陆古道的高墙，2021

在这一段从杨湾至陆巷的杨陆古道上，青砖侧砌的路面和道旁古宅很高的石墙基，传递着古道所承载的历史文化信息。

照片 275　东山杨陆古道不同时期的石板，2021

古道上不起眼的石桥，混杂有武康石、青石和金山石，这些代表着宋、明、清不同朝代所采用的建筑石材，正是东洞庭山一带开发历史的见证。

环境；二是有悠久的历史和丰富的文物积淀，其文物也得到了比较好的保护；三是各具非常独到的特点。

陆巷古村位于东山镇后山，面对西洞庭山和太湖航线，在某种程度上也是西洞庭山与东洞庭山及东洞庭山与苏州的陆上交通的连接点。被称为“山中宰相无双”的王鏊是陆巷历史名人中的代表。陆巷古村附近与前山的东山镇之间有着多条古道，与其南部的杨湾村之间也有便捷的沿山古道，这些古道在串联起众多古村落的同时也彰显了陆巷古村在后山的地位。杨湾村曾是东山镇南部的一个集市，历史古建筑丰富多样、保存完好。一个古村拥有 3 处全国重点文物保护单位，放眼全国，这也是极为少见的。

明月湾古村和东村古村位于西洞庭山南北两端。明月湾最早作为春秋吴国时的遗迹，被《震泽编》

照片 276　灵源寺罗汉松，2021

古灵源寺[1]遗址上有苏州最古老的一株罗汉松，为梁天监年间的遗物，树龄已有 1 500 多年，它见证了古寺的兴衰。灵源寺之名得之于照片中下偏左的“灵泉”。

编入“故国之墟十”的第五处，列消夏湾之前，称“在石公山西二里，有大明湾、小明湾，吴王尝玩月于此。或曰以湖堤环抱如月耳”[2]。唐代，明月湾基本形成了棋盘状的山村格局，与所处太湖岛山的自然环境相融合。明月湾古村现存古宅多建于清乾隆年间，礼和堂、礼耕堂等建筑的雕刻彩绘极尽装饰之美，尽显当时的繁华。据《西山镇志》记载，明月湾古村有长 1 140 余米的石板街，由 4 560 余块金山石铺成，构成了明月湾最具特色的棋盘街，其下为功能完备的排水设施。[3]村口湖边有金山石筑成的古码头，村头水口边超过 500 年树龄的老樟树也是明月湾古村的标志。

东村古村位于西洞庭山的北部，与邻近的横山、阴山、大干山、绍山等岛山相对。据镇志记载，东村始建于秦末汉初，因“商山四皓”中的东园公在此隐居而得名，古称“东园村”。村中道路大多由石板与青砖铺成，村中老宅多为清乾隆、嘉庆年间的古物，计有 20 多幢，其中，敬修堂为西山现存规模最大的古宅。东村的敬修堂和徐家祠堂现为江苏省文物保护单位。

太湖中的三山岛，是归属于东山镇管辖的三山村的主体，位于东洞庭山和西洞庭山之间水上交通要道的南端。在以水运为主的古代，三山岛的交通位置非常优越，甚至超过了东洞庭山和西洞庭山，附近航道被称为“三山门”。由于岛屿面积相对较小，相比居太湖中心、为湖中最大岛屿且有林屋洞的西山，以及人文荟萃、经济实力相对强大的东山，三山岛在自然风光和经济实力等方面要列于东、西洞庭山之后，但三山岛上的旧石器时代古文化遗址是太湖一带最古老的文化遗址，历史可追溯到 1 万年以上，同时三山岛居民基于水运的商业活动和基于岛产石灰岩的山石开采，也是可圈可点的。

在这些历史文化名镇和历史文化名村之外，还有一些比较典型的局部，让我们不仅能看到山林地带人们与自然环境的关系，产业发展和经济发展的特征，民居聚落和环境、经济的关系，还可以看到人们在当地的治理管理中做过的一些事情，看到在发展过程中自然环境变化和历史文化积淀的标记。

[1]《具区志》（第 514 页）称：“灵源寺在碧螺峰下，寺有灵泉，故名。梁天监元年建，元末毁，明正统间重建。”

[2] 王鏊等：《震泽编》，吴中珍籍，江苏凤凰电子音像出版社，2014，第 63 页。

[3] 苏州市吴中区《西山镇志》编纂委员会编《西山镇志》，苏州大学出版社，2001，第 71 页。

照片 277　西山明月湾古村口古樟，2013

明月湾古村南临太湖，位于石公山与消夏湾之间。村内水口处超过 500 年的老樟树和其太湖边的金山石码头是该村的两个主要标志。

照片 278　东村古村，2022

东村古村位于西山岛北部。徐家祠堂位于东村街西，建于清乾隆年间，其彩绘、木雕精美，现为江苏省文物保护单位。

照片 279　西山东部的镇夏镇，2021

镇夏镇曾是西山东部主要的码头所在地，与东山陆巷村之间的通道是西山人出行最为方便的。自西山大桥建成以来，虽然这个水上码头逐渐失去了往日在水运上的重要性，但稠密的建筑说明了这里依旧是一个非常适合人居的地方。

照片 280　三山岛天然溶洞，2006

东泊小山山前的天然溶洞是古人的栖息地，洞前曾发现大量旧石器时期人类活动的遗迹。

照片 281　三山岛东泊小山，2019

东泊小山的三山岛旧石器时代古文化遗址，离现今太湖水面很近，加上三山岛仅约 1.6 平方千米的面积，实难想象这里可以承载一个旧石器时代的古人类族群，因此，一般可推断当初这里的环境并非湖上的小岛，而是一片林草丰美的陆地。

三、山林与农业

山林特产

山林地带的农业，最典型的是林果业。以东洞庭山和西洞庭山为代表，这里的水果和茶叶种植不仅具有悠久的历史，也诞生了丰富的代表性产品。历史上，东、西洞庭山地区最有名的水果当属柑橘。《震泽编》“古迹”篇称消夏湾，“淳祐初，赵节斋于此种柑橘，名‘千株园’”[1]，可见在宋代这里的柑橘种植就已形成一定的规模；同时，《震泽编》卷三“风俗”的第一条就称，“湖中诸山大概皆以橘柚为产（多或至千树，贫家亦无不种）”[2]，后续还有“其土贵：凡栽橘，可一树者直千钱，或二三千，甚者至万钱；其民勤：有蓄千金而樵汲树艺未尝废也”[3]的记载。由此可见柑橘种植在太湖诸岛中的普及和收入的可观，也可见民众的勤劳。此外，在关于太湖的古文献中，还有大量与柑橘有关的作品被传颂，足见柑橘栽种已不仅是一种产业，还在某种程度上成了一种文化现象。

同样具有代表性的，还有东、西洞庭山以碧螺春为代表的茶叶种植，这也是与吴地种茶、品茶相关的文化习惯中的一个重要组成部分，《吴郡图经续记》在物产部分就有“包山之珍茗”[4]的记述。从果品来看，如东山的枇杷、杨梅及板栗、白果等，都曾是这个地区历史上著名的农产品。在光福一

[1] 王鏊等：《震泽编》，吴中珍籍，江苏凤凰电子音像出版社，2014，第 64 页。
[2] 王鏊等：《震泽编》，吴中珍籍，江苏凤凰电子音像出版社，2014，第 84 页。
[3] 王鏊等：《震泽编》，吴中珍籍，江苏凤凰电子音像出版社，2014，第 85–86 页。
[4] 朱长文：《吴郡图经续记》卷中，宋元方志丛刊：第 1 册，中华书局，1990，第 644 页。

照片 282　光福香雪海，2022

光福种梅的历史可以上溯至宋代，明、清两代这里成为赏梅观光的重要场所。梅海风光的名声更高于植梅产业本身。

带的山林中，宋代形成的种梅习惯成为当地山林产业的一种时尚。《光福志》引宋代、明代书籍对光福杨梅的评价，称“按《太平寰宇记》：杨梅出光福山铜坑者为第一；杨循吉《吴邑志》：杨梅为吴中名品，出光福铜坑者第一，聚坞次之”[1]。光福地区种梅的习惯还逐渐成就了后来观太湖山水风光、赏梅花香雪如海的春游的代表性活动。

照片 283　梅雨中的东山梅园，2017

6 月中下旬是江南的梅雨季节，也正是东山梅子成熟的时候。

照片 284　初冬正在开花的枇杷树，2021

枇杷是现在东、西洞庭山地区经济收益较好的果类，种植面积大增。火爆的销售为初夏枇杷的收成提供了保证，售卖枇杷膏也成为果农收入来源的一部分。

[1] 徐傅编，王金庸补辑《光福志》，成文出版社有限公司，清光绪二十六年（1900）修，1929 年重印本，第 128–129 页。

照片 285　西山涵村采茶，2011

每年清明前后是东、西洞庭山地区采茶最忙碌的时候，往往吸引着不少外来的采茶人。

照片 286　东山茶园，2020

东、西洞庭山地区的产茶、制茶有着悠久的历史，成为近些年不断发展的产业。

照片 287　洞庭柑橘，2017

东、西洞庭山一带的柑橘种植始于宋代，盛于明、清。洞庭红橘声名远播，文人墨客对其多有赞美的诗文。但近年受到品种更新等的影响。

照片 289　村头银杏，2013

银杏在数十年前曾是经济价值极高的树种，在东、西洞庭山一带被较多种植。现在东、西洞庭山一带的古树名木和植物资源保护名录中都有银杏。

照片 288　西山植里，2013

山林地带山多地少，山间平坦的耕地弥足珍贵，是传统粮食和经济作物的种植区。盛开的油菜花和古桥、古道、古樟一起，成为西山植里的标志。“植里古道及桥”现为苏州市文物保护单位。

三堰二池五闸

穹窿山是苏州最高远的山，虽然离太湖并不太远，但是山势和地形让这里难以积蓄雨水，山田的灌溉向来是难题。明代在苏州做知县的袁宏道，在《穹窿山》一篇中对此就有相关的描述，称“穹窿高深，甲于他山，比阳山尤高，古赤松子采赤石脂处也。山下田多荒芜，内高外卑，不能贮升斗水，五日不雨，则其田如龟腹，用是土著之民，逃移者半”[1]，故而通过减免课税，让穹窿山地区的百姓得以休养生息。历史上，穹窿山东部也有过著名的山地水利工程，一般统称为“三堰二池五闸”。乾隆《吴县志》称“穹窿之麓，震泽之滨，地势高旷，溯涧为田。宋贤度其泉源，创立三堰二池五闸，以资蓄泄，备旱涝，山氓便之”[2]。乾隆《吴县志》还记载了此工程在明成化、万历年间有过两次修筑；《光福志》也记载了清康熙二十年（1681）、清雍正十二年（1734）、清道光十六年（1836）对“三堰二池”的数次修筑；[3]清光绪三十年（1904）的《重修穹窿山堰闸铭并序》碑文记述了堰闸系统的环境特点，即“盖山坞深邃，骤雨之后山泉暴溢，决坏为易，故无百年长治之功”，又记载了再修“三堰二池”的过程，赞主事者县令李超琼功绩“与汤公、林公[4]后先辉映矣”。[5]

作为苏州著名的山地水利工程，“三堰二池五闸”位于穹窿山东南麓，利用山形地势，分级拦水蓄流，

照片 290　俯瞰过沙堰遗址，2021

[1] 袁宏道：《袁宏道集笺校》（上），钱伯城笺校，上海古籍出版社，2008，第 174 页。

[2] 姜顺蛟等：乾隆《吴县志》，吴中珍籍，江苏凤凰电子音像出版社，2014，第 968 页。

[3] 徐傅编，王金庸补辑《光福志》，成文出版社有限公司，清光绪二十六年（1900）修，1929 年重印本，第 122 页。

[4] 汤公、林公指清康熙、道光年间的两位江苏巡抚汤斌、林则徐。

[5] 《重修穹窿山堰闸铭并序》由吴锡熊撰并书。

用于灌溉农田，是苏州西郊山林地带难得的梯级自流灌溉系统。三堰为过沙堰、上堰、下堰；二池为荷花池、圆荡池；五闸为上堰闸、下堰闸、过沙堰闸、荷花池闸、圆荡池闸。“三堰二池”旧时为自上向下的自流灌溉，至20世纪50—60年代加入了机灌设施，在20世纪70年代实施由下向上的三级提水，灌溉面积大增。后穹窿山茅蓬坞口修蓄水池，附近土地的利用类型发生变化。20世纪90年代，堰闸系统改为鱼池，堰闸系统功能不存，渐为遗址。现在穹窿山东部有“堰头村”等村庄名称，而过沙堰等遗址的局部设施和环境得到了整修保护。

照片291　过沙堰闸遗址，2021

照片292　“三堰二池”古代灌溉系统遗迹，2021

“三堰二池五闸”是具有代表性的山地灌溉系统，曾在现代水利基础设施有了根本改观后遭废弃，现已得到局部修整。灌溉系统内的水流依然湍急且水质清澈。

第五节　城市山林

在苏州，与山林意蕴最为契合的是城中大大小小的各种苏式园林。这些园林作为人们的宅园，大多以建筑为主，但园林中建筑的构建往往基于山水环境的设计，通过叠山理水，将山林的意趣引入城市生活之中，表达了人们对自然山水的向往。深远的意境、精致的营造、精美的建筑，让园林之城——苏州拥有大批高等级园林文物遗产，被列为全国重点文物保护单位的有拙政园、留园、网师园、环秀山庄、耦园、沧浪亭、狮子林、艺圃等，被列为江苏省文物保护单位的有怡园、五峰园、惠荫园、畅园、古五松园等。

城市山林的构建会用到各式各样的假山，有的独石成峰，有的堆叠奇巧。若从假山的山石类型来看，主要有两种：一种是太湖石假山，另一种是黄石假山。太湖石假山以环秀山庄、狮子林及惠荫园为代表。黄石假山以耦园、燕园为代表。

一、四大园林

从山林的角度来看，苏州园林无一不是以山水的布局为核心进行构筑的。比如，宋代园林的代表沧浪亭最主要的特点是中心的大假山和假山上的沧浪亭，更为点题的是沧浪亭上的一副楹联“清风明月本无价，远山近水皆有情”，这很清晰地传递出了山水的重要意义。

照片 293　沧浪亭假山，2016

沧浪亭在宋初时就有“积土为山”的营建，宋庆历四年（1044）由苏舜钦经营并取名之后名声大噪，“沧浪亭”之名沿用至今。园中大假山以土为主体，土多石少，“山上石径盘回，林木森郁，混假山于真山之中，有天然委曲之妙，‘真山林’之味”[1]。

[1] 苏州市园林和绿化管理局编《沧浪亭志》，文汇出版社，2015，第 45–46 页。

照片 294　狮子林湖心亭

狮子林的湖心亭位于园中水池中央，东西有曲桥相连。因这里为观园西假山飞瀑的上佳之处，故也称“观瀑亭”。湖心亭是狮子林全园最为开阔之处，四周远近假山环绕，自身也为园景的重要构件，融山水意韵于一身。

照片 295　拙政园雪香云蔚亭，2016

雪香云蔚亭之所在为园中池水环绕的岛山，累土而成，梅林一片，冬末春初梅花盛开时，如白雪覆盖，又梅香馥郁，为春日观梅之佳处。其东侧有另一岛山筑待霜亭，也由泥垒，体量较小，为观秋景之地。

■ 冠云峰，2018

■ “风花雪月”大理石座屏，2013

■ 陈列如画作的鱼化石，2011

■ 鱼化石（局部），2011

照片 296　“留园三绝”

在留园的山水构建和陈设构成中，奇石也是一大特色。在游人观赏留园时流传着“留园三绝”之说，最常见的版本为：一是独石成峰的冠云峰，二是冠云楼上陈列的犹如画作的鱼化石，三是据称来自云南的“风花雪月”大理石座屏。

照片 297　留园“小蓬莱”，2018

留园中部的水池是整个留园的核心，池上有岛名“小蓬莱”，含于无边水体中追寻仙山琼岛之意。池北有园中的主假山，西侧为次假山，和传统概念上西北高、东南低的大环境相一致，两山间有山洞，为整个庭园的水脉源泉。

元代园林的代表狮子林，一方面，以太湖石假山闻名天下，成为人们熟悉的经典；另一方面，假山旁的池水及湖边的石舫、湖上的曲桥和湖心亭等构成了山水的有机整体。

明代园林的代表拙政园更是出自文人之手，在布局上很好地体现了构建人文山水的精髓。拙政园的中园，在春、夏、秋、冬的构景中，通过山水的局部构成来体现四季，体现自然变化的节律，以此营造身在自然山水间的意境。比如，雪香云蔚亭建在土山之上，主要对应着早春梅花盛开的景观；而荷风四面亭则立于水面桥堤之间，水面上的荷花突出了夏天的景观。荷风四面亭上的对联“四壁荷花三面柳，半潭秋水一房山”，本质上也是山水情怀的一种点缀。

留园作为清代园林的代表，在核心部位，也是全园最中央的地方，建筑有山水相依的山林风景，包括中部的水池、北侧的假山，水上又有桥连着的“小蓬莱”。同时，在留园细节布置的一些元素中，如独石成峰的冠云峰、冠云楼上陈列的犹如画作的鱼化石、有“风花雪月”图案的大理石座屏（人称“留园三绝”），都与奇石有关，成为一大特色。也有的“留园三绝”版本用“楠木厅”替代鱼化石或大理石座屏，但楠木厅所在的五峰仙馆也是观赏门口假山之佳处。

二、黄石假山

黄石采自以石英砂岩为主的石材，多有古朴的外貌，以方正之态和明锐轮廓示人。黄石没有特别巨大的石料，因此，基本上没有独石成峰的实例。但由黄石堆叠的假山，可在其古朴个体的叠加下，通过彼此的组合形成高山、深谷、山径、石室等各种形态，也可以与水体一起构造山水的对照，从而显现出远远超越个体的价值。

耦园的黄石假山在苏州园林中可谓是最具代表性的一座。在其山体上，有山峰耸立，有悬崖峭壁，

照片 298　留园黄石小景，2021

留园池北主假山上的一块黄石，在冬天的旭日下暖意洋洋，质朴得近于愚顽的肌理，有着特殊的亲近感。

照片 299　耦园黄石假山全景，2017

耦园的黄石假山是其东花园的主景，广不及半亩，高不及二丈，从全景来看并不特显雄峻，但可见其堆叠层次的丰富。

照片 300　耦园黄石假山山峰，2009

在假山北半部山谷的入口处，拍摄当年能见其山峰部分叠石的构成和黄石所特有的颜色与质感。

有山顶石室，还有盘旋而上的山道，更有山体之间的“邃谷”。在假山的东侧，还有一池塘。假山和池塘的直接对照，增加了山体的雄伟，总体上营造了一种“山高水远”的意境。

网师园彩霞池的南侧，也有黄石假山“云岗”，其质地古朴、轮廓鲜明，且每一块黄石的色调、色泽和纹理也各不相同，各有特色。

■ 耦园黄石假山的悬崖峭壁，2017

■ 耦园黄石假山的山顶石室，2017

■ 耦园黄石假山的湖边磴道，2017

■ 耦园黄石假山中的“邃谷”，2016

■ 耦园黄石假山的山水环境，2017

照片 301　耦园黄石假山

虽然耦园黄石假山不高，但其顶部筑有悬崖峭壁的局部；在峭壁的边上是山顶的石室空间；靠近东南湖边的石磴，既是登临假山的主要通道，也是假山层次逐渐升高，让游客产生临渊之感的地方；东西两部分假山间，有仅宽一米的“邃谷”，两侧悬崖如削，似自然山体中常见的高山深谷。整个黄石假山与东部的水池相邻，常说的“山高水长”的意蕴由此而生。

三、湖石假山

湖石假山取材自太湖石，以西洞庭山东部太湖边出产者为最正宗，而其中，尤以产于湖边、水下受太湖水长期冲蚀的为最佳。太湖石灵巧的外形虽深受人们的喜欢，但其形成过程漫长而让人不可等待，因此，太湖石属不可再生资源。自唐代太湖石的观赏大行其道以后，宋代搜罗太湖石已处于一种过量的状态，当时已经出现用山上经过人为加工的旱石充作高端的水石的现象。如今，太湖一带本地的巧石早已没有出产，一些湖石假山的叠石原料多来自国内其他的石灰岩地层分布区。

太湖石的体量有时可以很大，能独石成峰，太湖石“皱、瘦、漏、透”的特征使其独具观赏性。人们熟悉的瑞云峰、冠云峰等都是自整块石灰岩中产出的太湖石奇石，五峰园等处也有以单独的较大型太湖石构成山峰再组合成假山的例子。用于堆筑假山的太湖石，往往无须用可单独观赏的巧石，在某种程度上与用黄石堆叠假山一样，更看重组合的结果。在湖石假山中，声名卓著的环绣山庄假山，即用太湖石堆砌出的全石假山，堆石艺术家在不大的空间里营造出了崇山峻岭、深壑秀峰，此假山集雄、奇、险、幽、秀、旷等特征于一体，深具大自然山林的意趣；在惠荫园的太湖石假山中，还营建有参照西洞庭山“天下第九洞天”的“小林屋”。人们对“洞天福地”的向往体现在山林之间。

■ 环绣山庄假山之“雄”

■ 环绣山庄假山之“奇”

■ 环绣山庄假山之“险”

■ 环绣山庄假山之“幽”

■ 环绣山庄假山之“秀”

■ 环绣山庄假山之“旷”

照片 302　环绣山庄假山，2013

环秀山庄的太湖石假山是清代叠石艺术的精品，在不大的空间中再现了自然山林的各种地貌形态，并具雄、奇、险、幽、秀、旷等的特征，深具大自然山林的意趣。

照片 303　狮子林湖石假山，2020

狮子林向来以假山闻名，拥有国内历史最悠久、规模最庞大、形制最复杂的太湖石假山群，面积约 1 200 平方米。假山分旱假山和水假山两个部分，共有 9 条线路、21 个洞口，迂回曲折，左右盘旋，让人如入深山峻岭，若置身于万山丛中。[1]

照片 304　五峰园太湖石假山，2013

五峰园始建于明代，也以太湖石假山著称，因假山上有五块太湖石石峰而得名。

[1] 苏州市园林和绿化管理局编《狮子林志》，文汇出版社，2015，第 44 页。

照片 305　惠荫园“小林屋”，2013

惠荫园的假山，以其山中的“小林屋”水洞而独树一帜，足见太湖山水风光及传统文化对园林叠山理水的影响。

照片 306　瑞云峰，2013

瑞云峰是苏州太湖石石峰中的典型，于北宋末年采自太湖西洞庭山附近，现置于苏州古城内全国重点文物保护单位——苏州织造署遗址之内。瑞云峰现为江苏省文物保护单位。

照片307　怡园太湖石小景，2018

怡园内有几处石峰颇为特别，峰体涡洞相连，表面纹理奇特，一如古画中的湖石小品。

第四部分

和谐发展

山林是人们活动的特殊空间，与人类具有互相影响、互相促进、共同发展的关系。山林对人类活动会产生什么样的影响？哪座山对苏州的综合影响力最大？在水乡大背景下，苏州西郊山林对我们找到一块安宁的、便于生活和生产的土地起到什么样的作用？再如山林所产出的物产，除了有各种各样的生物产品外，山林的根基，也就是山上的石头是否可以用，以及如何用？今天的人们回过头来看过去的自己，对山林自然环境产生的影响，既有值得肯定之处，也有需要反思之处。有一些山林实体需要我们加以保护。今天的人们和山林处于一种怎样的关系，以及如何相互促进、健康地发展，这就是和谐发展的主题。

第一节　山林与苏州

对于苏州而言，西郊丛山对整个自然地理环境和历史人文发展有着重要的影响。人们心目中对山林对人的综合影响会有综合的评价，而综合评价最高的体现便是认定这些山体中哪座山是苏州的“镇山”。对于水乡苏州来说，西郊的山地又处在太湖和苏州古城之间，对苏州古城在水乡地区的存在状态影响巨大。从全苏州范围来看，不只是苏州西郊的山地，那些在水乡地区相对较高的土地，也是人们居住和生活的重要基地，亦是我们今天探寻古文明的主要位置。

一、吴之“镇山”

认识山林不仅是利用山林的基础，还是认识自然环境的重要方面。旧时，人们往往将心目中最重要的山认作当地的“镇山”。按照地方志的记载，苏州的“镇山”曾经是天平山，后来为穹窿山，再后来是阳山，这蕴含着人们对苏州西郊丛山认识的发展和变化，起码可作为人们对山林作用的认识的一个侧面。山林能够起到的作用是全方位的、多样的。

“镇山”是一种传统的说法，常指一个地方最重要的山，或者说能镇守一方的山。这些山或是海拔最高的，或是有厚重历史的，总之可算得上是人们心目中最重要的山，也在一定程度上蕴含着人们的愿望，即希冀“镇山”为一方的人们带来安定。“镇山”具有空间上的层级性，既可以从全国范围来看，也可以从某个局部的区域来看。高层次的“镇山”通常由官方认定，如在古时由帝王分封祭祀来确定。由于“镇山”的概念与人们对山的认识有关，因此，一个地方的“镇山”也会随着人们的认识而改变。在苏州被列为“镇山”的，在历代的地方志中有不同的记载。

汉唐之前，在与苏州相关的志书，如汉代《越绝书》《吴越春秋》，唐代《吴地记》等中，并没有吴地“镇山”之说。

至宋代，天平山作为吴地首个被认定的“镇山”而被记载于方志中。《吴郡图经续记》称：“天平山，在吴县西二十里，巍然特高，群峰拱揖，郡之镇也。”[1]《吴郡志》则称：“天平山，在吴县西二十里。此山在吴中最为峭崒，高耸一峰，端正特立。《续图经》以为吴镇，不诬也。”[2]《洪武志》称：“天平山，在县西二十里，巍然特高，群峰拱揖，郡之镇也。其林木亦秀润可爱，山皆奇石，环形异状，可喜可愕。”[3]

其实，在《洪武志》中，有两处记有“郡之镇”，一处记在天平山，还有一处记在穹窿山。有关穹窿山的记述为：“穹窿山，在县西南六十里……《五湖赋》云：‘穹窿纡曲’，盖此山实峻而深，其形如钗，郡之镇也。”[4]以《洪武志》为蓝本之一加以整理的正德《姑苏志》则称“穹窿山，比阳山尤高，《五湖赋》云：‘穹窿纡曲’，盖此山实峻而深，形如钗股”[5]。西晋杨泉的《五湖赋》对穹窿山的描述只有“穹窿纡曲”四字，穹窿山为郡镇之说当于《洪武志》首现。正德《姑苏志》没有

[1] 朱长文：《吴郡图经续记》卷中，宋元方志丛刊：第1册，中华书局，1990，第663页。
[2] 范成大：《吴郡志》，陆振岳点校，江苏古籍出版社，1999，第209页。
[3] 卢熊：洪武《苏州府志》，成文出版社有限公司，1983，第124页。
[4] 卢熊：洪武《苏州府志》，成文出版社有限公司，1983，第138页。
[5] 林世远、王鏊等：正德《姑苏志》，北京图书馆古籍珍本丛刊：26，书目文献出版社，2000，第175页。

照片 308　阳山的“吴之镇”标志，2012

阳山是苏州较晚的被称为“镇山”的山体，也是目前仅见立有“镇山”标记的山体。

依《洪武志》称穹窿山为“镇山”，不知是否与此志在明正德元年（1506）刊出时，已出现了其他“镇山”的说法有关。

据乾隆《长洲县志》收录的艺文所载，明弘治三年（1490）吏部尚书吴宽因请为当年阳山祈雨成功后重修白龙庙之事撰写《重修阳山白龙神庙记》，其首句为“阳山在吴城西北二十里，而近视他山特高且大，盖吴之镇也”[1]。该志收录的“阳山”条目也称，“顾元庆《阳山新录》序：阳山为吴之镇。以其背阴面阳，故曰阳山”[2]。顾元庆生于1487年，号大石山人，其所作的《阳山新录》在吴宽所作的《重修阳山白龙神庙记》之后，书中称阳山为“镇山”与前人一致。

据成书于清康熙年间的《穹窿山志》记载，当时苏州的“镇山”是阳山而非穹窿山。《穹窿山志》第四卷“形胜”描述大茅峰为：“山脉自湖西南石骨东来，顿起参天御屏，为吴门众山之最高，与秦余南北相望，而高实过之。所闻谚语‘阳山高万丈，不到穹窿半截腰’，盖指斯峰也。乃稽之郡乘，镇山首秦余而穹窿不与者，何也？岂开广固弗若耶？盖清癯道骨本自天成，宁以缥缈危峰，时聆天语，而不愿以膏原沃衍，与秦余争五等之望秩。”[3] 山志作者认为穹窿山高过阳山，其他志书却将阳山作为“镇山”，他进而提出了自己的看法。

“镇山”体现了旧时对所在地山体重要性的认定，既体现了人们对自然环境的认识，也反映了一

[1] 李光祚等：《中国地方志集成·江苏府县志辑⑬·乾隆长洲县志》，江苏古籍出版社，1991，第431页。

[2] 李光祚等：《中国地方志集成·江苏府县志辑⑬·乾隆长洲县志》，江苏古籍出版社，1991，第174页。

[3] 吴伟业等：《穹窿山志、齐云山志》，故宫珍本丛刊第267册：史部·地理·山水，海南出版社，2001，第160页。

种历史和文化。现在，大阳山国家森林公园立有一巨大磐石，上面刻着落款为吴宽的“吴之镇”三个大字，记录着人们对苏州山体地位认识的“明代版本”。2003年出版的《苏州穹窿山》的“序”称“穹窿山以其山体庞大和山峰高峻，成为‘吴郡之镇’”[1]。

二、山林与水乡

山林与水乡，从字面上看没有直接的关系，但是从苏州自然环境的角度来看，水乡是总体的大背景。苏州西郊的山地，对人们在水乡泽国的环境找到一片立足和发展之地，有着重要的作用。旧石器时代和新石器时代的古文化遗址分布在山林地带和水乡泽国地区高出的土墩和岗地地带。在水乡背景下，人们建设城市、集镇和村庄，从事耕作、渔猎，并在极端的环境条件，如洪涝情况下，应对生存、发展的问题。这些都不能单纯从水乡的角度去看，而是要站在“人—地—水”的关系角度去思考和解决。在解决这一个问题的过程中，山林受到了人们特殊的关注。

大禹“牵山治水”的传说，是吴地人们对所处水乡泽国环境的一种认知；苏州一带，尤其是太湖区域，有不少关于大禹的传说，太湖上还有几处专门供奉大禹的禹王庙，这是苏州水乡环境和人们改造自然环境的很直接的映射。苏州西郊诸山介于太湖和苏州古城之间，南北延伸20千米左右，客观上对太湖洪水具有很好的阻挡和导流的作用，这也应该是当初伍子胥建造阖闾大城时“相土尝水”，综合分析地理环境以后选定现古城城址的一个重要考量。

■ “牵山治水”

有关大禹牵太湖里的山丘到现在苏州城西用于填水防洪的传说，古籍中多有提及，如《水经注》《吴郡图经续记》《吴郡志》，其中山丘所对应的山体是狮子山。狮子山既是苏州西郊诸山南北位置的中点，距苏州古城相对最近；又是一座独立的山丘，西距金山、支硎山数里，与西边连绵的山峦多有不同。加之，狮子山南有两小山，按传说名以“索山”“铃山”，环境与古老的传说相互融合，给人们提供了更大的想象空间。传说中大禹将所牵之山放置在苏州西郊丛山的东侧，但实际上太湖的排水主要在苏州西郊丛山的南侧，经东太湖—吴淞江一带。有关大禹“牵山治水”及太湖东泄的情势，《水经注》中的一段引文所述信息比较集中：“太湖之东，吴国西十八里有岞岭山，俗说此山本在太湖中，禹治水移进近吴。又东及西南有两小山，皆有石如卷笮，俗云禹所用牵山也。太湖中有浅地，长老云：是笮岭山跖，自此以东差深，言是牵山之沟，此山去太湖三十余里，东则松江出焉。上承太湖，更迳笠泽，在吴南松江左右也。”[2]然而，传说终究是传说，有着明显的局限，反映出当时人们的认识水平。针对这样的传说，人们也会有不同的看法，如《具区志》在记述太湖中

[1] 柯继承、杨学良：《苏州穹窿山》，古吴轩出版社，2003，“序”。

[2] 郦道元：《水经注》，陈桥驿注释，浙江古籍出版社，2000，第459页。

照片 309　狮子山，2021

“狮子回头望虎丘”的传说广为人知，而狮子山是大禹治水时从太湖中移来用于阻止太湖洪水对吴地侵袭的传说，在科学发达的今天一般少有再提，但不可否认的是，这个传说反映着旧时人们对山地在水乡治水中的作用的思考。

的岞崿矶时，就引述了相关观点：“岞崿矶，在三山南四里（旧志引《水经》禹治水牵山之事。按，朱伯原谓闾巷之谈，故不录）。”[1] 当然，今天看来，这些传说反映了人们对自然环境的特征及其成因的探索，是有积极意义的。

实际上，就苏州古城与西郊丛山、太湖水患的关系来看，山与湖的位置是客观存在的，而古城建

[1] 翁澍等：《金山志、具区志、京口山水志》，故宫珍本丛刊第 269 册：史部·地理·山水，海南出版社，2001，第 198 页。

 造位置的选择是人们主动做出的，凝聚着人类的智慧。2 500 多年前，伍子胥“相土尝水”，选择了太湖之东、西有丛山作为屏障、东部面临湖沼低地的区域作为古城的城址，有效保证了古城免受太湖洪水和低地内涝的直接影响。如在乾隆《苏州府志》所记载的苏州历史上的 70 多次“湖溢”“海溢”“大水”“积雨”等水灾中，明确记有“水溢入城”“水浸城郭”“圮城郭堤防”等直接危及苏州古城的较大水患事件仅有 3 次[1]，这也足见正确的位置选择能有效帮助古城防御水灾。

■ 禹王庙和水平王庙

太湖岛山地区多流传有大禹治水的传说，相关地名和建筑等极具水乡特色。由太湖三山岛 1 万年前的旧石器时代古文化遗址的存在，我们可以推测出当时的三山一带并不是太湖中的岛屿。也就是说，太湖是在最近 1 万年的时间里逐渐积水而成的。太湖的积水过程必然会给原先的陆地区域带来水患，产生此地区无法回避的重大环境问题，因而大禹治水的传说也就有其现实的依据。大禹治水后，“三江既入，震泽底定”，太湖水乡环境的基本格局由此奠定。

在太湖岛山中，入列“太湖七十二峰”名录的禹期山和杜圻洲都与大禹相关。禹期山，“禹治水时尝期诸侯于此”[2]；杜圻洲则是太湖中四处有禹王庙的峿山中的北峿，也是四处峿山中唯一入列“太

照片 310　禹王庙，2021

西山禹王庙是太湖中四座禹王庙之一，也是现存最完好的一处。其所在处为原西峿甪头洲。

[1] 江苏省地方志编纂委员会办公室编《江苏历代方志全书·苏州府部 14·乾隆苏州府志》，卷第七十七“祥异”，江苏凤凰出版社，2016，第 408–413 页。

[2] 王鏊等：《震泽编》，吴中珍籍，江苏凤凰电子音像出版社，2014，第 23 页。

照片 311　消夏湾众安洲，2022

照片中三面为山所环抱的耕地，是原西洞庭山南部的消夏湾，中有小岛众安洲，也称“众安山”或“瓦山”，为南嵎。众安洲上原有水平王庙，与禹王并祀。现众安洲湮没于圩田之中，照片中间有黄墙小庙处为水平王庙旧址。

湖七十二峰”名录者。旧时，在太湖岛山中有四处嵎山，其上各有祭祀大禹的禹王庙，按东、南、西、北四个方位排列，东为三洋洲，南为众安洲，西为角头洲，北为杜圻洲。四处嵎山的现状，也正是太湖岛山自然环境状态演变的四个典型：东嵎三洋洲在明代沉没于太湖，《太湖备考》称“三洋洲，明季沦于湖，禹王像浮至冲山，山人舁至郁使君庙奉祀焉”[1]；南嵎众安洲，又称“瓦山”，旧时同时奉祀禹王及其助手水平王，在西洞庭之南的消夏湾，20 世纪围湖造田后湮没于农田，与西山岛相连，遗址已难辨认；西嵎角头洲，也与西洞庭山连成一体，位于西山岛西北部，现存一定规模的禹王庙，是一般游客可到之处；北嵎杜圻洲，现称“平台山”，为四处嵎山中唯一仍为湖中独立岛山者，有禹王庙神殿。

据传，水平王原为后稷庶子，因助大禹太湖治水有功而被尊为“太湖水神”，世人尊称“水平王”。也有称水平王为汉代郁使君的。正德《姑苏志》称：“太湖水神庙在洞庭销夏湾水心，俗号水平王庙。宋知军州事胡宿尝奏列祀典，神像与几案皆石为之……虽巨浸不没，故名众安山，湖中多有此庙。旧传神为汉雍州刺史郁君，庙即其廨宅。”[2]《太湖备考》称：“水平王庙，一在马迹山……一在南嵎（神像几案皆石为之）。《毗陵志》：‘水平王，后稷庶子，佐禹治水，至会稽，诲人浚导，殁而祀之。’”[3]此传说在《震泽编》等书籍中也多有记载。

免水院

尧峰山上有免水院。传说帝尧时期发生大洪水，唯有尧峰山没有被淹没，吴地百姓在此避难，山也因此得名。为纪念此事，唐代建了免水院。这个传说与大禹“牵山治水”的传说一样，也体现了身处水乡环境之中的人们对水患的一种担忧，同时也体现了人们对山地具有的防水治水作用的一种认识。其实，如果说太湖洪水肆虐，淹没了人们生活的平原，只剩下山在水面上的话，西郊丛山都应该高出水面。而传说中只有尧峰山没有被淹没，显然是因为尧峰山能让吴地的人们以为它在水患发生时能起到特殊的作用。这很可能和它的位置有关：尧峰山在西郊太湖之外的山体中处于最南，除太湖中的东洞庭山、

[1] 金友理：《太湖备考》卷五，薛正兴校点，江苏古籍出版社，1998，第 264 页。有关太湖中四座嵎山的完整记述也见于此。

[2] 林世远、王鏊等：正德《姑苏志》，北京图书馆古籍珍本丛刊：26，书目文献出版社，2000，第 397 页。

[3] 金友理：《太湖备考》卷五，薛正兴校点，江苏古籍出版社，1998，第 264 页。

照片 312　七子山碊磄岭，2022

碊磄岭是七子山西南凤凰山与尧峰山之间的鞍部地形，过去是西侧木渎方向与东侧越溪方向之间的一条可翻越山岭的捷径。唐代，在碊磄岭建有免水院。照片中稍远处的山体为清明山（高处为皋峰山，远处近太湖的是胥山）。

西洞庭山及长沙山、叶山之外，就只有尧峰山的山体突出在太湖水向东往吴淞江排泄洪水的通道之上。可以想象，如果太湖水位大涨，有民众随着太湖洪水向东漂流，矗立于太湖洪流之中的尧峰山会给人多大的生存希望！

水乡的土墩

苏州作为太湖流域水乡的腹地，其古文明的发展与水乡泽国背景下的高地有关。那些人类能够居住、便于渔猎采集的山丘地带、岗地地带，或者是湖沼地区的土墩，成为古人类活动的主要区域，现在发现的旧石器时代、新石器时代古文化遗址也多在这样的地方。江苏省文物保护单位三山岛旧石器时代古文化遗址，是长江三角洲地区最古老文明的发现地，在当时没有现在的太湖的情况下，古山洞的位置处在有一定高度的山麓地带。在入列全国重点文物保护单位的一批新石器时代古文化遗址中，东山村位于香山的东麓地带，绰墩、草鞋山、越陵山都是土墩遗址，黄泗浦遗址位于古长江的沙岸岗地。其他入列江苏省、苏州市文物保护单位的新石器时代古文化遗址，也多是这种情况，2010 年左右发掘的木渎古城相关遗址也主要分布在周边的山前地带。[1]

[1] 中国社会科学院考古研究所、苏州市考古研究所苏州古城联合考古队：《苏州木渎古城 2011—2014 年考古报告》，《考古学报》2006 年第 2 期。

照片 313　夷陵山，2009

夷陵山位于全国重点文物保护单位草鞋山东南侧，高约 10 米，是草鞋山遗址区域内保留的土墩原物，足见土墩环境的特色。它也是草鞋山遗址中唯一现存的可以显现的高台。草鞋山遗址具有马家浜文化—崧泽文化—良渚文化的完整序列，被称为“江南史前文化标尺”。

三、春秋遗址

苏州西郊山林地带有不少早期人类活动的遗迹，如苏州市文物保护单位阳山西侧阳抱山宝山遗址、真山吴楚贵族墓葬群等，以及 20 世纪 50 年代发现的灵岩山西遗址。20 世纪末，木渎盆地一带的考古发现，更让苏州西郊山林地带成了世人瞩目的焦点。

2000—2010 年间，在苏州西郊木渎一带，陆续发现存在于春秋时期的古城遗迹，范围为北到灵岩山、五峰山，东至七子山西侧的姑苏山、尧峰山，南至清明山北，西至穹窿山及其支脉香山。经考古发掘，有关遗址点相对集中地分布在五峰山南侧遗址群、合丰小城遗址、新峰南城墙遗址、区域北部的廖里遗址等处。此项考古成果一度认为发现了春秋吴国在周敬王六年（前 514）所建的“真正的”阖闾城（也称“吴大城”，近年人们习惯称为“阖闾大城”）。

但如果从认定阖闾大城的角度来看，这些考古发现的说服力还是不够的。2010 年，在五峰山南和清明山与尧峰山中间走廊地带的北端，发现了“五峰北城墙”和“新峰南城墙”两处遗址，二者相距 6.7 千米，但随后在新峰东侧及穹窿山东麓两处的大规模钻探中，并没有进一步发现明确的城墙线索，也无法进一步探寻到城墙走向。而据五峰城墙处的挖掘工作，可以进一步推断出与城墙相连于两端的山体。

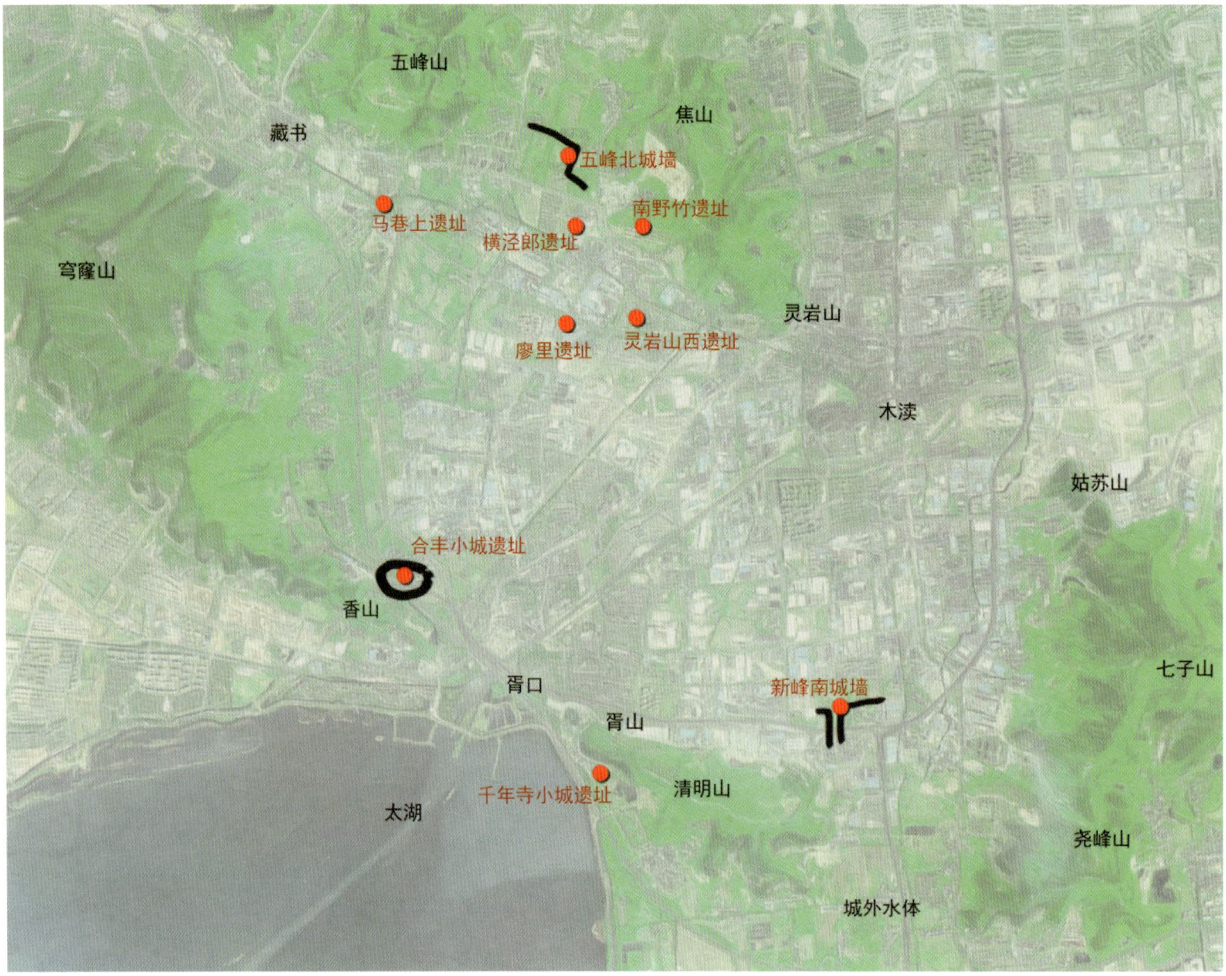

图22　木渎古城考古遗址分布示意图[1]

此区域并没有完整成圈的城墙系统，只是在五处可出入的山口因地制宜地构筑防御性的设施，形成了较为完备的防御体系。[2]同时，在四处遗存集中分布地点以外，区域内极少发现同时期的其他遗存，只有形成时间更早的合丰小城能够形成较封闭的体系。就连之后发掘的千年寺小城遗址，也只是强化了对胥口构建护卫体系的推断。

从古籍记载来看，虽然早期的如《越绝书》《吴越春秋》等古籍对阖闾大城的记述并没有说明其具体位置，但一些构成的细节是明确的，相互之间也是可以印证的。如《越绝书》中对吴大城及平门、阊门有很详细的记载："吴大城：周四十七里二百一十步二尺。陆门八：其二有楼；水门八：南面十里四十二步五尺，西面七里百一十二步三尺，北面八里二百二十六步三尺，东面十一里七十九步一尺。阖闾所造也。"[3]除了书中所记吴大城的周长外，还有更为世人所熟知的八座陆城门和八座水城门；"吴

［1］中国社会科学院考古研究所、苏州市考古研究所苏州古城联合考古队：《苏州木渎古城2011—2014年考古报告》，《考古学报》2006年第2期。

［2］中国社会科学院考古研究所、苏州市考古研究所苏州古城联合考古队：《苏州木渎古城2011—2014年考古报告》，《考古学报》2006年第2期。

［3］袁康、吴平：《越绝书》，徐儒宗点校，浙江古籍出版社，2013，第8页。

照片 314 胥江、胥口及胥山、香山，2021

照片中右上为太湖。右侧为穹窿山分支香山；太湖边相对者，近而低者为胥山，高者为皋峰山。中间村庄近侧的树林位置，为木渎盆地中最早的小型城址。

古故水道，出平门，上郭池，入渎；出巢湖，上历地，过梅亭，入杨湖；出渔浦，入大江，奏广陵”[1]，这明确记载了苏州城北侧的平门是此水道的起始；“阖闾冢：在阊门外，名虎丘”[2]，阊门与虎丘的相对位置关系是明确的，二者至今仍是苏州古城西北位置的两处地标。但是，如果将阖闾大城置于此“木渎古城”的山间盆地之中，仅有五处谷口与外部相通，这样的格局与古籍中所记述的阖闾大城的构成要素显然无法对应。

其实在传统的认定中，现“木渎古城”的区域一直是春秋时期吴国离宫的所在地。有关区域北侧灵岩山及山上馆娃宫等的记述，在历代志书中基本没有不同的观点；作为吴国标志性建筑的姑苏台，虽然其所在地有姑苏山或胥山两个不同的版本，但位置都在“木渎古城”的边缘；灵岩山下的采香泾，也称“一箭泾”，直接连通了灵岩山和胥口附近作为吴王种香之地的香山；香山小苑岭（也称“小宴岭”）之南，还有传说中的春秋吴国的南宫，《香山小志》“古迹”起首部分称，“南宫，卢志：南宫乡在吴县界，亦吴王离宫。今小苑岭南尚有两石门臼，宛然相对”[3]，其还说明了前人的不同观点，称“《续吴录》：万历己丑，自五月不雨，至七月，太湖胥口去岸数里皆涸，中露一石桥……《太湖备考》：‘疑即吴王故城所谓南宫者。’按今小苑岭下有村名石桥，去门臼处不半里，离太湖里许，此当是南宫故址。

[1] 袁康、吴平：《越绝书》，徐儒宗点校，浙江古籍出版社，2013，第 9 页。

[2] 袁康、吴平：《越绝书》，徐儒宗点校，浙江古籍出版社，2013，第 10 页。

[3] 徐翥先：《香山小志》，吴中珍籍，江苏凤凰电子音像出版社，2014，第 80 页。

而旧亦有石桥在高处未沉者，故以名村”[1]。《木渎小志》也称“南宫，在香山小宴岭南，亦吴王离宫”[2]。由此可见，虽然古籍中有不同的观点，但香山南侧有吴王另外一处离宫之事，并非只是传说。如此，在木渎一带的山间盆地中，有春秋吴国时期离宫性质的建筑，自然也可用来理解当时在这一带有不少阖闾、夫差时期王室的活动，在这山间盆地的谷口修筑城墙，进行防御系统的建构，自然也在情理之中——毕竟自太湖向东经吴淞江（笠泽）一带，都处在吴越之间的战略缓冲区，也就是战争时的交锋地带。南面太湖的“木渎古城”，在某种程度上也可能成为发生战争时的前沿地带，太湖中的夫椒之战正说明了这一点。

从古城与水系的关系来看，在现“木渎古城”的位置，西南有香山与胥山之间的胥口，东南有清明山东端与尧峰山之间的“城外水体”与太湖相通。盆地汇水和太湖洪涝对这里的影响都不小，因此，在考古中也发现，古代遗址的分布普遍具有接近山麓外围的特点。反之，据古籍记载，也是现在人们广为传颂的——伍子胥在建阖闾大城时“相土尝水”，通过对自然环境的全面考察，从而选定了一个既无太湖洪水直接侵袭，又方便在城址周边构建由城河、城墙组成的，外形成“亞”字形[3]或长方形的高等级城池，还能利用沟通北方的吴古故水道向西构建胥门、胥江等供水和运输水道的城址。无疑，古籍中描述的阖闾大城对应的当是有着 2 500 多年历史且城址始终没有改变的姑苏城，也就是现在的苏州城。

[1] 徐翥先：《香山小志》，吴中珍籍，江苏凤凰电子音像出版社，2014，第 80 页。其中所引《太湖备考》中的观点也可见其第 555 页。

[2] 张郁文：《木渎小志》，吴中珍籍，江苏凤凰电子音像出版社，2014，第 71 页。

[3] 朱长文：《吴郡图经续记》卷中，宋元方志丛刊：第 1 册，中华书局，1990，第 669 页。

第二节　山林的环境

历代对苏州西郊山林环境的开发，是人们在与自然环境的互动之中进行的，主流是人们对西郊山林的认识逐渐加深，开发利用逐渐深化，人与自然在动态平衡中不断发展，环境等级和容量逐渐提高。但人们对自然环境的开发利用也有一些不恰当的形式，有些不利影响甚至难以消除，会影响自然要素和自然环境的根本。这些影响可以通过两方面来看：一是通过山林自然环境的基础要素，也就是组成山体的岩石的利用情况来看；二是通过自然环境的直观外貌——被称为“自然环境的镜子”的植被所反映的环境生态来看。它们是观察山林环境的两个典型的方面。

一、采石宕口

苏州西郊山地的石料开采古已有之，所采主要为石灰岩中的太湖石和青石、花岗岩中的花岗石。花岗岩又因其最著名的产出地金山而被称为“金山石”。相关的还有阳山所出贡品白石脂等。旧时，至晚到唐宋的时候，以太湖石和青石为代表的石灰岩山石的开采已经颇具规模，采石地主要在太湖西洞庭东部及岛山地区。至明清时，太湖西洞庭东部及岛山地区的石灰岩开采已对当地环境产生了较为明显的影响。以优质青石的主产地鼋山为例，正德《姑苏志》称其“山产奇石”[1]；《具区志》称其“山中产青石，徽宗朝采贡”，“浙西碑石与压砌缘池皆取此石，而出不知其数，山如剥皮矣”；[2]《太湖备考》则称“居民二百余家，业采石”，“鼋山采石，不知始自何时，日朘月削，已去其半”，作者金友理还有“象有齿以焚其身，樗不材而全其生，山灵有知，能弗愀然”的感慨。[3]在旧时的山石开采中，太湖石开采主要是挑地面和湖底表层受自然风化后岩溶现象明显的巧石，青石石料的开采也主要依山体层层剥出，对山体的局部影响已经相当明显。

随着需求的增加和开采能力的提升，作为工业原料的石灰石和作为建筑装饰材料的花岗石被大量开采，西郊山林地带逐渐形成了较大规模的采石宕口，对山体和整个环境造成了相当大的影响。太湖西洞庭东部及岛山地区的石灰岩山体和湖中岛山基本被采空，历史上比较著名的蛇山、龟山基本只余宕口；鼋山只留下原先突入太湖的囤山部分，禹期山留下了山顶的乌峰顶，而这两座山的主体成了宕口。花岗石的开采主要集中在金山和大焦山两处，明代杨循吉在《金山杂志》中所记“山高可五十丈……其前皆沃野可耕，以诸壑为灌，每雨余则润流之声淙淙不绝，有溪焉，山人之所凿也，亦与大渠通，而天旱多涸，游船或不能至……及门有池，涧水注焉……山故多美石，巉巉高耸”[4]的苏州西郊花岗岩山地的典型场景，后来为河道中运输花岗岩的大船及采石形成的宕口所替代，整座金山只剩采石宕口遗迹形成的寿桃湖，以及湖西侧残留的局部山体；金山之北的支硎山的东麓被开为绝壁，高景山被采通成公路和公园；大焦山也曾是花岗石的主产地，其主峰因采石而毁坏，山体西南有巨大的宕口地带；天池山西坡，尤其是石鼓峰已旧貌不再。此外，大阳山由于矿山开采加上原先断裂构造就比较发育，山体表现得比较破碎，在其主峰箭阙峰周边地区分布有大大小小的裂缝。

[1] 林世远、王鏊等：正德《姑苏志》，北京图书馆古籍珍本丛刊：26，书目文献出版社，2000，第179页。

[2] 翁澍等：《金山志、具区志、京口山水志》，故宫珍本丛刊第269册：史部・地理・山水，海南出版社，2001，第204页。

[3] 金友理：《太湖备考》卷五，薛正兴校点，江苏古籍出版社，1998，第198页。

[4] 杨循吉：《金山杂志》，吴中小志丛刊，广陵书社，2004，第226-227页。

照片 315　大谢姑山遗址，2020

照片 316　小谢姑山遗址，2020

大谢姑山和小谢姑山，是宋代开采太湖石组成花石纲北运的主要采石地。据传著名的瑞云峰就产在这里，因没有来得及往北运而被留在了苏州。大谢姑山和小谢姑山原是太湖中的两个小岛，后来因为围湖造田而连上了陆地。

照片 317　金山前的花岗石运输船，约 1989

金山是苏州花岗石开采最有名的地方，以致“金山石”成为苏州花岗石的代名词。20 世纪 80 年代末，金山山脚下的石材运输船替代了旧时人们寻访金山和天平山的游船。整个金山几乎被开采殆尽。

照片 318　金山遗址，2015

照片所示为金山采石宕口遗址局部，近处为采石场遗留的金山石石料。

照片 319　天池山西侧石鼓峰峰顶的采石遗迹，2021

周末时，两个年轻人正坐在石鼓峰峰顶，这里是 20 世纪 70 年代采石的遗址。

照片 320　石灰岩开采形成的鼋山宕口，2010

照片 321　积水成湖的鼋山宕口，2021

鼋山今称“元山”，所产青石旧称“鼋山石”，是历史上苏州所产青石中质量最好的。至 20 世纪末苏州全面停止矿山开采时，鼋山的山体基本被采平，并向地下形成了很深的采石宕口。停止开采以后，宕口逐渐积水成湖。

照片 322　鼋山南侧的囤山，2021

鼋山宕口南侧的囤山，因上有萧天君庙（照片中的黄墙建筑）而得以基本保全，只有山南侧受到局部影响。照片中囤山周边建筑的位置，原先都为太湖。

照片 323　蛇山遗址，2021

蛇山位于西山岛南面消夏湾西南，在古籍中又称“石蛇山”，现也称“佘山”。在方志记载中，蛇山是一座小巧而又精美的石灰岩岛山，在人力水运时代要绕过西山岛南端的石公山才可抵达，当受太湖水流和天气影响时，路途会非常艰险，是一个较难到达的地方。如今，蛇山因石灰岩开采而只剩遗迹。

照片 324　龟山遗址，2021

龟山现也称“居山”，为西山岛东部的一座石灰岩岛山，现已被完全采尽，只剩宕口遗迹。

照片 325　禹期山乌峰顶，2020

禹期山在开山采石的过程中也基本被采平，只留下主峰乌峰顶所在的一带山体，两侧形成很深的宕口。

照片 326　灵岩山上的“禁采”标志，2015

在苏州西郊山林地带，不少地方都有保护山地免受山石开采破坏的标志。

历史上苏州山石的开采，受到民间和官方的普遍关注，也有禁止或者限制开采的相关措施出台。如在《太湖备考》记录的禹期山山麓普济禅寺中，有清乾隆十三年（1748）《宪禁采石碑》[1]；《具区志》称西洞庭山崦里“是山产煤，明崇祯初，山民挖煤为害，巡抚曹文衡勒碑永禁”[2]。这些既是西洞庭山煤系地层在明代就有开采的珍贵资料，也是当地对地矿自然资源进行利用并涉及环境保护的例证。

20 世纪 50 年代以后，尤其是 70—80 年代，苏州西郊一带曾把山石开采作为发展经济的重要途径之一，石灰岩山地等出现过比较大范围的开采；1978 年以后，一些比较有名的风景区如西山石公山、龙洞山，东山三山岛等处停止了采石，但还有一些历史上著名的石灰岩山地，如鼋山等，还在继续开采。[3]鼋山是历史上青石碑刻等青石材料的主要产地，将其山石作为工业原料进行大规模的开采，从历史文化的角度来看，不能不说是一种浪费。

到 20 世纪末，苏州全面禁止了西郊山地的山石开采，同时对这些地区的采石宕口进行了全面整治，逐步完成了环境清理和生态恢复。到目前为止，经过整治，大多数的采石宕口的环境已经有了非常好的改观。同时，这些传统的石料开采地区所蕴含的历史和文化信息，也在逐步得到整理，用于文化旅游和科研教育。

［1］金友理：《太湖备考》卷五，薛正兴校点，江苏古籍出版社，1998，第 198 页。

［2］翁澍等：《金山志、具区志、京口山水志》，故宫珍本丛刊第 269 册：史部・地理・山水，海南出版社，2001，第 230 页。

［3］苏州市吴中区《西山镇志》编纂委员会编《西山镇志》，苏州大学出版社，2001，第 11-16、131-141 页。

照片 327　金山石采石宕口遗址寿桃湖，2019

被采空的金山只留下一部分山体残余，周边积水的宕口经整治后，成了深具采石遗址特色的寿桃湖。

照片 328　高景山采石宕口，2021

苏州花岗岩东列最北端高景山采石宕口，已被开辟为采石公园。

照片 329　禹期山的环境整治，2021

禹期山主峰乌峰顶所在之处在石灰岩开采中还留有一线山体，现在西侧采石宕口的环境整治和修复工作已基本完成。

照片 330　宕口厂矿环境改造，2020

原先采石灰石作为水泥生产原料并就地生产水泥的厂矿区，现在成了新的“网红打卡地”。

二、山林的生态

照片 331　林间生态，2021

东洞庭山莫厘峰以北的马尾松林下有茶树。收集的枯枝落叶可以做燃料，这既体现了传统的生态关系，也是居民多年来养成的一种习惯。

■ 传统的林果茶

东、西洞庭山地区历来是苏州水果、茶叶等亚热带经济林果重要的种植区域。这里深受太湖影响，水热条件优越，地形变化多样，山坞连续分布，山麓地带自然土壤肥沃，果、茶种植有着深厚的历史积淀，传统林果产品得以很好的延续，碧螺春茶等久负盛名。但也有一些传统水果名品正在慢慢淡去，比如，以东山料红橘为代表的柑橘生产，原先在东洞庭、西洞庭、太湖三山及泽山、厥山等岛山上都有分布，但现在受到果品收入等经济因素的影响，橘园多改种枇杷或做其他用途。传统的产业及其所蕴含的产业文化，也随着人们生活的改变而慢慢地发生变化。

观察东、西洞庭山地区的经济林果，近年大量种植的主要是枇杷树和茶树。以枇杷为例，这种讲究时鲜的果品在存储和运输方面，对时效的要求特别高，在过去传统的产销模式下，销售渠道单一，信息和物流不畅，储存和运输方面的压力就会凸显，直接影响果农的收入，制约种植量的增加；现在在直播带货等新的电子商务模式下，信息流、货物流通畅，因而经济价值比较高的枇杷便“得宠”了。枇杷的种植量大大增加，在很大程度上已经取代了这里历史上最著名的水果——柑橘。同样，电子商务助力销售后，茶叶的种植和生产规模也上了一个新台阶。

原来在土壤深厚的山麓地带大量种植的柑橘，因其经济价值一路下滑而遭弃，种植面积越来越小，前几年还多见类似抛荒的现象，东、西洞庭山地区传统的“橘子红了”的景象越来越少。同样，在传统经济果木中，分布在山体较高处的杨梅，也因缺少了收入的驱动，基本只留了一些老树散布于山坡较高处；曾经在土层深厚的山麓平旷区域大量扩种的银杏树也逐渐失去其吸引力；板栗也基本靠一些老树得以为继。由于经济林果的种植需要一定的周期做保证，历史上著名的农产品种经历了较长的演化进程，完全由经济杠杆驱动的经济林果类型的选择和淘汰，难免会对那些具有文化内涵及历史传统的经济作物的传承与发展带来较明显的损害。当然，一些短视行为也可能影响整个农业生态，包括经济生态的稳定，以及传统经济作物及其生物物种资源、种植生产工艺等的稳定和发展，还可能会影响山林自然环境和文化环境的稳定性。

照片 332　名胜点一度为野生藤蔓所占据，2011

照片 333　藤本植物对乔木的绞杀现象，2013

照片 334　缠绕的老藤，2016

照片 335　林间的枯枝与杂藤，2021

野生藤蔓

苏州西郊山林生态系统长期受到人与自然两方面的共同作用。需要投入大量管理工作的果茶类人工林所占比例很大，这也是在东、西洞庭山地区山多地少的条件下农业生产的一个特点。如果受经济收入等因素的影响，人们对林间管理变少，对山林生态系统的直接作用变小甚至丧失，山林的生态可能会进入新的调整期，而在调整过程中，很可能出现给生态环境和资源带来不利影响的现象。如在苏州西郊山林地带，有一些生长得很快的野生藤本植物，其野蛮生长后会很快覆盖掉原先的树林，遮挡其阳光、夺其养分、占据其生存空间，最终会致一棵树、一片树林，甚至整个区域的植被受到影响，甚至为它们所毁灭。野生藤蔓肆意生长现象在山林地带并不鲜见。山林地带生态系统的多样性和复杂性是生态系统稳定的重要基础，对山林加以保护则是确保这种稳定性的重要手段。

第三节　山林保护和建设

苏州西郊的山林间，也有一些受人为影响相对较小的自然状态下的生态系统，生态系统内形成了一些珍贵的植物群落，如光福的木荷林和穹窿山的紫楠林，这些珍贵群落在自然保护区内得到保护；山林是苏州西部优美的真山真水风景的基础，郊县各市的山林资源也弥足珍贵，为民众的日常生活和观光休闲带来了丰富多样的环境，目前已建有众多不同等级的森林公园对这些山林资源加以保护；苏州的地质资源，在长江三角洲中心地带具有特别珍贵的价值，这里除了有江南水乡地区少有的山地外，还有石英砂岩、石灰岩、花岗岩等多种岩石类型，尤其是这里具有地质构造上的大量推覆体、长江三角洲腹地典型的花岗岩出露区，以及石灰岩、花岗岩中产出的具有深层人文属性的太湖石、青石、金山石。因此，在苏州西郊建设国家级地质公园，还有进一步发展的条件。

一、自然保护区

苏州西郊丛山的深处，受人为活动的影响相对比较少，保留了一些状态相对完整的植物群落。其中，穹窿山深处茅蓬坞的紫楠林和光福官山岭的木荷林尤显珍贵，现设有省级自然保护区。该自然保护区成立于1981年，总面积910亩。其中，茅蓬坞保护点面积612亩，位于东吴国家森林公园穹窿山景区，是以紫楠为重点保护对象的常绿落叶阔叶混交林；官山岭保护点面积298亩，位于卧龙山东麓香窑路口西侧、香雪海景区北侧，是以木荷为重点保护对象的常绿阔叶林。[1]

照片336　官山岭正在盛开的木荷花，2009

木荷是常绿阔叶树种，一般生长于福建等中亚热带地区，材质坚硬，防火阻燃，在林区生物防火工程中常作为防火隔离林带的首选。光福官山岭木荷林现为江苏省自然保护区。

[1] 有关自然保护区和森林公园的基础资料来自苏州市园林和绿化管理局网站“自然保护地名录”栏目及相关网页：http://ylj.suzhou.gov.cn/szsylj/zrbhdml/nav_list.shtml。

照片 337　穹窿山茅蓬坞的紫楠，2021

紫楠是一种名贵的树种，唐宋时期在苏州就有其踪迹。穹窿山保护区有目前江苏仅有的一片野生紫楠林。

二、森林公园

苏州西郊山林地带植被覆盖率很高，除大片石坡和山脊地带及一些山石开采遗留的宕口正在整治和复绿外，一般的山体都为森林等植被所覆盖。历史上苏州西郊山林地带也曾是一片原始丛莽地带，但在受到长期人为砍伐的影响后，也出现过荒山秃岭的景象。苏州深厚的历史文化通过古树名木等在山林地带得以传承，如光福司徒庙的“清、奇、古、怪”四株古柏树就仿佛在给人们讲述那里数千年的开发历史；《吴门表隐》有载“支硎山古松三十六株，晋支遁手植。明万历三十二年，土人伐以充赋，赵宧光出资止之，今仅留十八株”[1]之事，这讲述的也是古树与历史。随着人们对生态环境越来越重视，环境治理和建设的力度越来越大，一些综合性的服务于大众的生态建设项目也更多地进入人们的生活，森林公园就是具有代表性的一种类型。

森林公园往往以大面积人工林或天然林为主体，将保护森林的自然景色与建造旅游休闲的公园设施相结合，从而为人们提供文化旅游、教育科普及亲子休闲等各种活动场所。苏州西郊及郊县的丛山，为森林公园的建设提供了很好的基础条件。按苏州市园林和绿化管理局网站的信息，苏州现有国家级森林公园 5 处，全部在苏州西部和郊县的山林地区，具体为上方山国家森林公园、虞山国家森林公园、大阳山国家森林公园、东吴国家森林公园、西山国家森林公园。[2]

[1] 顾震涛：《吴门表隐》，甘兰经等校点，江苏古籍出版社，1999，第 46 页。

[2] 有关森林公园的信息和数据依苏州市园林和绿化管理局网站“森林公园”页面：http://ylj.suzhou.gov.cn/szsylj/slgy/nav_list.shtml。

虞山国家森林公园

照片 338 虞山国家森林公园（秦坡涧附近），2020

虞山国家森林公园成立于 1989 年，面积 1 260 公顷，林木覆盖率达 96%。据不完全统计，虞山国家森林公园内共有 89 科 309 种植物，具有很好的观赏价值和重要的科研价值。

上方山国家森林公园

照片 339　上方山国家森林公园春景，2020

上方山国家森林公园成立于 1992 年，面积 500 公顷，林木覆盖率达 95% 以上。上方山国家森林公园内植物种类繁多，共有 89 科 300 多种植物。

三、地质公园

苏州西郊山林地带的地质资源相当丰富。这里既有从石炭系至二叠系齐全的石灰岩地层和其中产出的太湖石、青石，以及燕山期岩浆活动形成的花岗岩侵入体；也有因断层推覆构造而形成的以石英砂岩为主的第一层级山体，以及因断层活动而形成的断层崖和单面山构造；还有1万年前旧石器时代古文化遗址等。地质公园的建立，不仅为这些珍贵的地质遗迹资源提供了保护，为相关的科学研究和科学普及提供了支撑，还为文化旅游提供了富有特色的资源。目前，苏州已建有太湖西山国家地质公园和虞山省级地质公园。另外，苏州的花岗岩侵入体分布区也具有建设地质公园的基础条件。

太湖西山国家地质公园

太湖西山国家地质公园位于苏州西南的太湖岛山地区，成立于2004年，是获准设立的第三批国家地质公园，西山岛、三山岛是公园园区的主要分布地。区域内自石炭系到二叠系的石灰岩地层出露齐全，尤其是上二叠统长兴组与下三叠统青龙组之间的接触带还是长兴国际“金钉子”剖面的重要辅助剖面；

照片340　太湖西山国家地质公园石公山湖蚀崖景观点，2011

同时，区域内向斜构造对石灰岩地层的存留提供的有利条件及构造运动中石英砂岩叠压石灰岩的推覆体现象是典型的地壳运动的形迹，由推覆体构成的缥缈峰具有典型的“飞来峰”的特征，明月坡出现的大面积石灰岩层间滑动面也是地壳运动带来的特殊现象；太湖边各处湖蚀崖等地貌的分布，与太湖石的形成和分布一样，是可溶性的石灰岩属性与太湖流水侵蚀作用相叠加的结果；此外，太湖三山岛的旧石器时代古文化遗址，以及太湖石、青石的开采和利用等遗迹，都呈现了本地区人为活动与地质要素之间的重要关联，具有特殊的文化属性。

图 23　太湖西山国家地质公园主要景点分布示意图

虞山省级地质公园

照片 341　虞山省级地质公园观山组石英砂岩层面构造，2021

靠近虞山顶部的观山组石英砂岩层面之上有很多特殊的图案纹理，这与其形成的湖泊相沉积环境直接相关。

虞山以其特殊的地质构造、太湖平原地区少有的因断层而形成的断崖和单面山，在 2009 年被列为江苏省级地质公园。虞山全山主要以志留系和泥盆系地层为主，自南向北的出露地层主要为茅山组、观山组、擂鼓台组。[1] 茅山组和观山组之间存在的不整合接触，是长江三角洲一带早中泥盆世地层缺失的普遍现象。构成虞山山脊的主要地层——观山组石英砂岩，形成于湖相环境，总体层厚非常大，厚度的差异也很明显，斜层理和交错层理发育，层面上有较复杂的波痕、雨痕等。虞山各处有明显的风力堆积和流水改造的黄土堆积，甚至在山顶有比较厚的下蜀黄土。

虞山成为江苏省地质公园的最重要因素是其构造运动和运动痕迹的特殊性，整个山体表现为受断层运动影响明显的单斜山，也称“单面山”。由于一条从西北向东南方向延伸的断层穿过虞山，切断了山体，断层两侧的地块顺着断层面有明显的上下错动，东北断块上升成为虞山，西南断块则下沉成为尚湖所在的低地。断层通过之处也是虞山抬升最为明显之处，断层面形成了断层崖，在虞山的西南侧形成悬崖峭壁的地形，尤其以剑门一带最为典型。

[1] 邹松梅、陈舒舒、浦军、李长生：《建立江苏常熟虞山地质公园的可行性研究》，《江苏地质》2007 年第 4 期。其中，观山组和擂鼓台组为晚泥盆世地层，合称“五通群”；也有将晚泥盆世地层称为“五通组”的，分为观山和擂鼓台两段。

照片 342　虞山的断层崖和尚湖，2021

虞山南侧因断层而形成悬崖峭壁，断层崖横亘于山体与尚湖之间，是苏州难得一见的断层地貌景观。

照片 343　虞山剑门，2021

虞山剑门因岩层断裂而形成，裂隙如由利剑削成一般，故有“剑门”之名。这里是虞山地势最为险要、风景最为奇丽之处，附近还有多处摩崖石刻。

照片 344　虞山“三生石”奇景，2021

在虞山剑门附近的奇石中，有一处三台石，现称“三生石”，三层怪石相叠，下小上大，是岩层在风化过程中形成的特殊现象。

除此以外，构造运动中的地震对虞山的地貌和一些特殊景观的形成，也起到了特别的作用。比如，在山麓的下蜀黄土上，有不少观山组的石英砂岩的巨块，出现这种现象多是因为地壳运动造成的断裂和地表的风化作用影响了岩层的完整性，地震时巨岩从高处滚落。这些滚落的巨石与所在位置的岩层或黄土沉积物有着很大的不同，因此，被人们误认为是陨石，随之就有了“落星岗”的地名。其实，我们现在还可以看到不少这类“飞来”之物，它们明显是从高处滚落的巨石。巨石风化破坏的实例，以“三生石”最为典型，可见岩层在风化过程中出现的特殊现象。

苏州花岗岩的地质地貌景观保护地

苏州西郊的花岗岩分布区，是长江三角洲核心地区一处较大规模的花岗岩出露区，构成了苏州西郊以天平山、天池山 / 花山和灵岩山为代表的“奇峰灵岩”。苏州花岗岩作为我国著名的花岗岩体之一，在国内与黄山花岗岩、八达岭花岗岩及南岭花岗岩齐名，吸引了来自全国各地的研究者和观光客。以天平山为核心的地区，也是江苏省唯一被列入地质遗迹保护规划的花岗岩地貌景观地。苏州花岗岩的

照片 345　苏州花岗岩核心分布区天平山山顶，2020

山岩峻峭、林森秀润历来是天平山有别于周边其他山体的特点。其山岩奇观主要集中在登山道路的沿途，而漫山覆盖着葱郁的植被，这也为天平山泉水的涵养提供了良好的条件。

分布区域内，风景优美、古迹众多，地质地貌现象特殊，为这里的自然和人文景观打下了独特的基础；花岗岩因其色泽温润、质地坚硬，被大量用作建筑和装饰的石材，而所产又以苏州金山者最为著名，故又以“金山石”为代称；苏州花岗岩体构成独特，具有相当高的地学研究、教学和科普价值。

苏州花岗岩很早就受人关注，对其成因和特点的研究也有较长的历史。20 世纪 20—30 年代及 50 年代、90 年代都有专门论及苏州花岗岩的论文，不少国内高校的相关专业也将苏州花岗岩地区作为重要的观测点。在《江苏省地质遗迹保护规划（2011—2020 年）》中，“苏州天平山花岗岩地质地貌景观地质遗迹”被列为江苏省唯一一处花岗岩地质地貌景观保护地，属环太湖地质遗迹分区，被列入二级保护规划，保护等级与已建成的太湖西山国家地质公园各组成项相当，目前其地质地貌景观被纳入省级风景名胜区进行保护。天平山所在的整个苏州花岗岩地区，其地质地貌资源更为全面多样，人文历史积淀更加丰富厚实，对此区域的整体规划、建设将在地质遗迹的保护方面，以及相关科研、教学、科普等方面发挥更大的作用。

苏州西郊花岗岩分布区周围，除北部和东北部为第四系所掩盖外，其东、南、西三面主要由茅山组石英砂岩环绕，局部有五通组石英砂岩和堰桥组砂页岩。花岗岩体周边地层的产状具有明显的内倾合围特征：在东部横山为北西西，在东南七子山部分为北西，在南部尧峰山转向北北东，在西部穹窿山则为北东东。由此可推断，本区存在一朝向北东方向延伸的倾伏向斜，花岗岩体的侵入位置正好位于向斜具有张性断裂的轴部。苏州花岗岩多期多阶段侵入所形成的复式岩体结构及花岗岩侵入体与周边围岩的接触关系，在区域内清晰可见，具有极高的科学研究和科普价值。

苏州花岗岩核心分布区的地质地貌和人文历史遗迹，主要包括五个方面：一是有关花岗岩侵入体与围岩的接触关系，如灵岩山南麓及观音洞的花岗岩侵入体中的泥页岩捕虏体现象、灵岩寺花园花岗岩与石英砂岩接触带的顶垂体现象、砚瓦山的泥页岩轻度变质与“砚石”的关系等；二是花岗岩的结构特征和两期花岗岩侵入体的差异与地貌的相关现象，如狮子山两期花岗岩的差异侵蚀现象，天平山、金山等花岗岩侵入区核心地带与灵岩山等花岗岩边缘区域的差异，等等；三是花岗岩垂直节理和球状风化等典型地貌，如天池山石坡、鸡笼山石桌、天平山“一线天”，以及灵岩山醉僧石、望佛来，天平山卓笔峰、飞来石、“石桃”（又称“摇摆石”），天池山莲花峰，等等；四是花岗岩地貌基础上的人文遗迹，如灵岩山春秋吴国的遗址，天池山 / 花山的“一山双名”及莲花峰、“天池”，天平山的奇峰怪石、红叶清泉，寒山岭的摩崖石刻，等等；五是花岗石开采历史和采石宕口遗址，如天池山寂鉴寺石殿、清代水乡古城镇建设中的金山石建筑、21 世纪初《苏州市禁止开山采石条例》[1]施行后金山石采石场遗址寿桃湖等。

---

[1] 《苏州市禁止开山采石条例》自 2000 年 2 月 1 日起施行。

第四节　亲近山林

山林是大自然给予水乡苏州的特殊馈赠。山林的不同岩石构成、山林的深邃高远，成就了画家的不同皴法，成了画家画里的崇山峻岭；山林的自然风景、历史传说，成就了作家的不同笔触，成了书里的歌咏诗篇。这在很大程度上反映了生活在水乡的人们对山林的不一样的感受。现在，苏州西郊和郊县的山林自然环境越来越优美，文化氛围越来越浓厚，人们也期望在亲近山林的过程中有别样的收获。

一、观光旅游

观赏自然风光和历史古迹，是人们观光旅游的主要内容。苏州的山虽然不算高，但它既有着由不同岩石组成的具有不同特征的山林，也有着与太湖相融合的真山真水，还有着以自然山水为模板而打造的城市山林。苏州古城具有2 500多年的历史，其建成和发展与山林有密切的关系：古城未变的城址得益于西郊山林的护卫，古城与周边山林之间还相互印证着各自的历史。

照片346　虎丘庙会，2012

照片 347　在虞山剑门看尚湖风景，2021

二、户外运动

徒步是人们热爱的户外运动，苏州的山林为此提供了很好的条件。苏州的山不太高，也不太“野”，登山难度不大，适合作为人们的周末活动。不同规模的山林组合，可以搭配出很多具有不同体能要求的活动方案，以供不同年龄段和不同身体情况的人们选择。苏州西郊山林地带基础设施如登山步道、交通道路的修建，也为热爱户外运动的人们创造了更好的环境。以“灵白线”（灵岩山至白马涧一线）为代表的户外线路，成为不少户外爱好者在节假日的首选。

照片 348　灵岩山后山，2015

灵岩山后山，是“灵白线”上花岗岩风化程度比较高的路段，地面多砂石、泥土的堆积，偶见石英脉的分布。

照片 349　羊肠岭附近，2017

天平山与焦山之间的羊肠岭附近，是“灵白线”经过的地方。沿途偶见摩托车爱好者在此越野。

照片 350　潭山丛林间，2021

光福潭山接近山顶附近，芜杂的丛林中已有户外爱好者走出的线路。休息日里常见喜欢徒步的人们行进在山林小径上。

照片 351　花山丛林间，2021

在花山用无人机拍摄山岩的时候，正好有一个户外团队经过，给画面增添了不少色彩。

三、考察研学

苏州西郊和郊县山林地带，因有丰富的岩石类型、典型的地层组合、多样的构造形迹而成为考察和研学的天然课堂。这里既有石英砂岩构成的最高层级的山体，也有花岗岩所形成的奇特的地质地貌，还有石灰岩岩溶带来的洞天世界，以及太湖石、青石、金山石等的开采遗迹；这里既有褶皱带来的石灰岩地层的留存和花岗岩体的侵入，也有因地壳的断裂而形成的巨大的推覆体和断层崖；这里有千百年来形成的林果、茶叶的种植与生产传统；这里既有国家地质公园、国家森林公园和风景名胜区，也有大自然给我们提供的“天然教材”。

图 24 “灵天线”地学考察点示意图，2008

照片 352　天平山山顶的野外考察队伍，2019

照片索引

图表索引

附录：《苏州水乡图鉴》照片索引

序

水乡印记

鱼米之乡

乡村记忆

城镇印象

桥梁旧迹

史前遗存

水乡水系

水系分区

从太湖到长江

江南运河

苏州古城

古镇古村

园林水韵

和谐发展

太湖沧桑

太湖东部

水患水利

水利风景区

生态保护

新水乡

参考文献

[1] 袁康、吴平：《越绝书》，徐儒宗点校，浙江古籍出版社，2013。

[2] 郦道元：《水经注》，陈桥驿注释，浙江古籍出版社，2000。

[3] 顾野王：《舆地志辑注》，顾恒一、顾德明、顾久雄辑注，上海古籍出版社，2012。

[4] 陆广微：《吴地记》，曹林娣校注，江苏古籍出版社，1999。

[5] 朱长文：《吴郡图经续记》，宋元方志丛刊：第1册，中华书局，1990。

[6] 杜绾：《云林石谱》，丛书集成初编·云林石谱及其他二种，商务印书馆，1936。

[7] 范成大：《吴郡志》，陆振岳点校，江苏古籍出版社，1999。

[8] 卢熊：洪武《苏州府志》，成文出版社有限公司，1983。

[9] 王鏊等：《震泽编》，吴中珍籍，江苏凤凰电子音像出版社，2014。

[10] 林世远、王鏊等：正德《姑苏志》，北京图书馆古籍珍本丛刊：26，书目文献出版社，2000。

[11] 袁宏道：《袁宏道集笺校》，钱伯城笺校，上海古籍出版社，2008。

[12] 陈仁锡：《尧峰山志》，中国佛寺史志丛刊：第二辑第11册，明文书局，1980。

[13] 杨循吉：《金山杂志》，吴中小志丛刊，广陵书社，2004。

[14] 岳岱：《阳山志》，吴中小志丛刊，广陵书社，2004。

[15] 赵宧光：《寒山志》，吴中小志丛刊，广陵书社，2004。

[16] 徐鸣时：《中国地方志集成·乡镇志专辑⑤·横溪录》，江苏古籍出版社，1992。

[17] 周永年等：《金陵选胜、邓尉圣恩寺志、灵隐寺志》，故宫珍本丛刊第270册：史部·地理·古迹，海南出版社，2001。

[18] 吴伟业等：《穹窿山志、齐云山志》，故宫珍本丛刊第267册：史部·地理·山水，海南出版社，2001。

[19] 钱陆灿等：《中国地方志集成·江苏府县志辑㉑·康熙常熟县志》，江苏古籍出版社，1991。

[20] 翁澍等：《金山志、具区志、京口山水志》，故宫珍本丛刊第269册：史部·地理·山水，海南出版社，2001。

[21] 王维德：《林屋民风》，中国风土志丛刊，广陵书社，2003。

[22] 姜顺蛟等：乾隆《吴县志》，吴中珍籍，江苏凤凰电子音像出版社，2014。

[23] 金友理：《太湖备考》，薛正兴校点，江苏古籍出版社，1998。

[24] 李光祚等：《中国地方志集成·江苏府县志辑⑬·乾隆长洲县志》，江苏古籍出版社，1991。

[25] 王昶等：嘉庆《直隶太仓州志》，续修四库全书697·史部·地理类，上海古籍出版社，1996。

[26] 顾震涛：《吴门表隐》，甘兰经等校点，江苏古籍出版社，1999。

[27] 冯桂芬等：《中国地方志集成·江苏府县志辑⑦·同治苏州府志》，江苏古籍出版社，1991。

［28］徐傅编，王金庸补辑《光福志》，成文出版社有限公司，清光绪二十六年（1900）修，1929 年重印本。
［29］王廷瑚：《西洞庭志》，吴中小志丛刊，广陵书社，2004。
［30］徐翥先：《香山小志》，吴中珍籍，江苏凤凰电子音像出版社，2014。
［31］张郁文：《木渎小志》，吴中珍籍，江苏凤凰电子音像出版社，2014。
［32］李根源：《吴郡西山访古记》，吴中珍籍，江苏凤凰电子音像出版社，2014。
［33］曹允源、李根源：民国《吴县志》，吴中珍籍，江苏凤凰电子音像出版社，2014。
［34］张一留：《灵岩山志》，吴中珍籍，江苏凤凰电子音像出版社，2014。
［35］苏州市吴中区《西山镇志》编纂委员会编《西山镇志》，苏州大学出版社，2001。
［36］《东山镇志》编纂委员会编《东山镇志》，东南大学出版社，2002。
［37］柯继承、杨学良：《苏州穹窿山》，古吴轩出版社，2003。
［38］杜国玲：《吴山点点幽》，上海文艺出版社，2008。
［39］徐叔鹰、雷秋生、朱剑刚主编《苏州地理》，古吴轩出版社，2010。
［40］张振雄：《苏州山水志》，广陵书社，2010。
［41］苏州市园林和绿化管理局编《拙政园志》，文汇出版社，2012。
［42］苏州市园林和绿化管理局编《留园志》，文汇出版社，2012。
［43］苏州市园林和绿化管理局编《耦园志》，文汇出版社，2013。
［44］苏州市园林和绿化管理局编《虎丘山志》，文汇出版社，2014。
［45］苏州市园林和绿化管理局编《网师园志》，文汇出版社，2014。
［46］苏州市园林和绿化管理局编《沧浪亭志》，文汇出版社，2015。
［47］苏州市园林和绿化管理局编《狮子林志》，文汇出版社，2015。
［48］苏州市园林和绿化管理局编《天平山志》，文汇出版社，2015。
［49］张振雄：《苏州山水补记》，广陵书社，2019。
［50］朱剑刚：《苏州水乡图鉴》，苏州大学出版社，2020。

后　记

翻开准备付梓的《苏州山林图鉴》书稿，起首是归入“全景空间”和“四季山林”两个标签下的8幅照片和1幅老照片，关联着全书有关苏州山林的空间与时间的两个主要维度。从空间上看，就如这些宽幅照片的“全景式”记录一样，希望本书能对苏州山林的区域分布及相关的自然、人文要素做一个较全面的记录和表述；从时间上看，就如4幅普通画幅的照片，虽然记录着苏州山林较典型的四季景观，但肯定难以表述山林漫长的历史，哪怕从拍摄于苏州花岗岩山体的第一批地理摄影习作算起，全书照片的拍摄时间前后有35年的跨度，但这些照片所能记录的，也只能是历史时光中的某些瞬间。

好在《苏州山林图鉴》对苏州历代古籍中的山林记述做了梳理和归纳，并对古今山林的自然基础和人文现象进行了各有侧重的分析。而山地本身也更能直观地记录远至地质历史时期的地壳运动，近至人类社会的人为活动所留下的各种印记，如地质地貌景观、各种摩崖石刻等。这些景观和古迹的图片能与记录山林的文字相互印证和烘托，构成拥有丰富且生动信息的图文。也因此，本书相比其姊妹篇《苏州水乡图鉴》增加了不少文字，能在系统记述和专题分析的同时，还较详细地论及了一些笔者的个人观点，如此得以弥补水乡专题的研究思路与成果似被“摄影集”掩盖的缺憾——虽然这些图片在观察视角和记录水乡地区的自然环境和历史遗存方面多少填补了某种空白，图片本身也备受同行肯定，而地理摄影本身也是地学研究的一个领域。本书附录了《苏州水乡图鉴》的照片索引，也是希望读者可以更多地注意到水乡专题的系统性，可以更好地将这两本书进行关联，并从中有更大的收获。

《苏州山林图鉴》基本延续了《苏州水乡图鉴》的体系构成，共分成四个部分。其中，第一部分是以苏州山林的空间分布为基础，兼顾山林的自然和人文属性，力求鲜明地记述苏州山林的古今要点，这是比水乡专题的相应篇幅有了很大充实的部分；另外三个部分依次是“山林自然”“山林人文”“和谐发展”。这个结构既与水乡专题相对应，也是《苏州水乡图鉴》和《苏州山林图鉴》有别于以往相关题材的地方志等著作之处。自然与人文的融合，历史、现实和发展的统一，是本书想要综合地、系统地呈现的信息，而在人们对待自然的态度和过程，以及在自然基础上发展起来的产业、技术和艺术等要素之间，都可以看到历史进程中的文化积淀。

《苏州山林图鉴》仍以个人原创图片为主要特色，全书总共收入 361 幅（组）各个时期的照片、24 幅示意图（引用的示意图专门注明），期望能够体现“图鉴”的初衷。书中所用图稿是苏州山林田野调查和考察记录的主体内容，也是辨析苏州山林现状与历史的依据，当然，也作为对个人观点的一种支撑。同时，笔者既希望能以这些图片来反映苏州山林的自然和人文状态，形成一份可以留存的图像档案，也希望能带给读者身临其境的即视感。

《苏州山林图鉴》的写作和出版得到了各方面的大力帮助和支持。感谢苏州市职业大学和学校的吴文化传承与创新研究中心、苏州石湖智库提供了研究平台和项目支持。感谢苏州市地学会营造的专业氛围，特别要感谢多年来一直支持地学会工作的中国科学院李廷栋院士对“苏州山水图鉴”的关心并为本书作序。感谢家人和亲友在本书图片拍摄和文字整理工作中的理解、陪伴和支持。地学会的曹健、李克偕、张振雄等专家审阅了书稿，马菊芬、王朝萍、金明德、朱永红等老师在笔者拍摄东、西洞庭山和七子山及梳理吴中山水资料过程中给予了帮助。还要感谢在互联网上分享苏州山林相关信息的各路“大神”，这些信息是笔者在山林图片拍摄规划过程中重要的参考。感谢苏州大学出版社为本书出版提供的大力支持，以及责任编辑的倾力付出。更多得到的帮助在此无法枚举，一并致谢！

限于本人水平，《苏州山林图鉴》难免会存在错漏之处，敬请各方专家和读者批评指正。

朱剑刚

2022 年末

图书在版编目(CIP)数据

苏州山林图鉴 / 朱剑刚著. -- 苏州：苏州大学出版社，2022.12
ISBN 978-7-5672-4267-8

Ⅰ. ①苏… Ⅱ. ①朱… Ⅲ. ①地方文化-苏州-图集
Ⅳ. ①G127.533-64

中国国家版本馆 CIP 数据核字(2023)第 002300 号

书　　名：苏州山林图鉴
著　　者：朱剑刚

责任编辑：杨　柳
装帧设计：吴　钰

出版发行：苏州大学出版社(Soochow University Press)
社　　址：苏州市十梓街 1 号　**邮编**：215006
印　　装：苏州工业园区美柯乐制版印务有限责任公司
网　　址：http://www.sudapress.com
邮购热线：0512-67480030
销售热线：0512-67481020

开　　本：889 mm×1 194 mm　1/16　**印张**：22.75　**字数**：598 千
版　　次：2022 年 12 月第 1 版
印　　次：2022 年 12 月第 1 次印刷
书　　号：ISBN 978-7-5672-4267-8
定　　价：180.00 元

凡购本社图书发现印装错误，请与本社联系调换。
服务热线：0512-67481020
苏州大学出版社邮箱　sdcbs@suda.edu.cn